「衝動」に支配される世界

我慢しない消費者が社会を食いつくす

The Impulse Society:
America in the Age of Instant Gratification

Paul Roberts
ポール・ロバーツ 著
神保哲生 解説　東方雅美 訳

ダイヤモンド社

THE IMPULSE SOCIETY
by
Paul Roberts

This translation of THE IMPULSE SOCIETY is published
by Diamond, Inc. by arrangement with Bloomsbury Publishing Plc
through The English Agency (Japan) Ltd.

「衝動」に支配される世界

古い隣人であるリン、マシュー、アニーへ

「衝動」に支配される世界——目次

序章

シアトルから車で東に三〇分。マイクロソフトやアマゾンなど、デジタル時代を象徴する企業の本社にほど近い、曲がりくねった田舎道の先に「リスタート（reSTART）」が立っている。

ここはアメリカ初のインターネット依存症リハビリ施設で、未来が垣間見える場所でもある。リスタートの患者のほとんどは、オンラインゲームをやめるためにここに来ている。あまりにもゲームにのめり込んでしまったため、仕事も人間関係も、将来の夢もめちゃくちゃになってしまった人たちだ。

この依存症は部外者には理解しにくい。だが、患者の話を聞くうちに、ゲームの力のすさまじさが分かってくる。窓の外に芝生が広がるリビングルームで、二九歳のブレット・ウォーカーは「ワールド・オブ・ウォークラフト（ＷｏＷ）」にはまった日々のことを話してくれた。ＷｏＷはオンラインのロールプレイング・ゲームで、参加者は中世風の世界の戦士となる。現実の生活が崩壊していくなか、ウォーカーは四年にわたりオンラインで完璧に近い自分に夢中になった。その力は無限で、マフィアのボスとロックスターが一緒になったような存在だった。「やりたいことは何でもできたし、行きたい場所にはどこでも行けた」。ウォーカーは半分誇らしげに、半分自嘲気味に言った。「世界はぼくの思いのままだったんだ」。

ウォーカーはリスタートで皮肉な結末を味わっている。オンラインでスーパーヒーローであり続けた結果、体力は衰え、金銭的にも困窮し、社会から断絶されていたために人と向かい合って話すことも困難になった。さらに、より深刻な影響も及んでいるかもしれない。ある研究では、オンラインゲームにのめり込み過ぎると、意思決定や自己統制に関わる脳の構造が変化することが指摘されている。アルコールや麻薬の使用と同様の影響が脳に及ぶのだ。感情的な発達も遅れたり狂ったりする可能性があり、自分は不完全で脆弱で、社会から切り離された存在だと考えるようになる。リスタートの共同創設者でインターネット依存症の専門家であるヒラリー・キャッシュが言うように、「しまいには、衝動に支配されるようになる」のだ。

その結果、オンラインゲーム依存症の人たちは、オンラインの世界の複雑な魔力にさらにはまり込んでいく。ゲーム会社はプレーヤーになるべく長くゲームをやらせたいと考える。長くゲームをすればするほど、おカネを払ってでも強くなろう、次のレベルへ上がろう（アップグレードしよう）とする可能性が高まるからだ。そのため、ゲームの設計者はプレーヤーが延々とアップグレードし続けるような、精緻なデータ・フィードバック・システムを構築する。プレーヤーがゲームに興じている間、プレーヤーが残していったデータを集め、そのデータを使ってゲームをより「没頭できる」ものにするのだ。たとえば、ＷｏＷの場合、新たな武器やスキルを得られる「パッチ」と呼ばれるアップグレードが定期的に発表される。神のようなステータスを維持するには、そうしたパッチが必要となる。

プレーヤーはさらにゲームを続け、さらに多くのデータを生み出して、そのデータを基にゲームがより没頭できるものになっていく。こうして、プレーヤーは永久運動機関のようになる。それを動かしているのは、売上拡大を狙うゲーム会社と、プレーヤーの飽くことのない自己表現欲だ。ゲームをやめたその日まで、ウォーカーは「レベルアップ」できるチャンスを逃したことはなく、次のレベルの新たなパワーが提供されると、すぐにその力を購入した。一方で、それが彼から現実世界での力を徐々に奪っていった。

毎日をバーチャル戦争に費やしていない私たちには、ブレット・ウォーカーの話は、表面上は無関係であるように思えるかもしれない。しかし実は、彼の経験の根幹にある問題は、やがて脱工業化社会に生きる誰もが直面するものである。つまり、消費者が欲しがるものを与えることに驚くほど長けた社会経済システムと、どのように付き合っていくかという問題である。

これは、スマートフォンや検索エンジンや、ネットフリックスやアマゾンが、私たちの好みを予想するという程度の話ではない。消費経済のシステム全体が、個々人の願望や自己イメージなどを真ん中に据えた形に変わってきたということだ。

北アメリカとイギリスでは、また度合いは下がるにしてもヨーロッパや日本でも、自分に合った製品やサービスを求めるのは、まったく普通のことになっている。私たちは医薬品や昔懐かしいロックで自分がなりたい気分になる。アレルギーやイデオロギーに合わせて食事をつくる。自分の体さえも、複数の種目を組み合わせたクロストレーニングや入れ墨、手術やウェアラブルの機器などで自分流にカスタマイズする。どのメディアを選ぶかで、流行に敏感であることや反抗心を表す。また、ソーシャ社会的な価値観の合う地域に引っ越し、自分の政治信条に合う報道機関を選ぶ。

ル・ネットワークですべての投稿に「いいね！」と言ってもらえるような「友だち」をつくる。買い物やアップグレードをするたびに、選択やクリックをするたびに、日々の生活は自分流になってくる。そして、世界は「自分の」世界になっていく。

このように、私たちが自らのイメージに合うように忙しく着せ替えを繰り返す世界、これが重大な問題を抱えていることは、ゲーム依存症にならなくても分かるだろう。あるレベルの満足感から、次のレベルに上がるにはコストがかかる。たとえば近年アメリカでは、住宅ローンを大盤振る舞いしたために世界経済を沈ませかけたが、これも飽くなき満足感を追い求めた結果だった。

しかし、問題は単に私たちが欲張り過ぎることだけではない。経済がゆっくりと回復しているにもかかわらず、私たちの多くはまだバランスが崩れたままで、不安定な状態が続いていると感じている。まるで、私たちが自分を表現することばかりに夢中になった結果、日々の生活の基本的な構造が根本から崩れてしまったかのようだ。食事から社交、結婚、育児、政治に至るまで生活のすべてにおいて、自己中心的な文化に翻弄され、市民として「社会的に」行動するのがどんどん難しくなっている。たとえば、長期的に何かに取り組むことに苦労する。また、自分と直接関係しない人やアイデアに関わることはもちろん、それを許容することも難しく感じる。他人への共感は弱まり、それに伴って、自分と他人との間には共有しているものがあるという、民主主義に不可欠な考え方すらも信じられなくなっていく。

正確には、こうした感覚は新しいものではない。四〇年ほど前、ダニエル・ベルやクリストファー・ラッシュ、トム・ウルフらの社会批評家は、自分に夢中になる人が増えるなか、戦後に存在した理想主義や希望が自己陶酔の広がりによって圧迫されていると警告を発した。ラッシュはその著書『ナルシシズムの時代』（ナツメ社、一九八一年）の中で、「個人主義の論理」が日常生活を無慈悲な競争に変えたと論じた。日常生活は、イギリスの哲学者トマス・ホッブズが言う「万人の万人に対する闘争」のような状況に陥り、意味のある喜びの日々が失われているとした。

しかし、今日の状況を考えると、彼らの悲観主義でもまだ足りなかった。自己陶酔やナルシシズムが、これほどまでに文化の本流から切り離せないものになるとは、彼らですら想像できなかったのだ。無論、今日のように社会全体がまるで利己的な個人のように振る舞うことも予測できなかった。かつては、個人が手っ取り早く利益を手に入れようとしても、政府やメディア、学術界、企業などの組織がそれを抑えてきた。しかし、いまではまさにこれらの組織が、同様の利益の追求に走っている。あらゆる分野において、大小さまざまな規模で、私たちの社会は、たとえ、結果がどうなろうとも「いますぐに欲しい」社会になりつつある。すなわち、「インパルス・ソサエティ（衝動に支配される社会）」となりつつあるのだ。

「インパルス・ソサエティ」という言葉で本書が描き出そうとするのは、単なる気まぐれな消費者文化などではない。いますぐの「リターン」への欲望が高まった結果、社会経済システム全体が自己破壊に向かっている様子を描こうとしている。近年では、これまで大切にされてきた協調的な行動や個人による献身などの伝統は、ほころび始めている。またかつて存在した、長期的で社会の広い範囲に恩恵をもたらす繁栄は、今日ではなかなか生み出されない。それどころか、行き過ぎと崩壊のサイクルがどんどん強まっているように見える。なかでも最も憂慮すべきなのはアメリカ政府である。つい最近まで、政府は資源や人々を動員して真の進歩を成し遂げてきた。しかし現在では、教育改革や資源の枯渇など、複雑で長期的な課題に背を向けている。また、再度のリセッションを防ぐのに必要な、金融改革からも遠ざかっている。

次の点について考えてみてほしい。過去七五年間で最悪となった二〇〇〇年代後半のリセッションは、社会全体を再起動する起点となるべきだった。それは、短期的な利益ばかりを追い求める社会経済システムを見直すまたとないチャンスだったのだ。しかし、現在でも私たちは依然として、最短の時間で最大のリターンをあげることに経済のエネルギーを集中させ、また、そこに起業家の才能を振り向けイノベーションを進めている。しかも、より大きな満足をもはや期待できない人々が増えているにもかかわらず、依然としてそれを続けている。それが人々の苛立ちとなって、「ウォール街を占拠せよ」運動や茶会党などの動きに影響し、政治を麻痺させている。

どうしてここに至ったのだろうか。かつては、私たちの社会はつつましさと結束と、未来への気遣いを誇っていた。それが、なぜ衝動的で自己中心的で、短期的な結果ばかりを求める近視眼的な社会になったのか。また、こうした変化は、人間としての私たちや国民としての私たちに、この先、また数十年先にどのような影響を及ぼすのか。本書の核となっているのは、こうした問題意識である。

変化する個人と社会経済システムとの関係

ある意味では、本書は非常に個人的なストーリーだ。先進国の国民の多くがそうであるように、私も人生のかなりの期間、必要のないものを与えたがる経済システムとどう付き合うか、対応に苦労してきた。そのため私の当初のテーマは、モノの少ない先史時代に適応した脳を持つ人間と、豊かさが前提となっている経済システムのあいだの、ほとんど喜劇的ともいえる食い違いに焦点を絞ったものだった。しかし、取材を進めるうちに、真のテーマは、口の上手いマーケターと騙されやすい個人についてのものではないことに気づいた。それは、個人と社会経済システムとの根本的かつ複雑な関係が、大きく歴史的な変化を遂げている、ということだったのだ。

たとえば、今日の文化に見られる自分本位な利己主義は、戦後にはそれほど目立つものではなかった。これが台頭してきたのは、少なくとも部分的には、かつて利己主義を抑えていた宗教や家族などの制度が弱くなったためだ。しかし、純粋に経済的な側面に絞った説明もできる。戦後時代には一般的だった利他主義（自分よりも他人の幸福を優先する考え方）が崩れ始めたタイミングは、一九七〇年代の経済的混乱、すなわちリセッションと一致している。リセッションにより人々は臆病になり、自分を守るようになったのだ。しかし、同時に経済面での「成功」も利他主義崩壊の原因となっていた。新たなアイデアや技術の急増により、私たちの欲求を素早く、効率的に、かつ個人に合わせたやり方で満たすことが可能になったからだ。このように市場があまりにも個人の欲求に合わせてくれるため、私たちは、どこまでが人間（が求めるもの）でどこからが市場（が与えるもの）なのか、その境目が分からなくなった。言い換えると、いま私たちは市場による侵略の真っただ中にいる。市場が人間との間の障壁をすべて破壊する、その最終段階に来ているのだ。簡単に言うと、市場と個人、経済と人間の心理が、いままでに経験したことのない形で融合しているのである。

もしも、一世紀前にさかのぼって、消費者経済が台頭する前の世界を見ることができたなら、そこには豊かさも技術もないことに驚かされるだろう。しかしそれだけでなく、その時代の人間と経済との距離や市場と個人の感情との分離にも驚くことだろう。それは人々が経済活動に没頭していなかったということではない。当時と現在との違いは、経済活動の大半が行われる場所にある。一世紀前には、経済活動の大半は人間の外側の世界で行われていた。つまり、製造の現場という物質的な世界で行われていたのである。人間は物をつくっていた。耕作を行い、手作業をし、道に石を敷き詰め、パンを焼き、塩漬けをつくり、醸造した。目に見える商品やサービスをつくり、その価値はほどほどに客観的で、数値化が可能なものだった。価値は市場で決まるだけでなく、人間の外側の世界におけるニーズや必要性によっても決まった。

しかし今日、状況はまったく変わっている。経済の規模自体は非常に大きくなったが、経済活動の大半（アメリカでは七〇％）が製造ではなく「消費」に集中している。また、その消費のかなりの部分が人の意思によるものだ。つまり、必要だから消費が行われるのではなく、人間の内側の目に見えない基準が人々を消費に仕向けるのだ。「見えない基準」とは、より具体的に言うならば、夢や希望、アイデンティティや秘密の欲望、不安や退屈などである。つまり、人間の内側の世界が、経済において重要な役割を果たすようになってきた——もっと突き詰めて言うと、人間の束の間にして無限の欲求に、企業の利益が左右されるようになった。すると、市場全体が個人に波長を合わせるようになる。ほんの少しずつ、また製品ごとに、市場は個人に近づいてきている。なかには、こう言う人もいる。一九七〇年代のコンピューター革命以来、消費者市場は実質的に個々人の「内側に」移動し、いまでは人間の欲望や意思決定と切り離せなくなっている。それだけでなく、その人のアイデンティティそのものとも切り離せなくなっていると——。

こうした市場と個人との融合は、市場による乗っ取りのようにも言われることがある。まるでマーケティングと広告業界が長年人心を操作し続けたために、私たちは牧歌的な製造者経済から追い出されたとでも言うように。

しかし、市場と個人の融合の兆しは常に見えていた。そして、消費者が経済活動と企業利益の中心となったとき、賽は投げられた。市場は厳然と、そしてごく自然に、その巨大な構造を個人の周囲に再構築した。なぜなら、成長を止めるわけにはいかない産業資本主義経済のすべての生産を飲み込めるのは、底なしの個人の欲望だけだったからだ。そして、個人も必然的に、市場の提案を受け入れた。なぜなら、絶え間ない生産がなければ、私たちの内側の世界は、自己表現という空想的で飽きることのない、楽しい行動を実現できないからだ。つまり、これは最初から市場と個人にとってウィン-ウィンの関係だったのだ。

市場と個人の融合が望ましいものなのか、その道徳性や持続可能性について議論することは可能だ。また、より好ましい市場と個人の関係は他にあるのか、それは実現可能なものなのかも議論できる。しかし、両者の融合は運命だった。今日では、個人を中心とした社会経済システムがあまりにも完璧で常態的になっているため、進歩の意味さえも変わった。個人を中心としたシステムでは、成功と失敗を測る基準すら変わる。また、企業における資源と人材の配置を左右し、どのようなイノベーションに従業員の能力を活用するかを決める。

アップルコンピュータは、最も市場価値が高く、ブランド認知度が高い企業であるが、同社は個人を中心とした経済のど真ん中に自社を位置づけ、個人の欲求を上手く満たすことで成功を遂げた。そして、こうした流れはまったく衰える気配を見せない。反対に、真剣に軌道修正をしない限り、市場は新たなイノベーションを用いて、これまで以上に深い欲求をほぼ継続的に満たし続ける。市場と個人は一つになりつつあるのだ。

「衝動」で形作られた社会

　だが、これはそれほど悪いことなのだろうか。仮に一八九〇年代から、あるいは一九七〇年代から誰かを現在に連れてきたとしたら、おそらくその人は、個人を喜ばせることだけを追求する社会経済システムに危機が存在するとは、あまり思わないだろう。事実、多くの専門家が、この効率的に人を満足させる仕組みに対しては、ただ身を任せて楽しめばよいという立場を取っている。

　私たちの衝動（インパルス）によって形作られたこの社会は、まさに自由が具現化されたものだ。さらには、私たちの欲望によって形作られた経済は、実現し得る最高の経済でもある。なぜなら、まさにそれが欲望によって形成されているからである。二世紀以上前にアダム・スミスが論じたように、個人が自分の利益を自由に追求し、最もささいな欲求でさえも満たそうとするとき、そうした行動が集積した結果として生じる経済は、大多数に対して最大のメリットを最も効率的かつ自然に提供するものとなる（アダム・スミス自身の有名な言葉を借りると、自己の利益を追求するとき、「見えざる手に導かれて、自分では意図してもいなかった一目的を促進することになる」のである）（訳註：アダム・スミス『国富論』（大河内一男監訳、中央公論社、一九七六年）より引用）。

　そして実際に、個人を中心とした経済は多くのメリットをもたらす。多くの富や多くのイノベーションが生み出されるが、なかでもおそらく最も重要なのは、個人が強い創造力を持つようになることだろう。その創造力を用いて、私たちは自分自身の人生を形作り、感情やアイデンティティさえもつくり出す。このような形で自己を創造するという前代未聞の力を持てるのであれば、時折の株価暴落や派閥政治、利己的で自己陶酔的な文化も進んで受け入れるべきではないのか？

　いや、おそらくそうではない。「欲しいもの」を与えることを主眼とした経済は、私たちが本当に「必要とするもの」を提供するという面では、最適な経済とはならない。個人のその時々の欲求を効率的に満足させるのが上手くなると、長期的に社会が必要とするものを提供するのが下手になるのだ。また、たしかに私たちの経済は多くの富を創出するが、その富はもはや、かつてのようにすべての階層の暮らしを豊かにすることはなく、安定的かつ幅広く分配されることもない。

さらに、私たちの経済は、スマートフォンから金融商品、奇跡のような治療法まで個人向けに素晴らしい製品を次々と産み出すのはたしかである。しかし、長期的な経済安定に不可欠な「公共財」は十分につくられなくなっている。たとえば、道路や橋、教育、科学、予防医学、代替エネルギーなどだ。そして、「公共財」の不足によって、経済や社会にはすでにマイナスの影響が出ている。私たちは最新のプラズマ画面や、シートウォーマー（自動車などの椅子を温める装置）、歯を白くする歯磨きなどをつくり出せるし、流行のカクテル・バーまでの道順を丁寧に案内してくれるアプリをつくることもできる。しかし、金融システムの改革や気候変動への対応、医療制度の改善などといった現実世界の大規模な問題となると、どこから手を付ければいいのかも分からない。

このジレンマは、政治的な失敗として解説されることが多い。しかし、この失敗の根底には市場がある。市場は消費者の心理と非常に密接に結びついているために、すぐに利益を求め将来のコストを無視するという、消費者の特徴的な傾向を反映してしまっているのだ。

この「すぐに手に入れようとする傾向」は消費者文化全体に見られ、いますぐ満足感を得ることはまるで人生の大事な目標であり、可能な限り効率的にかつ堂々と追求すべきものであるかのように扱われている。そして、この傾向は消費者経済の立役者と呼ぶべき企業でも顕著だ。これまでも人間は常に利益を最大化する種であった。しかし過去には、企業が利益を得ても、それを用いて社会的目標や義務（たとえば、従業員の継続的雇用やトレーニングなど）を果たさなければならないとされていた時代もあった。しかし近年、そうした社会的義務は次第に「非効率」なものとして扱われるようになり、今日では、それはコスト削減策やリーン戦略の導入により、最小化するか完全に削減されるべきものとなっている。

こうした利益重視の姿勢が強まったことも一因となって、企業の利益は未曽有のレベルに達し、リーマン・ショック以前の水準をはるかに超えるまでになった。だが同時に、この利益重視の姿勢ゆえに労働者やコミュニティは前例のないほど不安定になっている。また、かつて企業共同体を拠り所としていた人々も、非常に不安定な立場に追いやられている。

企業社会は多くの人にとって、まさに拠り所だった。人間の物質的な進歩の源泉だった。だから、企業が利益拡大を求めて、他への影響をほとんど考えずに技術を利用している姿を見ると心配になる。また、技術的スキルや資源が、かつては社会全体を押し上げ、社会目標達成の力となってきたのに、いまでは金融「工学」など、社会にとって大きなリスク要因となっている分野に使われていることにも不安を感じる。

さらに最近では、ビッグデータを巡って大きな盛り上がりが見られるが、それが注目されているのは現代の複雑な問題を解決するからでもなければ、悪用される恐れがあるからでもない。そうではなく、より没頭できるゲームや、より個々人に合った技術製品などに生かされ、市場を個人にもっと近づけられるからなのだ。いまや、そうした技術製品の中には、実際に身に着けられるメガネ型端末すらある。デジタル経済全体が、脳からわずか数センチのところに近づいているのだ。

これは先進国社会のあるべき姿ではない。しかし、私たちが内側に抱く夢想や恐れを中心に据えた社会経済システムからは、ほかにどのような姿を期待すべきなのだろうか。この文化では、協力や忍耐や自己犠牲といった価値観を嘲る。さらには、わがままや自己陶酔が、直すべき性格的欠点として扱われることなどない。それどころかライフスタイルの選択肢や「製品カテゴリー」となり、正当化されるのである。これこそ、個人を基盤とした経済の実際の姿である。そしてこの個人とは、アメリカ人がかつて称賛していた、強く、毅然とし、自信を持った個人ではない。腐敗し、不安定で、屈服した個人なのだ。

拡大する社会的リスク

インパルス・ソサエティが皮肉なのは、それが喜びや満足をひたすら強調していながら、実際には「不安」を主なアウトプットとしていることだ。私たちの多くは、近視眼的で自分のための利益を追求する文化の先には大惨事が待ち受けていることを直感的に理解している。年々不平等が拡大する経済システムでは、社会的リスクも拡大する。近視眼的でおカネに左右される政治システムでも、社会的リスクは増える。

さらに、個人のレベルでも、インパルス・ソサエティは自分のための利益を絶えず優先させていながら、実際は個々人が真に満足するのを困難にしている。なぜなら、満足感を得ようと懸命に努力すればするほど、古《いにしえ》から言い伝えられてきた真実を思い出すことになるからだ。すなわち、自分の満足だけのために利己的に生きれば、ほとんど自分の力を発揮できないということだ。

それでも、私たちは止まらない。一方で、元ゲーム中毒のブレット・ウォーカーは、ゲームを絶つことによって自分自身を救った。ゲーム「経済」から絶え間なく与えられる満足感から長い時間距離を置いたことにより、やりたいことをやりたい放題せずに生きるほうが幸せでいられると気付いたのだ。

私たちは気をつけなければならない。この社会は、ウォーカーが経験したように、自己満足を餌にして私たちの経済と社会を危機へと追い込んできた。その危機はあまりに深く、私たちはまだそこから脱することができていない。ウォーカーとは違って、私たちはまだ、抜け出せていないのだ。その状況においてなお、私たちは自分中心の経済を勢いづかせようとしている。

しかし、別の道もあるはずだ。もし、負のスパイラルを真剣に止めたいのであれば、まずは「即時の満足感」を追求する社会が及ぼす影響を認識することだ。また、最大で最速のリターンを稼ごうとする経済戦略の影響も認識しよう。

これは「効率」という考え方に疑問を呈することではない。つまり、技術やテクニックを活用して、投資に対する最大の成果を手にしようという考え方を疑問視することではない。効率を追求したからこそ文明が生まれたのであるし、所得の不平等や環境の悪化、資源不足などインパルス・ソサエティが解決できていない危機を打開するためにも、効率はさらに必要になってくる。

しかし、政治や特に企業で神聖視されてきた、効率についてのイデオロギーや信念は批判されなければならない。つまり、「最低限のコストで最大限のアウトプットを生み出すことは、常に社会の目的であるべきだ」という信念が問題なのだ。

かつては、この考え方が繁栄につながったと私たちは考えてきたが、現在はこの考え方が繁栄を破壊している。たとえば、企業があらゆる手を尽くして労働力を削減しているとき、一体、どうやって雇用市場を改善するというのか。また、製品、サービス、感情的な状態など、生産されるもの

「訂正」

本文中に文字の抜け落ち、誤植がありました。正しくは以下のとおりです。
読者の皆様、並びに、関係各位に、謹んでお詫び申し上げます。

ダイヤモンド社

◉344ページ　14〜15行目

（誤）そのため、経済が貧した時、アメリカは、偶然の産物をそれほどの躊躇はなかった。

（正）そのため、経済が貧した時、アメリカは、偶然の産物を捨てることにそれほどの躊躇はなかった。

◉345ページ　13行目

（誤）ウォーカーはついに脳の内部構造まで犯され

（正）ウォーカーはついに脳の内部構造まで侵され

◉345ページ　16〜17行目

（誤）実はウォーカーの姿は、今日のわれわれ姿の映し鏡であることが

（正）実はウォーカーの姿は、今日のわれわれの姿の映し鏡であることが

すべてが、それまでのものを次々に時代遅れにするような時に、一体どうやって本当に価値のあるものをつくれるのか。そのような果てしないアップグレードを前提とした経済や社会の下では、伝統や永続性、長期的なコミットメントといったかつて私たちが大切にしてきた考え方の居場所はどこにあるのか。

ここに、個人がどんどん弱くなっていく理由がある。また、一〇年かけても経済がまだ回復しない本当の理由もここにある。私たちの社会経済プログラムは疲弊している。あまりに短期的な目標にフォーカスし過ぎ、長期投資や長期のコミットメントを敵視したため、社会的・経済的に価値がある永続的なものを何もつくれなくなっているのだ。

現代は、中国やブラジル、インドやインドネシアなどの野心的な「新興」国が存在感を増している時代だ。それらの国々では、過去にアメリカがそうだったように、いまでもモノをつくることに大きな価値を置いている。そのような時代において、短期志向や衝動は、致命的な欠陥となるかもしれない。

冷戦後の世界では、資本主義に代わるものを求めることも、また、そうしたものが存在するかもしれないと想像することすら不評を買った。しかし、少なくとも私たちは、どんな形の資本主義を望むのか、選ぶ権利を持つべきではないだろうか。また、私たちの資本主義が真に価値のあるものを生み出すよう、そして、平等で慎重な社会を維持できるよう、要求できるようにしておくべきではないだろうか。

中国やブラジル、インドやインドネシアなどの国々のような、政府による介入の度合いが大きいトップダウン型のやり方に対して懐疑的な見方をすること自体は間違っていない。しかし、それらの国々では最低でも、ある定まった方向に向かうための経済を築こうとしている。単純に、効率というイデオロギーに導かれるまま、それについていこうとはしていない。

そうした国々は経済的成功と富について、意識的に社会的な面から定義している。この定義の仕方に同意しない人でも、私たち「先進社会」での定義が、もはや持続不可能だということは認識できるだろう。私たちには一株当たり利益以外に、経済的成功と富を測る新たな指標が必要なのだ。

だから、インパルス・ソサエティに対する解決策は、次の問いかけから始まる。私たちは自国の経済をどこに向かわせたいのか。どのような富を生み出したいのか。どのように富を再定義して、社会を維持する価値観を包含し、教育やエネルギーや科学の研究などの長期的な視点と、短期的な視点をバランスさせるのか。また、私たちは経済が社会的な影響をより「意識する」ような方法を見出せるだろうか。市民が即時の満足や自分のための利益ばかりを追い求める精神状態から離れ、長期的な責任感や永続的で安定的な自己を取り戻す方法を見つけられるのか――。

しかし、現在の政治文化の下では、これらの目標をバランスさせる方法を見つけるのは、まったく不可能に見える。医療改革や、気候変動に対処できていないことを見てもそれは明らかだ。これらの課題は複雑すぎると言われているが、理由はそれだけでなく、政治における「右派」と「左派」が市場の目的や政府の役割、個人の責任と権利に関して大きく異なる見解を持ち、互いに歩み寄ろうとしないことも原因となっている。

このように右派（保守派）と左派（リベラル派）が妥協しようとしないのは、政治家の戦略でもある。実は、私がインパルス・ソサエティについて考え始めた段階では、私はあからさまなリベラル派で、保守派が推奨する自由放任型の経済運営についてはまったく信用していなかった。また、経済や文化全体を粉々にしている、素早く効率的なリターンの追求についても不信感を抱いていた。しかし、インパルス・ソサエティを動かす社会的・文化的な要因を見ていくに連れ、経済面での考え方はほぼ変わらなかったものの、私は社会的には自分が明らかに保守的な結論に近づいているのに気づいた。私は、安定的で持続可能な社会を維治するには、社会的な要素が不可欠だと考えた。たとえば、しっかりとした家族や、強力なコミュニティ、自己規律などの個人的な徳の尊重などである。これらは、保守派が伝統的に掲げてきた目標だ。つまり、私がたどり着いた結論は政治的に混合したものだった。すなわち、規制やインセンティブを設けることで、より社会的なインパクトに敏感になった経済と、自分のための利益を超えて先を見通すようになった、あるいはそのために奮起した国民との組み合わせである。

私が政治的に混成した立場に変わっていったことは、決して珍しいものではない。過去四〇年間の社会批評家には、同様に混成的な結論に達した人が多く見られた。しかし、このように変化したことで私が信じるに至ったのは、現在の右派対左派、自由市場対社会主義、強力な国家対自由な個人といった対立は、両者の本質的な違いを反映しているのではなく、単にそれぞれが掲げている選択肢が誤っているということだ。

これらの対立が反映している凝り固まった立場自体がインパルス・ソサエティ的である。こうした立場が生じたのは、政党がかつて先進国の特徴であった長期の政治的意思決定に取り組む代わりに、迅速なリターンを選んだ結果に他ならない。経済や技術における成功を見て、時間をかけた政治的意思決定など非効率だと考えたのだ。しかし、遠くを見据えた伝統的な政治プロセスは絶滅してはいない。また、インパルス・ソサエティの下で左右に寄った極端な党派主義が横行しているにもかかわらず、私たちの多くは中道のあたりに留まっている。そして、変化を待ち望んでいる。

そしていま、歴史を振り返って、私は楽観的に考えている。私たちは社会として、世界大戦や経済不況、人権差別といった大きく複雑な問題に取り組んできた。その時と同じように私たちは再び挑戦することができるはずだ。今日直面する課題は、ある意味でより困難なものかもしれない。しかし、現状維持という選択肢はもはや存在しないのだ。

第Ⅰ部　この社会の主役は誰なのか

第1章 束の間の繁栄と戦後時代

ある金曜日の夕方、ノースシアトルにあるアップルストアで、私はほかの六名ほどの中年の客と一緒にiPhone（アイフォーン）初心者のための「ワークショップ」に参加していた。金曜日の夕方といえば、少し前までは仲間と街に繰り出して楽しく騒ぐ時間だった。だが、現代では携帯電話などの電子機器を買うことも娯楽の一つとなっており、店は大勢の客で賑わっていた。ワークショップのインストラクターは、流行の眼鏡をかけたチップという名の二〇代くらいの男性だった。彼はマイクを使いながら中年グループのガイド役を務めていたが、あまりの混雑ぶりに困惑しているようだった。

チップが説明していたのは、iPhoneのアシスタント機能「Siri（シリ）」だ。アップルによると、シリは何でも手助けしてくれるという。メールを書くことや、ホテル探し、カンザスシティ・スタイルのバーベキューが食べられるレストランを紹介することなど、何でもできるそうだ。シリがその最先端の機能を提供できるのは、「適応知性（アダプティブ・インテリジェンス）」といわれる機能のおかげだ。[1] チップの説明によると、適応知性とは、持ち主がシリにたくさん話しかけるほど、シリの反応がよくなり、持ち主のことをより深く理解することを意味するという。つまり、シリを使えば使うほど持ち主にとって便利で役に立つ存在になるのだ。

このような力を持っているシリは「人間本位の生産性向上アプリ」と宣伝されている。つまり、人がより少ない時間でより多くのことを実行できるようにしてくれる、効率改善アプリケーションということだ。したがって、人間と機械の関係においてもシリの開発は非常に重要なステップとなるという。

しかしインストラクターのチップは、シリの力を怖がる人もいるかもしれないと説明する。「正直なところ、人が話しかけると機械が返事をしてきたり、命令に従ったりするのは、ちょっと気味悪く感じられるものです」。チップの声は、まるで彼自身も以前はシリを気味悪く思い、使うのを躊躇した経験があるように思わせるものだった。チップは、最初は自宅だけでシリを使うようにして、人前では使わないことを勧めた。「でも二、三日経てば、変な感じはしなくなるはずですよ」。

チップがシリについて熱弁を振るった様子は、二〇一一年のシリの発売時に見受けられた口の悪いコメントとは対照的だった。シリはブロンクスなまりを理解しないといった他愛のないものの他にも数多くの否定的なコメントがあったが、その多くが「生産性を向上させる製品」としてのシリのイメージを揶揄するようなものだった。広告に使われた「シリ、カフェラテの飲める場所を探して」「ランニング用の曲をかけて」といったシリの使用例(2)は、生産性を高める製品というよりも、退屈している金持ちの都会人が使う暇つぶしの道具のようだった。アップルは「技術で夢の国をつくります」というような、感傷的な宣伝(たとえば「iPadはあなたとあなたが大好きなものを直接つなぐ『魔法の窓』なのです」など)を用いて、短期間で商品をどんどん売り込んでいこうとする。シリの宣伝文句もそれと同じだと思うと、シリが特別手の込んだ製品だとは考えられなかった。

しかし……、数日後に感じた「興奮」を無視することはできない。「五分後に鳴るようタイマーをセットしてくれ」と言うと、シリはその通りにした。また、クロスカントリーの練習に行った息子に、迎えに行くのが遅くなると伝えてほしいと頼むと、その言葉通りのメールを送ってくれた。さらに、「昨晩のマリナーズの試合結果を知りたい」「明日の天気を調べて欲しい」「メールを声に出して読んでほしい」と頼むと、シリは頼まれた通りのことをしたのである。最初はぎこちなかったが、シリが私の話し方を学ぶに連れ、ずっとスムーズに意志の疎通ができるようになった。加えて、他の生産性向上アプリをダウンロードし始めたときの、理屈抜きの妙な嬉しさも否定できない。たとえば、銀行口座残高を合計するアプリ、ジョギング時の消費カロリーを示すアプリ、さらには自宅付近の上空をバーチャルに旋回し、隣人の裏庭を覗き見できるようなアプリなどである。

いまでも、これらのツールがどのように生産性を高めるのかはよく分からない。実際、こなせる仕事量はむしろ減ってしまった。しかし、こうしたツールのおかげで最高の気分になり、腹の底から湧いてくる深い興奮を味わったのは事実だ。この感覚にかかわっている脳内の反応は、人類の祖先ができるだけ早く最小の努力で、食べ物や住処やセックスにありつけたときと同じものであるはずだ。そして、こうした快感こそが、アップルの「真の」製品なのではないかと私には思えてならない。

アップルは、物ではなくスタイルを売っているだけだ批判されることがある。しかし、アップルやグーグル、マイクロソフト、フェイスブックなど、パーソナル・テクノロジーの提供企業が本当に売っているのは、ある種の生産性だ。つまり、「最高レベルの瞬間的快感を最小の努力で得られる」という意味での生産性である。

これはアダム・スミス的な生産性ではない。経済学者にとっての生産性とは、効用を最大化し、コストを削減し、生存の可能性を高めることだ。たとえば、より栄養価の高い作物をより少ない労働時間で育てるといったことがこれに当たる。そうすることで、子孫が飢えや貧困や食糧難などを全般的に避けられるようにするのである。

しかし、アップルが提供するこの新しい、より個人的な生産性は、他のどんな生産性よりも人間の奥深くで不可欠なものとなっているようだ。それは、アップルの破格の成功ぶりからも分かる。同社の株式時価総額は、人類にとってはるかに不可欠な製品を製造しているエクソンモービルよりも大きいのだ。

また、それはパーソナル・テクノロジー市場の成長にも表れている。年間約二五〇〇億ドルが、スマートフォンとタブレットを購入するために使われている。私たちはパーソナル・テクノロジーに喜んで大枚をはたくだけではなく、狩猟採集民としての油断のない集中力をもって、より生産性を高めてくれる製品の発売を待ち構えている。そして、それが売り出されるや否やつかみ取ろうとする。そのスピードと反射的ともいえる反応は、私たちの祖先が新しい武器や道具に対して見せたであろう反応に引けを取らない。

このような効率と生産性の向上が、いつ、どこで起ころうとも、私たちがそれに対して見せる反射的な動き、これこそがインパルス・ソサエティの根幹に存在するのである。そして、インパルス・ソサエティの物語もここから始まる。

生産性の飽くなき追求

人々の生産性への欲望をネタにしておカネを稼いだのは、今日の大手テクノロジー企業が最初ではない。一世紀以上前、無秩序に工業化が進むアメリカやヨーロッパの経済で、恐慌や品不足などが何度も起こっていた頃、最小の努力で最大の成果が得られるよう手を貸そうとした人々がいたのだ。

まず、「生産性の教祖」と自称する人たちがいた。その中の一人がフレデリック・テーラーだ。彼は労働者を言葉巧みに働かせ、より多くを生産させる方法を企業幹部に示した。また、『効率的な楽観主義者（The Efficient Optimist：未訳）』[3]の作者、エドワード・ピュリントンは数百万人の読者に対して、人生から親睦会や社交的な会話、テーブルマナーといった非効率な活動をすべて取り除くようアドバイスした。

同時に、実業家というやり手のプレーヤーもいた。彼らの巨大で超効率的な工場では、世界初の生産性向上アプリとも言えるものが大量生産されていた。つまり、灯油や缶詰のスープ、連発銃、タイプライター、洗濯機など、より少ない時間でより多くの仕事を完成させられる製品である。

この種の人々の中で、最も重要な人物といえるのがヘンリー・フォードだ。彼が大量生産した自動車は、前代未聞の勢いで個々人の生産性を高めた。それにより「個人」という存在の意味も変わってしまったほどだ。

ヘンリー・フォードは、個人の生産性向上をミッションとして生まれてきたような人物だ。デトロイト郊外の農家で育ったフォードは、同じ労働時間でより多くの小麦や他の作物を得られる道具や技術に対し、他の農民と同様に強い関心を持った。そして、「同じ労働時間でより多くの収穫を得る」という方針を自分がつくった企業の中心に据えた。ライバル企業が「金ピカ時代」（訳註：

一八〇〇年代後半のにわか景気の時代）の御曹司たちのために豪華なセダンを手作りするなか、フォードは「大衆のために」彼らが買える価格のT型フォードを製造した。彼はシンプルで耐久性のある自動車を設計し、加えて、世界初の流れ作業工程を中心とした新しい製造システムも考案した。こうすることで、自動車の大量生産が可能になり、規模を活かして非常に高い効率をあげることに成功したのだ。

生産台数を毎月増やすことで、フォードの車一台当たりの固定費は相対的に低くなっていった。コストが下がると販売価格を下げることができる。その結果、フォード車の購入者は増え、生産台数が増え、さらなる価格の引き下げが可能になった。これを繰り返すことにより、T型フォードの価格は八五〇ドル（現在の価格で約二万一〇〇〇ドル）だったものが、一九二三年には二九〇ドル（同四〇〇〇ドル）にまで下がった。この価格は当時の平均的労働者の年収の三分の一程度だった。しかしもっと重要だったのは、それが当時の標準的な移動手段であった馬と一頭立て馬車の価格の約半分だったことである。

別の言い方をすると、わずかな収入の人でも、T型フォードを購入して個人の力を大幅にレベルアップできるようになったということだ。馬車では一時間に八マイル（約一三キロ）進めればいいほうだったし、途中で休憩や餌や水のための時間も必要だった。これがT型フォードなら、一時間四〇マイル（約六五キロ）のペースを維持でき、一度給油すれば、次の給油までにおそらく二〇〇マイル（約三二二キロ）は進むことができた。つまり、個人の移動可能な距離が五倍に増えたのだ。

当然のことながら、このレベルアップの効果も混雑した都市では弱まってしまう。しかし、大半のアメリカ国民が住む農村部では、施設や住宅などが分散している。そのため、そこに住む人々は経済的にも社会的にも孤立を余儀なくされがちだった。そんな彼らにとってこの個人の力の急拡大は、人生を根底から変えるような出来事だった。

たとえば、農村に住む家族が町に行って戻ってくるのにも、以前は一日かかっていたのが一時間で済むようになった。医者は患者を救える時間内に、遠くの住宅までたどり着ける。企業の営業担当者がカバーできる地域は五倍になった。若い夫婦は、農村部での生活にありがちな、若者の行動を見張るような視線から逃れられるようになった。

フォードのブレークスルーから数年後には、自動車という移動手段は安価で、誰でも手に入れられる一般的なものとなった。その結果、社会学者のダニエル・ベルが述べたように、小さな町の「少年少女たちは、ロードハウスに踊りに行くのに車を三〇キロ走らせることなど何とも思わなくなり、詮索好きな近所の人の目を免れることができた」(4)。それまでは上流階級の人たちしか味わえなかった自由が、いまやほぼすべての人の手に届くものとなった。それに伴って、「個人にできること」は、まったく新しい概念として再定義されたのである。

フォードのシステムが及ぼした効果は、個人の行動範囲の拡大だけではなかった。一九二〇年代には、フォードの新たなビジネスモデルのおかげで、まったく新しい経済が登場したのである。他のメーカーがこぞってフォードの手法を真似たことで、市場は安価な新しい「ツール」で満たされた。家電製品や調理済みの食品、電話やラジオなど、それぞれの製品が個人の力を増大させていったのだ。

無論、これらすべての製品が自動車ほどの支配力を提供したわけではなかった。しかし、腐敗したエリートが、自己の利益のために平気で庶民を踏みつけにしていた時代に、ほんのわずかでも自分の力が増えると平均的な人々の人生も変わった。だから、人は声を大にして自分に力をもたらしてくれる製品を求め、その急増する需要を満たすために、新たな起業家が新製品を携えて登場した。工場が建てられ、そこにはより効率の良い組み立てラインと製造工程が導入された。その新しい工場で働く労働者には賃金が支払われ、その結果さらに需要が拡大し、それが工場の増設につながり、支払われる賃金が増えていった。こうした好循環の中で、個人に力をもたらす製品も増えていったのである。

経済全体が変化していた。それに伴い、経済の中で人々が果たす役割も変わった。かつて人々は生産者であり、農民や職人として自分が生産した範囲内でゆっくりとしたペースで暮らしていた。それが、みな消費者に変わっていったのだ。賃金を稼ぐのに時間を使い、稼いだ賃金で誰かがつくった必需品を買う、そんな人がどんどん増えていった。購入できる製品は、たいていは自家製のものよりも安価で、質も良かった。

この一〇〇年後には、人々はこのような生産者経済と、それが持つ自然さとシンプルさ、無垢さに憧れるようになる。しかし、生産者経済が終焉を迎えたときには、それを悲しむ人はほとんどいなかった。新たな消費者たちはヘンリー・フォードのように一九世紀に育ち、重労働や恒常的な物不足、「金ピカ時代」の大きな不平等を経験していた。彼らにとって、新たな消費者経済は生活水準の飛躍的な向上を意味するだけでなく、確実に向上し続けていくための手段でもあった。消費者経済は真の永久運動機関で、普通の人々に毎年毎年より多くの力を与えてくれるように思われた。

動き始めた足踏み水車

しかし、個人の力を拡大する革命は未完成なものだった。フォードが完成させた戦略、すなわち低価格により販売量を増やし、その販売量を用いて低価格を維持する循環的な戦略は、足踏み水車に乗っているようなものだった。作業を休むことなく続けて、毎年毎年より多くの製品を売ることができて初めて、利益が出せるのだ。

だが、これには問題があった。なぜなら、ある時点を過ぎると、消費者はそれ以上消費できなくなるからだ。賃金は上がるかもしれない。しかし、賃金を稼いでいる人の大半は一九世紀の質素な生き方を保っていた。彼らは、道具は壊れるまで使うものと考えていたし、壊れたら修理し、再び壊れるまで使うのも当然だった。一九二〇年代中頃には、アメリカのほとんどの世帯が自動車を所有しており[5]、またフォードは非常に頑丈な車をつくったので、一度フォードを購入した人が再び自動車を購入することはまずなかった。

やがて売上の伸びは鈍り、フォードの利益は急減し、生産量を減らさざるを得なくなった。その結果、フォードにとって重要な、規模による効率が維持できなくなり、ビジネスモデル全体が崩壊する恐れも出てきた。さらに、こうした状態にあったのはフォードだけではなかった。製造業者の大半が、フォードと同様に大きな損失を被りかねない状況に直面していたのだ。

製造業者の大半がフォードのような規模と市場シェアの実現を急いだため、彼らは工場や組み立てライン、流通ネットワーク、ショールームなどに何十億ドルというおカネを使っていた。しかし、この投資資金を返済するために必要な販売量は、消費者の購買欲をはるかに超えていた。したがって、フォードや他の実業家は、生産量を劇的に減らして何十億ドルもの投資を損金処理するか、あるいは人々を何とか説得して、自己の力を拡大する製品をもっと買ってもらうかの選択を迫られたのだ。

消費者ローンと果てしないモデルチェンジ

このとき、消費者の説得にあたったのは、アルフレッド・スローンだった。スローンはゼネラルモーターズ（GM）の社長で、事業でも哲学的にもフォードの最大のライバルだった。フォードが質素な農家の息子で、派手な見せかけを避けたのに対し、スローンは裕福な家庭で育ち、一流の学校に通って、洒落た生活スタイルに慣れていた。さらに本書との関連において重要なことは、スローンが「消費者向け製品を大量生産するうえでは、もはや単なる技術ではなく心理学が重要だ」という点に気づいたことだ。つまり、どのようにして消費者に、新たに得た賃金を気分良く使ってもらうかということである。これに対してフォードがこだわっていたのは、自動車の実用的で機械的な部分だった。

スローンの心理戦略は二段階で行われた。最初に、GMは革新的な新サービスを導入した。安価な消費者向けローンを、自社系列の銀行を通じて提供したのである。当時は、消費者向けローンは金融の世界におけるアヘンのようなものと見られていた。実際、フォードはローンを不道徳なものと考え、現金しか受け取らなかった。そのような時代において、スローンの動きは向こう見ずではあったが、才気あふれるものだった。このサービス一つを提供しただけで、消費者は車を購入するために貯金をする必要がなくなり、より早く車を買えるようになったのだ。またそれに加えて、より多くの車を買えるようにもなった。

この「より多くの車」こそが、スローンがまさに売ろうとしていたものだった。従来のメーカーは消費者にわずかな選択肢しか与えなかった。たとえば、フォードは基本モデルが一つで、色も黒っぽい緑の一色だけだった。一方でGMは、低価格のシボレーから最高級車のキャデラックまで、幅広い選択肢を提供した。GMの製品構成は慎重に設計されており、ドライバーが自分の社会的・経済的なステータスに合うものを選べるようになっていた。そして、より上のモデルにアップグレードすることにより、自分のステータスを高めることができたのだった。つまりスローンは、顧客が物理的に移動する力を提供しただけでなく、社会的にも移動できる力を与えたのである。これはアメリカ人がますますステータスを意識するようになっていた時代において、抜け目のないアイデアだった。

さらに、スローンは消費者に、ステータスを永遠に上げ続ける手段を提供した。一九二六年に、その後「年ごとのモデルチェンジ」として知られるようになる手法を導入したのである。つまり、毎年それぞれのモデルに修正を加えていったのだ。修正には、実質的な性能面でのものもあった。たとえば、より良いブレーキや信頼性の高いトランスミッションの導入などである。しかし、ほとんどの修正は表面的なスタイルの変更で、感情を刺激することが狙いだった。たとえば、その町で最新の車を所有している喜び、強力なエンジンで走るスリル、最新の高機能な装置や便利な仕掛けを使えるワクワク感などである。スローンの自動車「スタイリスト」を務めたハーレー・アールはインタビューに答えて次のように語っている。「車を設計するに当たっては、乗るたびにいつも気分が解放されるような車をつくろうと心掛けています。ちょっとした休暇に出かけている気分になれる車です[6]」。

こうしたソフトな欲望を刺激しようとしたのは、決してスローンが最初ではなかった。富裕層は何世紀ものあいだ、経済学者のソースタイン・ヴェブレンが言うところの有名な「顕示的消費」を通じて、ステータスや良い気分を購入してきた。これに対して、スローンは大量生産や年ごとのデザイン変更、手軽な自動車ローンの提供を通じて、一般の消費者も富裕層と同じように欲求を満たせるようにした。その結果、多くの人が、より高いレベルの満足感を得られるようになった。昔の生産者経済の時代よりも素早く、かつ効率的にアップグレードできるようになったのだ。生産者経済の下では、強い満足感が得られる瞬間はさほど多くはなかったし、それを手にするためには地道な努力や鍛錬が必要だった。ある意味で、スローンは新種の個人的な生産性、具体的には「感情や願望における生産性」を提供したといえる。つまり、消費者がより少ない努力で、感情を望ましい状態に持っていけるようにしたのだ。人々は、かつて農民が効率の良いトラクターに飛びついたのと同じような熱意と反射神経で、そうした感情を得られるチャンスに飛びついていった。

ここで指摘しておくべきことは、スローンが利用しようとした衝動は人工的なものではないということだ。私たちは私たちの祖先が新しさを好んだのと同じ理由で、新しいものを好む。新しさは環境における変化であり、それが優位性につながることもある。同様に私たちには、社会的なステータスを上げたいという、本能的な欲望がある。なぜなら、グループ内での力関係がすべてだった世界では、社会的なステータスは非常に重要だったからだ。

スローンは過去の人類の脳の仕組や民族内の力学についてはほとんど知らなかったと思われるが、人が新しさやステータスに自然に引き付けられることは明らかに理解していた。さらに重要な点は、こうした欲望はほんの一瞬しか満たされないと分かっていたことだ。新しいものを手にした喜びは、ショールームから一歩出た瞬間に薄れ始め、高いステータスを示す製品から得られるワクワク感も、翌年のモデルの登場とともに消えてしまうのだ。

新しさやステータスで感じる喜びを持続させる唯一の方法は、次の新しい製品へとアップグレードをし続けることだ。これは、常に過去最大の売上を願って止まない大手メーカーにとっては都合のよいことだった。消費者も、いまや止めることのできない足踏み水車に乗せられていた。しかも、メーカーは消費者が欲しがる製品デザインと広告とインセンティブを提供して、消費者の足踏み水車と自社の製品開発のペースを完全に合わせた。スローンはこの戦略を「動的な陳腐化」と呼び、その目的を次のように率直に示した。「お客様に満足してもらうために、毎年できる限り最高の車をつくります。そして、翌年にはまた最高の車をつくって、去年買ったお客様を不満にさせるのです」[7]。スローンは、現代の産業界が毎年生み出さざるを得ない生産増加分の完璧な納入先を見つけた。それは消費者の底なしの欲望である。

スローンの戦略の優秀さは、すぐに誰の目にも明らかになった。GMはどこから見てもアメリカ最大の企業に成長していた。消費者の心理的な欲望と企業の欲望を結び、個人と市場を結ぶ「動的な陳腐化」は、新しい経済パラダイムとなった。長い間エンジニアと会計士に支配されていた企業は、社会学者や心理学者を雇い、ついにはフロイト派の分析者まで雇うようになった。それは「顧客が購買を決めるのに大きな役割を果たす、内面的な状態」をすべてリストアップするためだった[8]。

そして、その内面的な状態はとても多様であることが分かった。私たちが物を買うのは、新しさやステータスのためだけではなかった。たとえば傷つけられた自尊心を救うためにも、人は物を買っていた。平凡な結婚をした失望を和らげるため、職場でのストレスから逃れるため、郊外での息の詰まる穏やか過ぎる暮らしの息抜きとして、加齢や病気という屈辱からの逃げ道として、人は物を買うのだ。

コロンビア大学の社会学者で、早くから消費者文化を批判していたロバート・リンドは、消費者向け製品はさまざまな感情的・社会的問題を「調整」するため、まるで治療用の医薬品のように販売され、消費されるようになったと分析した。(9) リンドや他の研究者たちは、この新しい「癒やしのための消費」を軽蔑した。しかし、そうした製品が成功していることについては反論の余地がなかった。製品サイクルごと、あるいはモデルチェンジごとに、私たちは自身の外側の世界だけでなく、内側の世界をもコントロールする力を獲得していったのだ。

危険なほどバランスを崩した経済

ただし、力を得た個人が全盛時代を迎えるには、まだ一つ足りない要素があった。製造者から消費者へと変貌することで、人は完全に市場の思うままとなってしまっていた。つまり、消費する物だけでなく、それを買うための賃金まで市場にコントロールされていたのだ。

これは実に不安定なポジションだった。賃金を稼ぐために、私たちは従来よりも企業に依存するようになったが、その企業社会は依然として労働者を単なる金儲けのための道具として扱っていた。製造業者は定期的に賃金をカットし、従業員が労働組合をつくろうとする動きは、どんなものであっても暴力を用いて、あるいは政治家への賄賂を使って潰しにかかった。当然のことながら、裕福なアメリカ人とそれ以外のアメリカ人との格差は大きく、それはさらに拡大していった。

一方で消費者としてのアメリカ人は、丁寧な言い方をするならば、必ずしも自分たちの利益にはならない市場に向き合っていた。つまり、多くの新製品やサービスに欠陥があったり、危険だったり、詐欺的だったりしたのだ。

さらに大きな問題もあった。多くの新製品の機能が「良過ぎた」ということだ。つまり、新製品の多くは、消費者が安全に、かつ持続的に使える以上の力を提供していたのだ。たとえば、自動車のスピードは、未熟な道路システムで安全に走行できる速度を超えていた。その結果、一九二〇年代の交通事故死亡者数は、走行距離一マイル当たりでは現在の約一七倍にのぼっていた。また、新たに導入された消費者向けローンは、各世帯の借入れを大幅に増やし、一九二九年の株価暴落とそれに続く大恐慌の一因となった。個人はますます社会を犠牲にして欲望を満たすようになり、そのための能力を身に付けていった。これは今日では一般的な状況かもしれない。しかし当時は、それまで非常に裕福な人たちに限られていた「特権」だった。

経済は危険なほどバランスを崩しかけていた。生産者経済から消費者経済に移行していくに連れ、パワーのある車やローンなどの私的財の生産が増え、高速道路の安全性や安定した信用市場などの「公共財」の生産ペースを上回るようになっていったのだ。市場は少しずつ、だが止まることなく、個人の利益のほうに傾いていき、公共の利益から離れていった。

たしかに、このシフトはまったく論理的なものだった。純粋に経済学的な観点から言うと、私的財の生産、特に個々人に一層の力を与える製品をつくることは、公共財の生産よりずっと利益が出るのだ。しかし、論理的であろうとなかろうと、公共財から私的財へのシフトにより、社会は現代人が直面する問題と同じものに向き合わざるを得なくなっていく。すなわち、何らかの調整が行われなければ、社会の経済的な利益はゆっくりと、だが容赦なく、個人の経済的な利益に取って代わられてしまうということだ。

しかし、この公共性と個人の利益の不均衡は不動のものではなかった。セオドア・ルーズベルトやウッドロー・ウィルソンら改革者たちは、一九二九年の暴落以前にも、政府の強大な規模と力を利用して、短期的な満足感に意識の向き過ぎた市場を整理し直そうとしていた。

スタンダード・オイルや鉄道のトラストなどによる独占は解体され、規制された。労働者は最低賃金や団体交渉を保護する法律などにより少しずつ力を与えられ、これらの法律のため、企業は徐々に組合と和解せざるを得なくなった。消費者は、規制により安全性の低い製品や汚染された食品、悪質な金融業者から保護され、近視眼的な投機家が引き起こす市場の混乱から守られた。加えて、公共財への投資不足を補うため、政府は教育や研究、特に道路や橋、灌漑や開墾などインフラ整備に多くの資金を投入した。それが民間企業の投資促進にもつながった。

さらに、即時の満足を求める文化や、自分のための利益を追求する文化の萌芽も、政治が繰り返し要求すれば鎮静化することができた。たとえば、フランクリン・ルーズベルトは一九三三年の大統領就任演説でこう述べている。アメリカ人は「訓練された忠実な軍隊の如く行動し、国全体の規律のために進んで犠牲を払わなければなりません」。「命や財産も、進んで差し出すような覚悟でいなければなりません[10]」。言い換えると、個人中心の経済では生み出せなかったもの、あるいは生み出さなかったものを、政府がつくり出そうとしていたのである。

ルーズベルトが「ニューディール」と呼んだ、社会と民間との均衡を取り戻そうとするこの野心的な政策は、目を見張るほどの成果をあげた。一九四一年にアメリカが第二次世界大戦に突入するまでに、経済生産は大恐慌から回復しただけでなく、次世代のハイテク製品を立ち上げ、新たな繁栄を生み出せるまでになった。政府と民間がともに投資を行った成果である[11]。

戦争により、新製品の導入や社会の繁栄は先送りとなったが、逆にこの遅れにより消費者経済が力を畜え、拡大が可能になった。開戦後、政府は四年の間に現在の価値にすると四兆三〇〇〇億ドルに相当する金額を投じて、工業生産の拡大を図り[12]、新たな工場、新たな生産ライン、新技術を導入した。一方で、国民には配給などの戦時的な制約を課して消費を抑制した。一九四五年に戦争が終結する頃には、アメリカ人は一兆五〇〇〇億ドルに相当する貯金を蓄えており、それを使う機会を待ち構えていた[13]。戦後時代（訳註：一般に、一九四五年の第二次世界大戦終了時から、一九六〇年のベトナム戦争開始までとされる）が始まると、蓄えられたおカネと、抑えられた欲望が消費に向かった。それに対応する産業界は、以前よりはるかに大きく、洗練され、消費者の欲望に鋭く反応できるものとなっていた。

戦後は、大幅な経済成長を実現するうえで、これ以上はないと思えるほど理想的な状況だった。消費者による需要は大きく、また、GMやフォード、エクソン、ゼネラル・エレクトリック（GE）、AT&T、IBM、デュポンなどのアメリカ企業は、規模が拡大し効率化されていた。それに加えて、戦争により海外企業がグローバル市場から一掃されたおかげで、それらのアメリカ企業は、ほぼ思いのままに行動できた。天然資源は安価で、石油価格は現在のおおよそ四分の一程度だった。なおかつ、天然資源を活用する技術も急速に進歩しており、工業生産力（労働時間一時間当たりの生産量）は年率三％から四％の割合で上昇していた。戦後二五年間で、アメリカ経済は約三倍近い規模となり[14]、国民一人当たりのGDPは二倍以上となった[15]。ちなみに、日本や西ヨーロッパでも同じような状況だった。それらの地域では戦後の復興プログラムはアメリカの税金で大半がまかなわれたのだが、そうしたプログラムが奏功して一人当たりの所得はやがて三倍となった[16]。

そして、この新たな繁栄が、それ以前のものよりもずっと幅広い範囲に及んでいたことも重要な点だ。経済の最下層にいる人々の収入の増加ペースは、トップにいる人のそれよりも速かった。「上昇する」ことはアメリカ社会の中心的なテーマとなった。一九六〇年代までには、世帯所得の中央値は倍以上に増え[17]、アメリカの世帯の三分の二が中流となった[18]。

このような経済的な格差の縮小は、政府による積極的な市場介入が続いているためでもあった。政府は戦後の特徴ともいえる暴力的な労働争議（恥ずべきことに、暴力行為には連邦および州警察も加担していた）を、可能な限り避けようとしていた。同様に重要だったのが、アメリカ政府が「労働者寄りの」労働政策を進めていた点だ。これは、当時アメリカの新たな地政学的ライバルとなっていたソ連が「労働者の楽園」を表面上は掲げていたことから、それに勝る政策を実行する必要があったためだった。その結果、労働組合と企業が交渉を行うと、ホワイトハウスは公然と、労働者に寛大な年金や医療給付契約を支持するようになった。

ここで特筆すべきは、企業の生産性が向上することで得られた利益が、労働者に一定の割合で分け与えられたことだ。具体的には、労働組合の契約で、賃金の上昇は毎年の工業生産性の増加とリンクされるようになったのである。これは戦後時代のほとんどの期間続いた[19]。また、政府は限界税率の最高値を七〇％から八〇％で維持した。そのため企業は、幹部に対して金ピカ時代のような高額な報酬を払わなくなった。一九七〇年代を通じて、平均的なＣＥＯの収入は従業員の収入の中間値のおよそ二〇倍だった。現在の両者の差と比べると、わずかなものだ。

政府の介入以外にも多くの動きがあった。一九五〇年代から一九六〇年代にかけては、経済がより社会志向となっている現実を、多くの企業が不承不承ではあったものの受け入れるようになった。

労働組合と和解した企業も多かった。さまざまな教育訓練を提供し、急速に変化する技術に追い付けるようにするなど従業員に長期的な投資もし始めた。医療給付もますます一般的になった。大企業は、民間の社会保障制度のようになっていった。

経営陣や取締役会は、ピーター・ドラッカーらマネジメント界の権威が提唱する「企業の社会的責任」に必ずしも賛同していたわけではなかったが、消費者向けの製品をつくるメーカーとして、企業は自社の繁栄は消費者の繁栄とは切り離せないことを認識したようだった。例として、GMのCEO、チャールズ・ウィルソンがアイゼンハワー大統領により国防長官に任命されたときのエピソードを紹介しよう。ウィルソンは上院の指名承認公聴会で、「GMに損害を与えるような政策決定を行うことができるか」と質問された。彼は「イエス」と答えたが、そうした決定はおそらく生じないだろうと主張した。なぜなら、国家の利益と企業の利益は、ほぼ完全に一致しているからだとウィルソンは説明した。そして、「国にとって良いことは、GMにとって良いことであり、逆もまた真なりです。GMは巨大過ぎるほどの企業です。ですから、国の幸福とともに歩んでいくのです」と語っている。

アメリカの黄金期

こうして私たちがたどり着いたのが、社会と個人のあいだの均衡点だった。伸び続ける個人の能力が、強力な社会構造との間でバランスを保たれる地点である。その結果、アメリカには黄金期とも呼ぶべき時代が訪れた。そこでは、個人が豊かで工業化された経済の恩恵を受ける一方で、戦前に人々を苦しめた経済的な不安定さは減少していた。

一九六〇年代には、平均的なアメリカの白人男性は、彼らの祖父が稼いだ金額の二倍以上の収入があった。週当たりの労働時間は三分の二程度となり、各種の手当や終身雇用や年金を提供してくれる家父長的な企業文化を満喫できた。[20]住宅も家族の人数はおそらく半分程度だったにもかかわらず祖父母世代の二倍近くの大きさとなり、都会の喧騒を離れた郊外に建てられていた。家にはエアコンや家事を助ける家電製品があり、近所には良い学校や商店もあった。また、医療や公衆衛生も世界最高のレベルで、さらには栄養状態も改善したために、祖父の時代よりも平均寿命が六年長くなった。[21]寿命が延び、労働時間が減少したことにより、娯楽やレジャーの時間が生まれ、自分自身を向上させる時間も取れるようになった。読書や旅行、芸術鑑賞、夜間に学校に行くなど、総じていえば、人生をより豊かにし、自分自身に対する満足感を得ることができるようになったのだ。米国精神医学会で余暇研究委員会[22]の委員長を務めた精神科医のポール・ホーンは、一九六四年にライフ誌にこう語っている。「私たちには、いまや人間のすべての可能性を開発するチャンスがあります。それがどんな可能性であってもです」。

ごく自然な成り行きとして、この「可能性」のかなりの部分が、消費を通じて実現されることとなった。消費行動は、精神的な成長と自分探しのプロセスからますます切り離せなくなった。いくつもの製品モデルや製品サイクルを活用して、本当の自分を見出すのである。どこを見ても、消費を通じて自分を発見しなさいと手招きされているようだった。

「人々の行動の動機の大半は、その人の理想、つまり、そうなりたいと思い描く人物を表現することにある」。こう言い切ったのは、戦後時代の消費者マーケティングの第一人者であったピエール・マルティノーだ。[23]彼は言う。「自己表現への熱望ゆえに、私たちは自分自身や自分の理想像を表現でき、代弁してくれるような製品やブランド、組織を求めるのだ」。

従来からの社会的な役割、たとえば仕事や子育て、結婚などですら、自己表現の一つに変化した。戦後時代の終盤に社会学者のロバート・ベラーが示したように、中流のアメリカ人の多くが恋愛を「無限に奥深く、複雑で、刺激的な自己を相互に探求し合う」機会としてとらえていた。[24]

しかし、こうした絶え間ない自分探しは疲れるものであり、ストレスを感じ、罪悪感さえも引き起こすものだった。たとえば、戦後には社会に幅広く繁栄がもたらされたものの、女性や有色人種など一部のグループには平等に力が行き渡っているわけではなかった。また、自分探しは、過剰な消費を一般的なものにしているという懸念もあった。ニューヨーク・ポスト紙の論説委員、ウィリアム・シャノンが述べたように「だらしない人の時代」に入ったと憂慮されたのだ。彼は「地上で最も大きな音をたてているのは、豚のようにブーブーと鳴き声をあげる貪欲さだ」と書いた。[25] そして、私たちがどんなに高くまで上昇しても、どれだけおカネを使っても、どれだけ大きく自分自身を定義し直しても、常に次のレベルがあり、次のアップグレードが待ち受けていることは確実なのだった。

だがここでも、産業の進歩は平均的市民に克服の手段を与えた。毎年、テレビや映画館で新たな気晴らしが多数提供された。ミルタウンやリブリウムなど、精神を安定させてくれる奇跡のような医薬品も次々と開発された。そして一九六〇年代には、パーソナル・テクノロジーのブームが始まった。次々と波が押し寄せるように、トランジスターラジオやテレビ、ハイファイ・オーディオなどの消費者向け家電製品が発売されたのだ。こうした家電製品は、余暇の時間を各人の嗜好にぴったりと合わせてくれるものとなった。

戦後の平均的なアメリカ人、特に中流の白人は、年ごとに人生の選択範囲が広がった。足踏み水車がより速く、より効率的に回り続けるなか、その可能性は大きくなっていった。もはやおカネを稼いで「生活を築く」段階ではなく、「人生を形作る」力がどんどん拡大した。一九六四年にライフ誌が述べたように、「人間は今や、どんな世界でも望むままに創造できる道具と知識を持つようになった」のである。

人々と社会の関わり

では、当時のアメリカ人はどんな世界を望んでいたのだろうか。結局のところ、それほど悪い世界ではなかった。「豚のようにブーブーと鳴き声をあげる貪欲さ」にもかかわらず、また自己表現や自分探しなど、自分の内なる世界に深く熱中していたものの、平均的なアメリカ人は依然として、必要な場合には「国全体の規律のために進んで犠牲を払う」意欲を持っていた。ジョン・F・ケネディが、一九六一年の大統領就任演説で「あなたが国のために何ができるかを問うてほしい」と説いたとき、アメリカ人の大半はその要請は当然のことだと受け止めていた。

実際、社会が繁栄し個人の力が高まるに連れ、人々は社会の幅広い分野により深く関わりたいと考え始めたようだ。政治活動への参加は積極的になり、一九六〇年代初期の投票率はそれまでの五〇年間で最高となった。人々は地域社会にもより深く関わるようになった。教会でのボランティアや出席者数は記録的な数値となり、ライオンズクラブやロータリークラブなどの社会奉仕団体への参加者も過去最高を記録。ＰＴＡは全米で最大の組織となった。

ある評論家は一九六四年に次のように述べている。「アメリカ人は社交を求める本能を、地域のさまざまな委員会への参加で満たしている。地元の道路やゴミ収集方法の改善のための委員会や、公僕にその名が示す通りのことをさせるための委員会などである」。これは単なる口だけの参加ではなかった。一九六〇年代初期には、社会的・個人的リスクを冒してまでも抗議行動に参加する人が増え、人種や性別などによる不平等に反対した。さらに、自分たちができないことに関しては、代わりに政府にやらせようとした。アメリカ人の多くが、現在よりも大きな政府、おカネを使う政府の役割を支持していたのである[26]。

人々があれだけ個人としての力を渇望していたにもかかわらず、また市場があれほど多くの製品を売ろうとしていたにもかかわらず、アメリカ人は公共の利益のためならそうした力の一部を放棄する覚悟を持っていた。特に、コミュニティや私生活の基盤となっていた人間関係のためならば一定の犠牲も辞さなかった。

二〇世紀におけるアメリカの市民生活の記録を編纂したアラン・エーレンハルトが述べたように、戦後のアメリカは忠誠の国だった。アメリカ人は「配偶者と結婚生活を続け、政党の集票組織から離れず、応援する野球チームも変えなかった。企業も成長の基盤を築いた地域から離れることはなかった」。エーレンハルトによると、この忠誠心によりたとえ個人の自由が犠牲になったとしても、忠誠心を持つと安心感がもたらされた。この安心感は次のような要素に裏付けられていた。それは、「馴染み深く安全なコミュニティ。この先も続けられるか、夜中に寝床で心配する必要のない安定した仕事と人間関係。従うことのできるルール、あるいは年を取ったら反抗できるルール。そのルールが守られているかを監視する、信頼できるリーダー[27]」である。

こうした要素のどれも、当時の社会科学者を驚かせることはなかったはずだ。特に心理学者のアブラハム・マズローのような「人間主義的な」学者にとっては当然だった。マズローは一九四〇年代から一九五〇年代にかけて、「欲求五段階説」として知られる理論を開発した。この理論は、物質的な進歩と社会的な行動の結び付きを示すものだった。

マズローの議論はシンプルだ。人は食料や住居や身の安全などの基本的なニーズを満たすと、次にはより高い願望を持たずにはいられなくなる。たとえば、愛やコミュニティでの地位などだ。これは人間のすべての可能性を実現するまで続く。

マズローによると、この「自分の可能性を存分に開発した（自己実現した）」人は、幸せなだけでなく、非常に機能的な「民主的な性格構造」を持つという。つまり、独立していて自由な考え方ができるが、同時に非常に倫理的で忍耐強い性格だ。そして重要なのは、彼らは世界に関わり、社会的・政治的プロセスに関わろうとするという点だ。簡単に言うと、自分の可能性を存分に開発した人は、隣人や教師や有権者として望ましい人となる。

この議論でのポイントは、五つの段階を上り始める前には、まず適切な物質的条件が整っていなければならないということだ。低次元のニーズだけでなく、その先のより高次元の複雑なニーズでも物質的に充足されている必要がある。はしごを上り続けるには、それが必要条件となる。そして、この条件が満たされると、より高い可能性を実現したいというほぼ抗し難い欲求が生じる。他の欲求と同じく、根本的で自然な欲求となるのだ。マズローは言う。「究極的な幸福を味わいたいなら、人はなれるものにならなければならない。音楽家が音楽を演奏しなければならないように、画家が絵を描かねばならないように、詩人が文章を書かなければならないように」。それ以外の私たちも、自分が「向いているもの」が何であれ、それを見つけようと突き動かされる。(28)

私たちは全員が自己実現のレベルまで達しないかもしれないが、そこに近づくに連れ、社会や政治にかかわろうとする民主的な性格構造がはっきりしてくる。一般的に考えれば、人間が民主主義を目指す道筋は政治的で集団的なものである。しかし、それと同程度に、個々人の心理的なプロセスでも民主主義を目指すのである。そして、自己実現した個人が多数集まると、その集団には変化が起こる。マズローによると、社会全体が欲求の五段階を上っていき、より見識のある、民主的な社会になるのだ。「欲求の五段階と並行する形で、いまや社会にも段階が存在している」[29]。

マズローの集団的な自己実現という楽観的な見通しは、彼が考えた時点では見通しでしかなかった。しかし、一九六〇年代の終盤には、ミシガン大学の政治学者ロナルド・イングルハートがこれを実際に測定し、「社会に関わろうとする民主的性格と、豊かさとの関係」を示した。彼は、マズローの五段階の体現といえるものを、ヨーロッパにおける第二次世界大戦後の政治運動を研究するなかで見出したのだ。戦前に生まれ、不安の中で育ってきた人たちは、たとえ、それが個人の自由をいく分犠牲にするものであっても経済的安定や政治秩序など、「物質主義的な」価値を優先した。しかし、戦後に生まれた人たちの関心はかなり異なっていた。戦後のベビーブーム世代は経済成長のなかで育ち、あまり緊急性のない目的に集中することができた。娯楽やレジャーに加え、教育、教養、旅行、政治活動など、より高尚なものを探求できたのである。

簡単に言うと、ベビーブーム世代は単純に必要なものだけでなく、欲しいものを見出すことができた。彼ら、つまりは私たちの世代が、こうした「自己表現」を行うのに慣れていくと、その権利を守り、拡大しようとするようになった。そのために、たとえば民主主義や表現の自由、男女平等、労働者の権利、環境規制などリベラルな社会の仕組みを支持したのである。イングルハートの議論は、単に理論的なものではなく、広範な調査データに基づいていた。そうすることで、この自己表現から発した「ポスト物質主義」の価値観は、物質面での状況が改善した場所ではどこでも見られることを示したのである。(30)

イングルハートはこうした価値観の変化を「静かなる革命」と呼んだ。この概念により、二〇世紀後半に起きたさまざまな社会の変化が説明できる。たとえば一九六〇年代の多数の政治的対立にも、静かなる革命が見られる。ここでは戦後世代がその両親の世代と、人種差別からベトナム戦争まで、あらゆることに関して争った。また、環境問題や、文化的多様性の受け入れ、世界中の抑圧された人々による民主主義の要請などにも静かなる革命が表れている。

さらに、ポスト物質主義は文明がどこに向かうのか、その方向も示した。イングルハートによると、経済成長が続き、物質主義の世代が高齢化して減少すると、社会全体がポスト物質主義的価値観を身につけるという。その転換点となるのは、ポスト物質主義者の数が物質主義者を上回る、二〇世紀の終わり頃だろうとイングルハートは予測した。それ以降は、世界はポスト物質主義の革命に向かって動き、すべての社会は各人がその最大の可能性を実現するために構成されることになるだろうというのだ。

静かなる革命は興味深い展開ではあったが、潜在的リスクも多数あるように見えた。最も明らかなリスクは、「この革命が富の安定的な拡大を基盤としているのであれば、その拡大のスピードが落ちたとき、あるいは止まったときに社会がどうなるのか」ということだ。欲求の五段階をまた降りて、再び物質主義者となるのか。そしておそらくは、あまり静かでない、別の革命を進めることになるのか。

一九六〇年代の終わりから一九七〇年代の初期にかけては経済が停滞して、賃金と雇用の伸びを維持できるだけの経済成長を持続できない状況に直面した。インフレ率が上昇し、世界市場におけるアメリカの支配力は落ちていた。最も懸念されたのは、アメリカ企業の生産性が落ちていたことだ。つまり、アメリカの労働者が毎年生み出す新たな富は、それ以前より少なくなっていたのである。加えて、この生産性の低下は、アジアやヨーロッパの経済が再建され、新たな競争が表れつつあるなかで起こった。しかも、産油国である中東諸国が石油価格を値上げしていた。石油は工業化された車社会において、最も重要な天然資源である。では、こうした要因により、もし経済がダメになったら、社会の進化もなくなるのだろうか。

逆のシナリオだとどうだろう。つまり、経済と技術の進歩が続き、その結果、個々人に多大な自律性と自己表現の自由が与えられる。そうなると、もはやポスト物質主義の共同体的な価値観を持ち続ける必要はないと感じられるのではないか？　まさにイングルハートは、このシナリオを想定してのちに警鐘を鳴らしていた。彼によると、社会のポスト物質主義化が進むに連れ、市民は次第に個人主義的な考え方をするようになり、伝統的な共同体的価値観や仕組みを支持しなくなっていく。しかし、イングルハートやその共同研究者たちは、そうした個人主義の拡大も「反社会的な行動を取るエゴイズム」にはつながらないと主張していた。ポスト物質主義者は以前と同様に、コミュニティや社会に関わり続けるだろうと論じたのだ[31]。

しかし、消費者が急拡大するその能力を、反社会的なやり方で利用する例は多数見られた。自動車を例に見てみよう。自動車は非常に大きくパワフルになったため、高速道路では安全性を脅かし、一九六〇年代には深刻な大気汚染の一因となった。また、自動車は輸入された石油に依存し過ぎるなど、社会にさまざまな影響を及ぼした。しかし、自動車はほんの始まりでしかなかった。パーソナル・テクノロジーの進化により、周囲の人々に何を言われようとも、つまりは周囲に迷惑をかけても、自分の願望をより簡単に追求できるようになっていた。では、そのような状況で、ポスト物質主義の社会はどうなったのだろうか。

あるいは、両方のシナリオが同時に進むことが可能だったのだろうか。実際のところ、戦後時代の好景気は、一九七〇年代には非常に困難な、また以前とは大きく異なる状況に変化した。そのとき、私たちは二つのシナリオが同時に展開するのを目にすることになるのである。

第2章 すべては株価のために

年に一二回、ミシガン大学調査研究センターのスタッフは、消費者五〇〇人を対象に、いまのアメリカ経済をどう感じているかについて、電話による調査を行っている。スタッフの手元には、消費者としての実感をさまざまな方向から問う五〇の質問が用意されている。質問には、「住宅を購入するタイミングとして、いまは良い時期だと思いますか、あるいは悪い時期だと思いますか」など[1]アメリカ経済全般への期待を問うものがある。また、「この先一年間の収入は、これまでの一年間の収入に比べて増えると思いますか、あるいは減ると思いますか」といった、その人個人に関する質問もある。さまざまな意見や印象や、希望や不安が入り混じった回答――経済学者が見た個人――は、一つの数字に集約される。それがミシガン大学消費者信頼感指数だ。

この指数は毎月の半ばごろに発表され、さまざまな経済指標のなかでも特に注目される指標の一つとなっている。調査に回答する人が経済の専門家であるケースはほぼない。しかし、集約された回答は、その後三カ月から一年間に何が起こるか、インフレから失業率、住宅購入、小売売上、そして全般的な成長に至るまで、あらゆることに関する信頼性の高い予測となる。指標が八五以上であれば、ほぼ例外なく好景気が近づいていると考えられるし、逆に、一五ポイント以上の下落があると、たいていの場合はリセッションの到来が考えられる。近年では七〇から八〇の間で低迷しており、戦後時代よりかなり低い水準だ。遅々として進まない景気回復への不安が続いていることを、的確に反映しているともいえる。

考えてみれば、この指数の的確さは当たり前である。経済の七〇％は消費支出から成り、そのほとんどは消費者の意思に左右される。したがって、消費者心理から将来を予測できて当然なのだ。どんな場合でも、ミシガン大学消費者信頼感指数は、その一番のライバルであるコンファレンス・ボード発表の消費者信頼感指数とともに、まるで神のお告げであるかのように市場に受け取られる。

小売業者やメーカーは、この指標数値をもとにクリスマスシーズンの販売予測や製造計画を立て、連邦準備銀行や他の中央銀行は、利率などの金融政策の決定にこの指標を用いている。そして、ウォール街にとってはなによりも市場を動かして儲けを生み出すための大切なデータであり、指数の発表からわずか数ミリ秒以内に、「消費者関連」企業の株が何百万株も売り買いされる。トレーダーは、もっと正確に言うならばコンピューターは、私たちの希望や不安をそのままキャピタルゲインに換えようと競っている。それは熾烈な競争で、ミシガン大学が二〇〇九年以来、一部の高頻度取引のトレーダーに対し、一般の市場参加者よりも二秒早く数値を公表していたことを二〇一二年に発表したときには、大変な非難を受けたほどだ。指数が本当に消費者の心を代弁すると考えると、消費者心理と市場との間に生じていたギャップは指数発表から一秒にも満たない時間で解消される。

消費者信頼感指数は、個人と市場との変化し続ける関係を見るうえでも興味深い指標だ。第二次世界大戦直後に開発されたこの指数は、最初の二五年間は九〇から一〇〇の間という高い水準にあった。戦後の繁栄と楽観主義を反映していたのだ。しかし、一九七〇年代には、グラフは突然ギザギザになる。数値は五〇台前半まで落ち込み、短期的に回復したものの、その後さらに下落していった。

数値の変動に示された揺れ動く消費者の気分は、さまざまな経済的ショックを反映していた。具体的に言うならば、ヨーロッパやアジアによる経済的な追い上げ、そして一九七四年と一九八〇年に大恐慌以降で最も深刻なリセッションを引き起こしたオイルショックである。戦後の繁栄はあっという間に消えてしまった。賃金は頭打ちとなり、失業は拡大した。アメリカが経済を支配しているという自負によって培われた自信は不安に変わり、グローバル化が進んだ経済への違和感が生まれた。

しかし、数値に表れた人々の気持ちの揺れは、また別の大きな変化を反映したものでもあった。それは一九八〇年代に、ロナルド・レーガンら保守派の政治家が新たに開始した大胆な経済・社会政策だ。レーガンらは自由市場主義、つまりは自由放任主義に移行し、企業にも個人にも最大限の自由が認められるようになった。この自由な政策への回帰により、ルーズベルトのニューディール政策以降何十年も続いた政府の戦略が突然に終了することになったのだ。

だが、それはおそらく必然的な時代の要請だった。一九七〇年代の経済危機により、政府の経済管理能力に対するアメリカ国民の信頼が揺らいだ。そのとき、保守派の経済学者は、アメリカ企業が海外との競争に太刀打ちできなかったのは、まさにニューディール型の経済管理、すなわち多くの規制や重税、労働組合への多大な支援などを通じた経済管理が原因だと批判した。レーガンや他の保守派、なかでも、イギリスのマーガレット・サッチャーにとって、解決策は明らかだった。気の緩んだ経済参加者、つまり企業も消費者も同様に、自分の面倒は自分で見るように仕向けるのだ。

それによってのみ、社会を再び光の中に浮上させられると彼らは信じていた。

しかし、実際にはそのようには進まなかった。新たな政治哲学により解放され、新技術によって力を得たアメリカ企業は、最終利益に直接結びつかない事業や資産は捨て去るという、第二次効率革命を進めることとなる。アメリカ企業は何十年にもわたって続いた社会的制約から解き放たれ、コストを削減し、利益を最大化するという、企業が最も得意とすることを実行し始めたのだ。

その結果、この純粋な資本主義形態は、一九九〇年代までにアメリカ企業を再び世界経済の頂点に引き上げることに成功した。しかし、アメリカの多くの労働者の立場から見ると話はまったく違っていた。簡単に言うと、新たに効率化されたアメリカ企業は、それまで社会全体の繁栄に大きく貢献していた公共財を生産しなくなったのだ。この二度目の効率革命が本調子になってくる頃には、何千万ものアメリカ人の運勢が傾くのが見えてきた。それに加えて、個人と市場との関係も不穏な変化を見せ始めた。ここをターニングポイントとして、インパルス・ソサエティの物語が再び動き出すことになるのである。

のさばり始めた乗っ取り屋

この自由市場の新時代を象徴する存在をあげるとしたら、それは、債券トレーダーのカール・アイカーンや、不動産業界の大御所であるビクター・ポズナーらに代表される企業乗っ取り屋だろう。戦後のビジネス界の有力者といえば、企業帝国を築いた人々だった。そこでは、CEOが整然と多数の労働者を束ね、製品を集約していた。一方で、この時代の新たな有力者となった乗っ取り屋はまるで破壊の専門家、あるいは殺し屋のようだった。

彼らの手口はシンプルだ。まず、経営不振で株価が下がり、割安となっている企業を探し、密かにその会社の株式を買い集める。そして、株式の持ち分が過半数を超えたところで、婉曲的な表現で言えば「企業再建（リストラクチャリング）」を実施する。その手法の一つは、企業を切り裂いてダウンサイジングを行うことだ。不採算部門を閉鎖し、数百人、あるいは数千人をレイオフして、コンパクトにした会社を売却して大きな利益を得る。別の手法では、ターゲットとした企業を単純に解体する。企業をいくつもの組織に分け、バラバラに売り払うのである。

一九八〇年代を通じて、何百もの企業が乗っ取られ、再編もしくは完全に消滅させられた。新聞のビジネス面では、数多くの企業とその従業員やコミュニティに振るわれた経済的な暴力行為について、そのむごたらしい内容が連日のように掲載された。

ポズナーはヨットや乗馬といった、自らのぜいたくなライフスタイルの資金とするため、買収した企業の年金基金を枯渇させた。また、アイカーンは航空会社のＴＷＡを乗っ取ったあと、経営不振の同社に自ら五億ドルを融資し、同社にそれを返済させるため、最も利益の出ていた路線を売却させた。この手法は資産解体、または資産剥奪として知られている。毎年、投資銀行のドレクセル・バーナム・ランバートが主催する豪華なカンファレンスにはリストラ界の大物が集結したが、このパーティーは「プレデターズ・ボール（「肉食動物の舞踏会」）」として知られていた。

多くの批評家にとって、またそれよりはるかに大勢の切り捨てられた元従業員にとって、乗っ取り屋は、一九八〇年代のアメリカの企業文化に氾濫していた「強欲は善」という精神を象徴する存在だった。しかし、当時台頭しつつあった保守派の経済学者にとっては、乗っ取り屋は経済の救世主にほかならなかったのだ。

保守派の経済学者の考えでは、乗っ取り屋が現れたのは株価が下がっていたからで、株価下落の一因は企業経営が間違っていたことにある。戦後三〇年の繁栄を経て、多くのアメリカ企業は現状に満足し、非効率になった。従業員を多く雇い過ぎ、本業以外に事業を広げ過ぎた。コスト管理への信仰は忘れ去られていた。

その結果、アメリカ企業は海外の競合企業に負け、リセッションに対しても無防備だった。株価は急降下し、ニューヨーク証券取引所では一九七〇年代初めに五〇%下落した。これに対して株主は、投資の価値が約半分になるのを力なく眺めているほかなかった。この時代、企業の経営について株主はほぼ何も口をはさめなかったのだ。意思決定は大半が企業幹部によって行われ、株主（および株価）は主要な関心事ではなく、労働者やサプライヤーなどのほうが優先されていた。株式市場に関する限りでは、乗っ取りとはすなわち、何年もの企業経営の誤りを市場的な方法で修正するものだったのだ。

修正は驚くほど迅速に行われた。企業が次々と買収されて分解されていくなか、パニックに陥った企業は、たとえ乗っ取りが仕掛けられていなくとも、株価を高く維持することにより乗っ取り屋を寄せ付けまいとした。こうして情け容赦のないコスト削減が始まった。

コスト削減と同様に大きな影響をもたらしたのは、企業が幹部に株式で報酬を与えるようになったことである。これにより、幹部の行動の優先順位と戦略が変わった。かつては、株主を「うるさく干渉してくるおせっかいな人」ぐらいにしか考えていなかったCEO自身が株主になったのだ。その結果、彼らは株価にこだわり、株価を可能な限り高く維持しようとするようになった。

従来型の経営の専門家は、こうした株価への強い執着を警戒した。しかし、新たな株主擁護派はこの傾向を喜んだ。彼らの見方では、株価が高いということは、株式市場が満足しているということだった。彼らによれば、株式市場はほとんど間違いを犯さないという。この「効率的市場仮説」と呼ばれる説によると、市場、もっと正確に言うならば上場企業を細かく研究している何十万人もの投資家が、膨大で全知と言ってもいい知性を形成するという。この知性が恒常的に企業の強みと弱みを評価し、どの企業が注目に値し、どの企業がそうでないかを株式の売買を行うことによって示すのだ。当然、買われた企業の株価は上がり、売られた企業の株価は下がる。どちらにしても、効率的な市場が判断を示しているということだ。

この影響は明らかだった。効率的市場仮説を受け入れ、それに合わせてやり方を変えた企業、つまり株価を高く維持した企業は繁栄し、それ以外の企業は破壊されるようになった。このような過程を経て「株主革命」が起こったのである。

こうしたダーウィンの進化論的考え方がビジネスの世界に持ち込まれたことで、私たちの社会は戦後の哲学から大きく逸脱することになる。戦後時代には、企業は株主だけではなく、すべての「ステークホルダー」、特に従業員とコミュニティに義務を負っていると考えられていた。しかし、いまや保守派の論者は、このステークホルダーについての考えは完全に間違っていると言うまでになった。

彼ら曰く、企業はそれに依存する構成員を持つ社会的な存在ではない。企業は単に法的な仕組みにすぎず、経済学者のマイケル・ジェンセンが言うように「契約関係の集合体[2]」であり、その唯一の目的は「株主価値」を最大化することだ。この集合体は株主以外の誰にも、たとえ従業員に対しても義務を負わない。それは、あなたや私がどこか特定の食料品店で買い物をする義務を負っていないのと同様だ。経済学者のアーメン・アルチャンとハロルド・デムゼッツによる有名な言葉に、次のようなものがある。「私はこの食料品店から購入し続けるという契約は結んでいない。同様に、雇用者も従業員も、両者の関係を継続するという義務には縛られていない」。

これらの「株主価値」理論の擁護派に言わせると、戦後の哲学であった「企業の社会的義務」という考え方、すなわち、企業は効率的な運営を一部犠牲にしてでも、従業員や社会の他の構成員に対して利益を還元しなければならないという考え方があったがゆえに、多くの企業が「真の社会的義務」を果たせなかったという。

この真の社会的義務とは富の最大化で、社会のすべての進歩は企業が生み出す富に依存しているとされた。経済学者のミルトン・フリードマンはニューヨーク・タイムズ紙に掲載された有名な記事で次のように述べた。「企業の社会的責任は、ただ一つだけ――その経営資源を用いて、利益を増加させるための活動に取り組むことだ」。ここにアダム・スミスの「見えざる手」の企業版があった。すなわち、自らの富を最大化すべく自由を与えられた企業は、政府に社会的責任を果たすよう仕向けられた企業よりも、ずっと効率的に、社会の命運を向上させるというのである。

一九八〇年代には、効率的市場と株主価値の論理が政治哲学にまで及んだ。市場は企業戦略の審判として最も効率的であるだけでなく、自由社会を形成する手段としても最も効率的であるとされたのだ。戦後の管理された経済から脱却し、自由で「効率的な」市場を受け入れようとする流れは、アメリカ政治文化の右傾化とも並行していた。レーガンやサッチャーら保守派の政治家は、たとえば企業買収を妨げる規制など企業に関する規制の多くを撤廃しただけでなく、政府が経済において積極的な役割を果たすという考えをも事実上否定した。そのことを表すレーガンの有名なジョークにこんなものがある。「最も恐ろしい言葉はこれだ。『私は政府の者です。力を貸しに来ました』」。

この自由市場信仰は、社会のすべてのセクターに広がっていった。ロースクール（法科大学院）やビジネススクール（経営大学院）では、株主価値は未来のリーダーにとっての新たな正論となった。ただし、矛盾も目立っていた。ワシントンDCの労働問題のロビイストであるデーモン・シルバースは、株主革命の直後にハーバードのビジネススクールとロースクールの両方を卒業したが、株主価値の理論と他の伝統的な経営理論とが矛盾するのを感じたと言う。「たとえば、『企業とは契約の集合体であり、重要なのはインセンティブ（動機付けのための報酬）だ』と教授が言ったとします。その彼が一〇分後には、チームワークの重要性について語るのです。当然、学生は混乱して『ちょっと待ってください。その二つを同時に信じることはできません。完全に矛盾しています』と質問することになります[3]」。

しかし、新世代のマネジャーや企業内弁護士が出世を遂げる頃には、こうした懸念もほぼ消え去っていた。企業はすぐに規制の少なさや労働組合の弱さに馴染んだ（労働組合は政府の支援をほとんど失い、組合員も大幅に減った）。それだけでなく、経営陣の手引きとなっていた伝統的な規範が崩れていくのにも慣れた。

戦後、企業は長期的に安定した成長を果たすことを是としてきたが、その頃にはより高い利益と株価を実現できる戦略を追求するようになった。そして、それに成功したときに経営陣が受け取る報酬は桁違いのものになった。というのも、株式の形で得られる報酬がどんどん多くなっていったからだ。

当然のことながら、企業の戦略は手っ取り早く利益を拡大し株価を引き上げるための小手先のものに傾いていった。そして、最も手っ取り早く利益を拡大する方法がコストの削減だったため、コスト削減がアメリカ企業戦略の大黒柱となった。実際、一九八〇年代を通じてビジネス界で強く信じられていたのは、ウォール街を喜ばせ株価を上げるための効率的な方法は、大規模なレイオフの発表だ、ということだった。こうして会社人間の時代は幕を閉じたのだ。

しかし、これはほんの序章にすぎなかった。株主革命を進めようとしていた人たちが、効率的市場の論理にしたがってビジネス界を再編成しようとしていた頃、彼らは新たに強力なツールを手に入れた。このツールはウォール街ではなくシリコンバレーで発明されたもので、株主革命を猛烈に後押しした。同時に、市場を個人の中に深く埋め込んで、市場と個人が永遠に離れないかのようにするものだった。インパルス・ソサエティが間もなく誕生しようとしていたのだ。

デジタル革命がもたらしたインパクト

企業がコンピューターを導入したのは一九五〇年代のことだったが、そのコストが非常に高かったので、コンピューターが持つ革命的な潜在能力はほとんど眠ったままだった。しかし、一九七二年のマイクロプロセッサーの登場とともに状況は変わり始める。マイクロプロセッサーはごく小さなシリコンのチップで、データを保存する何千ものトランジスターが組み込まれている。このマイクロプロセッサーが、大型のメインフレーム・コンピューターが行っていたことをより速く、またはるかに少ないコストで行うようになったのだ。

最初のマイクロプロセッサーであるインテル4004は電卓を動かすほどの力しかなかった。しかし、インテルとライバル企業が激しい競争[4]を繰り広げた結果、一八カ月ごとにチップの性能は二倍に、価格は半分になっていった。「ムーアの法則」として知られるこの指数関数的な性能向上と価格下落により、一九八〇年代初期までには、低コストのコンピューターのパワーが市場にあふれることになった。

このデジタル革命がもたらしたもののうち、私たちに馴染み深いのは、パーソナル・コンピューターと原始的なフロッピーディスク、緑色に光る文字などだろう。しかし、インパルス・ソサエティの文脈で言えば、安価なコンピューターがもたらした影響は、株主の意思がビジネス界を支配する動きがますます進んでいったことだ。

ウォール街は以前よりさらに無慈悲に、企業に効率化を求め始めた。コンピューターをデータ回線で結ぶことで、証券会社や投資銀行はリアルタイムに近いタイミングで、企業の業績をモニターし、データを素早く分析できるようになった。そして、取引までがコンピューター化されたおかげで、データを手にするのとほぼ同時に取引を行うことが可能になった。その結果、一九八〇年代には、四半期利益が投資家の期待を下回ると、数分後には株価が下落。やがて、株価下落は数秒後に起こるようになったのである。

しかし、企業もコンピューターのおかげで、ウォール街の要求に応じて、より素早く利益を創出できるようになった。たとえば、コンピューターを設計と製造に利用することで、新製品を市場に出して投資家にリターンを提供するまでの時間が大幅に短縮された。自動車産業では、新製品の企画から発売までにかかる時間が、かつての四年からわずか一年半に縮められた。(5)

だが、本当にコンピューターが貢献したのはコストの削減だった。メーカーはより複雑な作業を次々にオートメーション化できるようになり、その結果、人件費を下げながら生産量を急速に伸ばせるようになったのだ。オートメーション化だけでなく海外生産によるコスト削減も容易になった。サンフランシスコやニューヨーク、あるいはベルリンや東京にいるエンジニアがコンピューターの画面上で新製品を創造し、その設計図をメキシコでも中国でもどこでも、人件費が最も安い国にある工場に送る。こうして現代企業は、コンピューターの存在により、一つの組織というよりもそれぞれに異なる業務を受け持つさまざまな部分の集合体となった。部分の組み合わせにより、形すら変えられるようになった。資本や労働力や原材料をどんな形にも、どんな場所にも素早く再設定し、どんなときでも最速でリターンを生み出すのだ。

こうして創出されたリターンは大きかった。一九九〇年代までには企業の利益が急拡大し、株式市場は熱狂した。S&P500の五〇〇社の株主へのリターン、つまり株価の上昇と配当は一九六〇年代の二倍以上で、一九五〇年代の好況時に近かった[6]。四半期の業績が発表されるたびに、株主革命と効率的市場の論理はますます正しく感じられた。そこで、企業は上級幹部にさらに多くの株式を次々と与えた。より多くの価値を創造するよう「動機づける」ためだ。この頃には、コンピューターの能力の急速な向上により、インターネットが解放され、テクノロジー株が急上昇した。専門家も、ドットコム・ブームは新たな経済秩序を確定するものだと考えた。すなわち、デジタルの力と市場の効率が二重らせんを描いて上昇していくような経済秩序だ。理論的には、この経済秩序は戦後経済よりもさらに多くの富を創出する力があった。アメリカは再び頂点に立ったのだ。

減少し始めた労働者の賃金

しかし、同時にはっきりしてきたのは、この大きな繁栄が戦後時代のように幅広く共有されてはいない、ということだった。それは当然の成り行きでもあった。政府の介入もなく、社会的義務を果たすことも期待されなくなったアメリカ企業は、より効率的で狭義の繁栄に向けて自由に邁進することができたのだ。言ってみれば、株主と幹部は満足させるが、他の人々は突き放すような繁栄である。

ここに、効率的市場の当然の結果が現れた。企業が純粋な資本主義形態に純化されたのである。つまり、投資からリターンまでの間に、ほとんど非効率が存在しない状態となったのだ。加えてもう一つ、あまり予想されていなかった結果も現れた。企業はいまや自分たちだけの満足に全面的に、自由に集中できるようになったため、社会的で共同体的な組織というより、まるで個人のように振る舞うようになったのである。それも、自分のことで頭がいっぱいで、他人の利害にはまったく関心がない利己的な個人である。

この産業界で拡大するエゴイズムが最もはっきり表れていたのが、次々に押し寄せる人員削減の波だ。その過酷さと期間の長さは、従来の景気循環によるものをはるかに超えていた。それまでのリセッションでもレイオフは行われていたが、その後の景気回復の時期には、決まって雇用の急拡大が見られたものだった。しかし、もうそのパターンが繰り返されることはなかった。消えた雇用は二度と復活しなかったのだ。

特に、中流クラスを支える最大の雇用の場だった製造業での仕事がその典型だった。一九七九年から一九八三年までの間に、アメリカの工場で行われた人員削減は二〇〇万人以上[7]。そして、一九八〇年代終盤になって景気が良くなっても、失われた仕事が復活しなかったばかりか、新たに四六〇万人の雇用が永遠に消え去った[8]。

たしかに、好景気により新しい情報技術分野などで、新たな仕事は数多く生まれた。だがそれも、製造業での賃金消滅分を相殺するほどの規模にはなり得なかった。戦後、安定的かつ急速に上昇していた所得の平均値（中央値）も、ついに低下し始めた。

一九九〇年代初期には、初めての「雇用なき」経済回復が進むなか、少なくとも労働者の多くには戦後の繁栄は戻ってこないことがよりはっきりした。安定的な雇用は失われ、レイオフが繰り返された。運良く会社に留まることができた従業員も、その多くが「契約社員」となり、社会保険などの給付は減らされるかゼロとなって、雇用の安定も、昇進の可能性も失われた。賃金の伸びは完全に失速した。そのため、一九七三年から一九九三年までで、アメリカの一世帯の平均収入は、インフレ調整後の値でわずか七％しか伸びなかった。[9] その前の四半世紀に倍増したことと比べると、あまりにも小さな伸びである。

なかでも厳しい変化にさらされたのは中流クラスの労働者だった。一九七三年には、中流クラスの三〇歳男性が受け取る平均的な賃金は、その父親が二〇年前に稼いでいた金額より六〇％多かった。しかし、一九九三年にその男性の息子が稼ぐ賃金は、一九七三年の父親が稼いでいた賃金よりも二五％「少なく」なっていたのである。賃金の伸びは戦後の繁栄の要であり、またポスト物質主義的な夢を後押しするものだった。それが第二次世界大戦後初めて、当たり前のものではなくなったのだ。

この賃金減少の理由については、現在でもいろいろな議論があるが、その理由の一つとして明らかなのは労働運動の衰退だ。製造業での雇用が削減されるにつれ、労働組合の規模は縮小し、その力も弱くなった。一九五〇年代と一九六〇年代のアメリカでは、賃金引き上げを求めて、年間に三〇〇回程度の大きなストライキが行われていた。しかし、一九八〇年代には年間八〇回、一九九〇年代にはわずか三四回にまで減少した[10]。

また、製造業においてコンピューターによる大幅な効率化が進んだことも、労働者の力を弱めた要因の一つだ。以前よりはるかに少ない人数で、はるかに多くの量を生産できるようになったのである。実際、コンピューターが年々安くなり、年々能力も上がっていったため[11]、企業は労働者への投資を減らす一方で、コンピューターやその関連機器に投資するほうが利益を高められることに気づいた。簡単に言うと、人への投資より技術への投資のほうが、リターンが大きかったのだ。

しかし、労働者の賃金の減少は、コスト削減に夢中の経営陣がどれほど株主革命を自らのものにしたかも表していた。たしかに、削減すべきコストもあった。戦後のアメリカ企業は肥大化し、怠惰になっていたからだ。経営陣も労働者もともに、まるで福祉国家のようなビジネスモデルで企業を運営することに何の疑問も持たなくなっていた。特に労働組合は、海外との競争などの現実に対応できていないうえに、自らの腐敗や自己満足にも対処しなかった。そして、多くの労働組合が、労働者の生産性が落ちているときでさえも、定期的に大幅な賃金引き上げを要求したのだ。

だが、株主革命にはもう一つの側面もあったことを忘れてはならない。そもそも株主革命は、事業の効率化だけを目的にしたものではなく、幹部への報酬を株式で提供するという、新たなモデルでもあったのだ。そのため、経営陣は自らの富をつくり出そうと、かつてないほどのコスト削減を強烈に推し進めることとなった。そして、矛先は従業員に向けられた。人件費は費用のなかで常に大きな割合を占めているからだ。レイオフや外注化やオートメーション化が行われただけでなく、他の手当や福利厚生なども大きく削減された。人件費削減の一環として従業員のトレーニングも削減され、それにより会社にとっての従業員の価値は減少し続ける一方となった。

その結果、何が起こっただろうか。マサチューセッツ大学の経済学者、ウィリアム・ラゾニックによると、かつてのアメリカ企業の基盤となっていた方針が一八〇度方向転換した。戦後時代のマネジャーは、ラゾニックが言うところの「保有し再投資する」戦略をとっており、企業の利益のかなりの部分を、新工場や賃金の引き上げなどにほぼ自動的に再投資していた。しかし、株主革命後のマネジャーは「ダウンサイズして分配する」[12]戦略へと縮小していった。つまり、削減可能なコストをすべて削減し、それによって得た利益を株主（および自分自身）に、増配やより速い株価上昇という形で提供したのだ。

かつて縮小は、リセッションなど特定の経済事象に一時的に対応するために行われたものだった。しかし、いまや何の危機もなくとも、また正当な理由もなしに定期的かつ永続的に行われるようになった。経営陣はいつでも、良いときも悪いときもコストを削減する。ラゾニックは言う。株主革命は企業の無駄や非効率を絞り出すために始まったのかもしれない。しかし、その後すぐに、経営陣が「労働者を追い出し、（かつては）政治的な理由で実施が困難だった変更を自由に行い、その見返りとして多くの報酬を得る」[13]ことを、社会に受け入れてもらうための言い訳となったのである。

一九七〇年代には、CEOの報酬が一〇〇万ドルに達することは稀だった。しかし、一九九〇年代までには、CEOがストックオプションのおかげで数千万ドル、ときには数億ドルの報酬パッケージを受け取るケースも出てきた。

さらに、政界でも自由市場理論が幅広く受け入れられるようになったことで、政治家もこのような巨額の報酬をまったく正当なものと見なすようになった。一九八〇年代から一九九〇年代には、

「効率的な市場が許容するのであれば、どんな報酬でも完全に妥当だ」という考え方が社会の本流で受け入れられるようになった。市場も巨額の報酬を企業幹部が受け取ることを容認するムードだった。その大きな理由は、株式で報酬を得る企業幹部が、株価を高く維持するためにはあらゆる手を打つと意思表示したからだ。

元ゼネラル・エレクトリックCEOのジャック・ウェルチは、一九八一年から一九八五年までの間に一〇万人以上の雇用を削減し[14]、「ニュートロン（中性子爆弾のような）・ジャック」との異名をとったが、その彼が現代アメリカ史上で最も称賛されるCEOの一人であることは多くを物語っている。

こうして、企業文化は大きく変化した。一般的な戦後時代の企業は、ほとんど主権国家のように運営されていた。その企業独自の「愛国主義的な」習慣や規範があり、それが従業員のプライドを高め、競合企業を倒すための団結力を高めた。経営陣と労働者が絶えず争っていたような企業でも、互いの存在なしには成功はないという認識を渋々ながらも持っていた。

しかし、新たな企業文化はとても家族的とは言えないものだった。従業員は、経営陣が冷酷で、完全に利己的であり、自分の報酬を最大化するためなら誰でも、何でも切り捨てると考えるようになっていた。実際、この考え方は見当違いではなかった。迅速なコスト削減と株価上昇策にどんどん傾いていく企業戦略の下では、経営陣が従業員を気球の砂袋のように扱うのももっともだった。投げ捨てれば投げ捨てるほど、気球に乗っている自分は高く上がれるのだ。

衰退する労働運動の先に

一九八〇年代に経済の不安定さが拡大していく過程に関して最も興味深い点は、政治的な反動がほぼなかったことだろう。ミシガン大学の消費者調査のディレクターを長年務めているリチャード・カーティンによると、一九七〇年代初期に初めて経済的な苦境が訪れたときには、大規模な社会運動や政治運動が起こった。戦後数十年繁栄が続いてきた後では、アメリカ人は「自分の望みを諦めようとせず、最終的には政府を責めた」のだ。[15]

レーガンが民主党のジミー・カーターに地滑り的勝利を収めたのも、間違いなく人々の抵抗が表れた結果だった。アメリカ人は声を上げて戦後のニューディール的な経済政策を拒絶し、理想的だが問題も多い、自由な資本主義と個人の経済的な自由を支持した。しかし一九八〇年代終盤まで、その自由放任主義の効率的な市場は戦後の繁栄を再現できていなかったどころか、さらに悪化させていた。それでも有権者は不思議なほど静かだったのである。

この静けさの一因は、労働運動の衰退だった。労働運動はもはや、ニューディール政策を支えた政治的影響力を有していなかった。しかし、別の要因もあった。その一つは、多くのアメリカ人が間違いなくレーガノミクスの恩恵を受けていたことだ。上位二〇%の高所得者層では、一九八〇年代を通じて、安定して所得と資産が増え続けていた。これに大きな役割を果たしたのが、減税と株価上昇だ。一九二〇年代以来初めて、上流クラスと他の人々との格差が拡大し始めたのである。

それでも、繁栄から取り残された上流以外の人々の間でも、自由市場的な考え方に対する支持は驚くほど強いままだった。それはなぜだろうか。これを理解するには、マズローとイングルハートの議論（第1章参照）に戻る必要がある。イングルハートは、戦後の繁栄の結果、よりよい自己とよりよい社会が望めるようになったと論じた。しかし、繁栄が勢いを失い、アメリカ人は自らがパラドックスの中にいることに気付いたのだ。

ほとんどのアメリカ人は、祖父の世代よりもずっと豊かではあった。しかし、上昇は止まってしまい、もはや先の世代ほど急速な経済成長には頼れなくなった。アメリカ人の多くが、環境政策の専門家であるテッド・ノードハウスとマイケル・シェレンバーガーが言うところの、「不安定な豊かさ」の状態に入っていた。すなわち、物質的なニーズはほぼ満たされているが、より高いステータスや、より大きな自尊心、あるいは他のポスト物質主義的な望みがかなわず、その結果、人々は怒り、不安を感じ、いまにも誰かを責めようとしていたのである。

そうした怒りや不安は、その二〇年前であれば政治運動を引き起こしたかもしれない。しかし、現代のアメリカ文化はアメリカ人を別の方向に向かわせた。一九六〇年代の運動の失敗と行き過ぎにより、アメリカ人の多くは集団での運動という伝統に価値を見出さなくなっていたのだ。また、民主党支持者でさえも、ニューディール政策的な考え方に基づいた「偉大な社会」(訳註：一九六五年に、ジョンソン大統領が提起した国内改革プログラム）の拡大が、結局はアメリカを弱くしたと考えていた。加えて、ソ連の衰退と多くの社会主義政権の苦境により、アメリカの左派でさえも、資本主義に代わる有効な概念を示せずにいた。

その代わりにアメリカ人の多くが受け入れたのが、壮麗な「金ピカ時代」からよみがえった経済的な個人主義という理想だった。その下では、個人の資産はその人の努力次第で増やすことができると考えられていた。当然のことながら、グローバル化とデジタル化が進み、株主によって支配された経済では、個人の努力は悲しいほどに報われなかった。それでも、自由経済の可能性についての人々の強い思いは根強かった。つまり、いずれアメリカには朝がやって来る、と考えられていたのだ。

効率化が消費者に提供した満足感

この間、また別の要因がアメリカ人の怒りと不安を鎮めた。多くのアメリカ人が効率的市場によって自分の運命が狂わされたことに気づいたかもしれないが、その同じ市場が別の方法で満足感を提供したのだ。

一九七〇年から一九八九年までの間に、アメリカにおける耐久財の実質価格は二六％も下落した。また、家計支出のなかで、食料品支出が占める割合は急減した。鶏肉一ポンドの価格は半分になり、マクドナルドのチーズバーガーは四〇％値下がりした。コンピューターを用いた効率化が進んだおかけで、ほぼすべての製品やサービスを、前世代と比べるとほんのわずかなコストで生産でき、流通できるようになったためだ。

モノが非常に安く買えるようになったので、消費行動そのものについての考え方が変わり始めた。第二次世界大戦以前にアメリカ人の特徴となっていた倹約の精神は、一九七〇年代のリセッションによって少しの間は復活したものの、ついに永遠の眠りについた。技術ライターのクリス・アンダーソンが言うように、マーケターが低価格と物の豊富さを活用して、「豊富になった資源の浪費の仕方、そしてコストと物資の欠乏を心配する本能を無視する方法[16]」を教えたからだ。

コンピューターは消費（モノを買うこと）を安くした。そして同時に、より面白くもした。組み立てラインがコンピューター化されたため、企業は生産を素早く別の製品に移行できるようになった。つまり、一つの工場でさまざまに異なるモデルを生産し、またそのモデルをより頻繁にアップグレードできるようになったのだ。また、サプライチェーンと在庫管理もコンピューター化され、ウォルマートやターゲットなどの小売業は、簡単に幅広い商品を扱えるようになった。そして、品揃えが増えると購買量も増えるため、企業はさらに多くの種類の商品を提供するようになる。一九五〇年代頃のスーパーマーケットでは、店頭に置かれていた商品は三〇〇〇種類、つまり三〇〇〇SKU（最小在庫管理単位）ほどだったが[17]、一九九〇年にはその数は一〇倍になった[18]。驚くことに、やがてウォルマートは、一〇万SKU以上の商品を置くようになる。

ムーアの法則による指数関数的なコンピューターの能力の拡大が奏功して、自動車から洋服、室内の装飾品、音楽に至るあらゆるものにおいて、製品の選択肢が指数関数的に増えた。非常に多くの選択肢を与えられた消費者は、消費を実質的にカスタマイズするようになった。ほぼ無限ともいえる商品やサービスのなかから選択を行い、自分の嗜好にぴったり合った消費を創造するのだ。

たとえば、ビデオカセット・レコーダーという奇跡のような商品のおかげで、人は映画館で皆と同じものを見る必要がなくなった。芸術的な作品を見たければ、芸術的な作品をレンタルビデオ店で借りることができる。あるいは、ロマンチック・コメディでも、日本のアニメでも、ホラーでも、残虐な映画でも、ポルノでも、好きなものを選べる。一九八〇年代の終盤までには、何千作品ものビデオが入手可能になり、ビデオ販売とレンタルによる売上は映画チケットの売上を超えた[19]。ビデオ技術はフィルムに比べて処理が簡単で安価だったため、一九八〇年代半ばにはポルノ業界が復活し、毎週一五〇本もの新「作品」が発売されたほどだ[20]。

消費全体で同様のことが起こっていた。ニュースクール大学シュワルツ経済政策分析センターのジェフ・マドリックによると、一九七〇年から一九九五年までの間に、アメリカで入手できる消費者向け製品のSKUは一〇倍にも達したという。脱工業化社会の西側諸国の多くが、マドリックによると「消費者が選ぶ時代」に入った。

自分自身というプロジェクト

市場と消費者、経済と個人のフィードバックループ（訳註：互いに互いを高め合うようなサイクル）は、より高いギアへと移った。経済状況を確実に向上させることはできなくなったとしても、アメリカ人は自己改革や自分探しについて、それらを貪欲に追求していこうという戦後時代以来の計画を変えていなかった。最初に粗削りなアイデンティティ探求や自己実現として始まったものが、産業化・専門化されて社会全体としての取り組みのようになっていった。

たとえば、自分の内面的な感情に合うように自宅を改修する。新興宗教のサイエントロジーや超越瞑想、心身統一訓練などを通じて、内面の完成を追求する。また、何十年もの間、スポーツ選手や訓練担当の軍曹しか行わなかったような肉体的なトレーニングが、まるで宗教のように熱心に行われるようになっていった。

たとえば、一九七〇年から一九九〇年の間で、ジョギングをするアメリカ人の数はおおよそ一〇万人[21]から三〇〇〇万人[22]に拡大した。何千ものジムができ、スポーツ店や商品カタログには、「生産性」の高いツールがあふれた。たとえば、ランニング・シューズやスパンデックス（訳註：スポーツウェアなどに使われる繊維）、サイクリングマシン、ルームランナーなど。また、総合トレーニングマシンやエアロビクス、プロテインパウダーやカーボローディング（訳註：マラソンを走る前に炭水化物を多く摂るなどの食事法）、心拍計やトレーニング記録などだ。これらを用いることで、自分自身というプロジェクトにこれまでにない効率で集中できるようになったのだ。

ここで一つ重要な点がある。自分探しのプロセスでは、コンピューターの発達により製品数の増加と単価の下落が起こったため、消費を通じた自分探しや自己表現が容易になったが、そのための資金を得るうえでも、コンピューターが力となったということだ。消費者の信用度評価がコンピューター化され、銀行は以前であれば何日も何週間もかけていた融資の決定やクレジットカード発行の承認を数分で行えるようになった。さらに、銀行はコンピューターを使って、信用度評価や収入などの個人データを基に借り手を簡単に分類できるようになった。これにより、人々の増え続ける負債は証券という形で「束ねられ」、ウォール街の投資家にかなりの利幅で売却されるようになった。その結果、銀行は融資を行うインセンティブが拡大しただけでなく、融資のための追加資金も手に入れた。「証券化」した融資を売却してキャッシュを得、それを消費者に再融資し、それをまた証券化する、ということが繰り返されたのである。

融資の供給量が増えたことにより利率は下がり、銀行の従来からの利益獲得源が狭まった。それを補うために、また、ウォール街が要求するリターンを稼ぐために、銀行は量で稼ぐことを選んだ。つまり、融資は他の消費財と同様にクリエイティブに、また積極的に売り込まれるようになったのだ。

銀行は考えられる限り何にでも融資を行い始めた。住宅ローンや自動車ローンだけでなく、家の改修や大学の学費、旅行、船、借金の整理、整形手術までもが融資の対象となった。そして、融資が増えれば増えるほど、おカネも使われるようになった。グローバル化や技術や新たなビジネス手法により経済が変化するなかで、人々の所得は伸び悩んだかもしれない。しかし、同じ革新的な力が一因となって、支出する力は増えたのである。支出は急速に拡大しており、ある角度から見れば、戦後の繁栄が本当に戻ったかのようだった。

一九九〇年代中頃までには、コンピューター化と融資が絡み合った力が、経済を新たな好況へと導いた。そして人々はさらなる勢いで自分探しとアイデンティティの創造を再開した。ブリガム・ヤング大学の社会学者で、商業の社会学を専門とするラルフ・ブラウンによると、最貧層以外のアメリカ人は、消費を通じてアイデンティティを非常に効率的に獲得できるようになったので、そうすることがほぼ習性のようになったという。「人生に何か新しいものが欲しくなったら、ただ出かけていって買うことができたのです」と、ブラウンは言う。「アイデンティティを一瞬のうちに買えました。そして、そうするのがさらに簡単になると、さらに効率的にアイデンティティを買えるようになり、効率自体がアイデンティティの一部となっていったのです[23]」

一般的になった社会からの撤退

もちろん、この効率をいつまで持続できるのかという懸念はあった。コンピューター化された安易な融資で膨らんだ貸付バブルは、一九八七年にはじけた。株式市場は暴落し、コンピューター化された株取引がコントロールを失うと、市場は手のつけられない状態となった。ハイテク化された市場のリスクは、まだすべてが解明されていなかったのだ。あるベテランのブローカーはこう嘆いた。「これまで本当に多くの変更をしてきました……単純に、その結果がどうなっているのか、私たちは知らないのです。技術によって私たちがどこにたどり着くことになるのか、分かりません[24]」。私

一方で消費者は、この新たな経済にさまざまな魅力は感じていたものの、経済的な安定を取り戻してはいなかった。収入は一九九〇年代の終盤に向けて上昇してきたが、全体としての収入の成長率（年率二・三％）は戦後時代の三分の二程度だった。[25]

この間、アメリカ人が自分を満足させる能力は並はずれたものになった。しかし、そのためにさまざまな負債を抱えるようにもなっていた。金銭的な負債だけでなく、社会的、心理的、肉体的な負債さえもあった。フィットネスにのめり込んでいたにもかかわらず、人々は太っていた。莫大な量の精神安定剤や抗うつ剤を消費していた。自己改革への強い思いが広がり、多くの人々が自分に関係ないことには時間もエネルギーも使わず、ほとんど考えもしなかった。かつては重視されていた社会との関わりや、「民主的性格」は、自立を示すブランドの一つにすぎなくなった。そして、自己改革は社会から離れる言い訳となった。ライターのピーター・マリンは、自己改革が「倫理の世界や歴史から退き、相互依存の関係やコミュニティを恥ずかしげもなく否定する[26]」ための手段になったと訴えた。

社会からの撤退は一般的になりつつあった。一九五〇年代と一九六〇年代には、都市から白人が逃避し（訳註：アーバン・フライトと呼ばれる現象。都市にさまざまな人種が住み始めたため、白人が郊外のコミュニティなどに移住していった）、これが広範な社会からの離脱につながった。二〇世紀の初期には進歩主義運動やニューディールのリベラリズムで中心的な役割を果たした知識層や学者など、「クリエイティブ・クラス」の人々が、そうした壮大なプロジェクトを放棄し、おしゃれな街や私立学校に閉じこもり、結婚も戦略的になった。「下方婚」（訳註：下のクラスの人との結婚）はどんどん少なくなり、社会経済レベルで自分より低い人と交わることが減った。

歴史家のクリストファー・ラッシュは嘆く。「事実上、彼らは自らを普通の生活から切り離した[27]」。また、さまざまな人々と交流する「普通の生活」を続けている人の間でも、団結やコミュニティといった古い概念は居場所がなくなっていった。自分自身への関心と個人の自由への期待が高まるなか、集団的な行動がどんどん意味をなさなくなっていったからだ。こうした変化を問題視する批評家は多かった。変化していく都市の社会を鋭く分析するアラン・エーレンハルトは、一九九〇年代半ばにこう警告した。「プライバシーの重視や個人主義や個人による選択は周囲にも影響を及ぼす。それらをまったく規制しない社会は、やがて大きな代償を払うことになるだろう[28]」。

一九九〇年代には、社会からの離脱はまるで風土病のようにまん延していた。ハーバード大学の政治学者、ロバート・パットナムは著書の『孤独なボウリング』（柏書房、二〇〇六年）で、アメリカ市民が社会やコミュニティの活動に関わろうとせず、「社会関係資本」が失われているとして嘆いた。実際、過去に比べて投票率は下がったし、嘆願書への署名は減り、議員に手紙を書くことも減って、政治のニュースにもあまり関心を持たなくなった。ボランティアを行う回数が減り、クラブや組織にもあまり参加しなくなり、教会に行く頻度も下がって、地域の委員会で仕事をすることも少なくなった。近所の人を訪ねる回数が減り、親しい友人も減った。唯一増えたのは物質主義だ。一九六五年から一九九五年までの間に、人生の最大の目標として「金持ちになること」を挙げた大学一年生は、半分以下から七五%以上に増加した[29]。

それも不思議はなかった。どこを見ても物質主義が大手を振っていたからだ。スポーツのスター選手は、フリーエージェント制のもと億万長者となった。ロックミュージシャンや作家は、一夜にして富と名声を手に入れた。ビジネスの世界では、最大限の報酬が堂々と追求されるようになり、うわべだけ高潔さを保つことさえも完全になくなってしまった。乗っ取り屋や、さや取り売買に長けた人は、何億ドルものおカネを稼いだ。CEOが得る報酬は従業員の平均報酬の一〇〇倍となった。二〇年前の二〇倍からの飛躍である。[30]「金ピカ時代」が戻って来た。ただし、今回は改革者はいなかった。

そしてこうした新しい戦略や、新たな消費者文化が持続可能かどうかを真剣に考え始める間もなく、人々の目は別の方向に向けられることになる。自己中心的な経済をさらなる高みに押し上げる、個人の力の急拡大が起こったのである。

マッキントッシュの成功がすべてを変えた

次に来る波の象徴的なイメージとなったのは、童顔のスティーブ・ジョブズである。一九八四年一月に、彼はビートルズのような髪型で黒のタキシードを着て、静まり返ったアップル株主の前で、マッキントッシュを披露した。パーソナル・コンピューターは一九七〇年代後半頃からあったが、一般人の欲求やニーズに本当に応えたものとなったのは、マッキントッシュが最初だった。そして、その成功がすべてを変えることになる。

マッキントッシュの発表イベントをいま見てみても、それが与えたショックを感じることができる。マッキントッシュは小さく、画面は白黒でチカチカと点滅していたが、観衆は衝撃を受けた。当時、業界関係者をのぞけば、「ポイント・アンド・クリック」や、「ドラッグ・アンド・ドロップ」などの「ユーザー・インターフェイス」を見たことがある人はほとんどいなかった。みなDOSでコマンドを手入力していたのである。また、絵を描いたり、フォントを変えたりできるソフトも、誰も見たことがなかった。マッキントッシュはジョブズや株主に話しかけたりもした。あらかじめ録音されていたセリフだったが、ややロボット的なアクセントがあったにもかかわらず、むしろ、それがあったからこそ大きな喝采を浴びた。

ここにあったのは、原始的な形ではあったが、魔法のような可能性を示す技術だった。それは戦後時代の栄光の頂点にいた人でも想像できないようなレベルの、新しい個人の力を示すものであった。

一九九〇年代中頃までには、マッキントッシュのポイント・アンド・クリックなどの卓越した技術は、全体的なプラットフォームになった。検索エンジンや掲示板、チャットなどにより、秘密の趣味、あらゆる形のポルノ、差別的な議論、果てしなく続くニュースやスポーツ、天気情報など、私たちはほぼ即時にさまざまな無限の情報、交流、経験などにアクセスできるようになった。

こうして、ついに私たちの願望や不安への答えが現れた。すなわち、かつて私たちが感じていた自らの力の限界や不平等を超越するように思われる新たな経済「パラダイム」だ。インターネットが実現したスピードと規模により、消費の全プロセスは圧縮され加速された。経済は依然として不安定で不確実だったが、個々の消費者が自らの願望をこれまでとは比べものにならないほど容易に実現できるようになった。どこでも買い物ができ、どこでも仕事ができ、どこからでもコミュニケーションがとれ、その際に従来の製造システムに頼ることはどんどん減ってゆき、専門家に従うことも減っていった。

かつて不可欠だった仲介役、たとえば旅行会社や電話のオペレーター、編集者や出版社などが、デジタルの世界では隅に追いやられた。金融市場でさえも扉を開き始め、世紀が変わる頃には、七〇〇万人以上がオンラインで取引を行っていた。彼らはデジタルの力を使って、また金融界の教祖的な存在であるマリア・バーティロモやジム・クラマーらのアドバイスを基に投資を行った。そうすることで、これまでの障壁をさらに破壊し、個人の力を拡大していったのだ。ビジネスニュース専門放送局、ＣＮＢＣの「マネー・ハニー」とも呼ばれるバーティロモは、二〇〇〇年にこう言い切った。「個人が今日ますます力をつけつつあるのは、情報にアクセスできるからです[31]」。

こうした言葉に表れているのは、経済的な不安感はあっても、個人の力は拡大できるという信念だった。実際、コンピューターの処理能力と効率が急上昇するたび、それを使っている個人は、より速く満足感が得られるようになり、さらなる満足への期待と要求の強さも高まっていった。以前は、現実の（バーチャルではない）市場では、私たちは多少の遅れや不便さは許容していた。実際、私たちはそのような美徳を備えていたのだ。しかし、いまや私たちは満足をすぐさま手に入れることを期待し、それを得る資格があると考えるようになった。しかも、オンラインの世界だけでなく、あらゆる場所で、である。

自分が何を成し得るかについての感覚は、技術の急速な変化によってまったく変わってしまった。現在の状況に満足できない場合も、数秒のうちに新たな製品や交流や経験を得て、満足感を得られると確信できる。欲しいという気持ちと、それを所有するまでのギャップ、欲望と現実とのギャップを縮めるチャンスがすぐにでもやって来ると考えるのである。スティーブ・ジョブズと彼の創造した夢のような製品への喝采はまったく純粋なもので、完全に理解できるものである。しかし、そのとき私たちは個人がやがて手に入れられるであろう力と自由を垣間見た。そして、その力と自由を手にすることを、とても待ちきれなくなったのだ。

第3章

脳は目先の利益を重視する

デジタル技術の第二の波により、市場の熱気が高まっていた一九九〇年代の初め、シカゴ大学の行動科学学者、ディリップ・ソーマンがある研究を開始した。デジタル技術の一つであるクレジットカードが、人間の脳にどのような影響を及ぼすか、という研究である。

ソーマンはインド出身で、消費者行動を研究するためにシカゴに移ってきた。そして、アメリカ人がクレジットカードの負債について、とても気楽に考えている様子を見て興味を持った。インド人とはまったく違って、アメリカ人は毎日の買い物にクレジットカードを使う。カードの利用残高も多く、高い利子を払っていた。

そのような行為は明らかに不合理で、危険でさえある。しかし、アメリカではそれが普通だ。ソーマンは大学の経済学部の同僚ですら、そうした行動をとっているのを見た――それは大いなる皮肉だった。なぜなら、同大学の経済学部は、消費者が超合理的な意思決定を行うとする経済理論で有名だったからだ。しかし、ソーマンによると、人々がクレジットを利用するかどうかを決めるときは、たとえ専門家であっても理性には導かれず、「何かもっと原始的なもの」に導かれているようだという。

ソーマンは、脳内の何かが、クレジットと現金とを違うように理解しているのではないかと考えた。そして、その理解の違いを突き止めるため、彼はいくつもの実験を行った。ある実験では、仮想の家計費としてあるまとまった金額を被験者にクレジットカードか小切手で払ってもらい、その後四五〇ドルで休暇を過ごすチャンスを与えた。すると、クレジットカードで家計費を払った人は、小切手で払った人に比べて、四五〇ドルを支払って休暇を過ごそうとする確率がほぼ二倍となったのだ。請求した家計費の金額は、クレジットカードでも小切手でも同じであったにもかかわらず、である。

研究の後半では、さらに興味深い結果も得られた。ソーマンは三日間にわたり大学内の書店の外に立って、出てきた買い物客に、いまの買い物で払った金額を尋ねた。そして、レシートを見せてもらい、被験者の答えと実際の金額を比較した。その結果は、滑稽とも言えるものだった。

現金や小切手、デビットカードで払った人たちは、その三分の二がセントの単位まで正確に金額を思い出せた。残る三分の一も、違いは三ドル以内だった。では、クレジットカードで買った人はどうだっただろうか。買い物をしてから一〇分も経っていないにもかかわらず、答えた金額と実際の購入金額との違いが一ドル以内だったのは、被験者のわずか三分の一だったのだ。別の三分の一の人々は一五％から二〇％低く答え、残る三分の一はまったく思い出せなかった。

現在はカナダのトロント大学ロットマン経営大学院で教えるソーマンは言う。「そのとき、大きな発見がありました。クレジットカードをいつも使う人は、単純にいくら使ったかをよく覚えていないのです(1)」。

なぜ、クレジットカードで購入すると金額を思い出せないのか、正確なところは分からない。研究者のなかには、クレジットカードでは購入の「痛み」が遅れてやって来るので、詳細な金額が強く記憶されないと推察する人もいる。仕組みはどうあれ、結果として表れているのは、何度も間違いが繰り返されることだ。クレジットカードの何かが、私たちを狂わせるのである。別の研究では、クレジットカードを使う人は、現金を使う人と比べてより多くのおカネを使うことが示された。置いていくチップの額が大きく、オークションでの入札金額も大きい。また、ある研究では、マスターカードやビザなどのロゴを見ただけで、通常より大きな金額の買い物をする傾向が見られた。

クレジットに関しては、私たちの心のソフトウエアにバグがある。このバグを修復することはできるものの、ここ数十年で消費者向けクレジットの仕組みがより強力、かつ手に入れやすくなったため、バグを修復するスイッチがあまり機能しなくなっている。

ソーマンが一九九〇年代に研究を始めた頃には、クレジットの使い過ぎは珍しくなくなっていた。一九八〇年以来クレジットカードの平均利用残高は、三倍以上に増えた。[2] カードの利用残高を含めた家計の負債額の増加ペースは、収入に比べて二五％速かった。なおその一五年前には、両者のペースはぴったりと合っていた。[3] また、個人破産の割合は三倍になった。[4] この要因としてはクレジットカード以外のものも考えられる。たとえば、金融知識の減少や、債権者の取り立てが厳しくなっていることなどだ。しかし、こうした研究を見ると、私たちは新しい経済の閾値を超えてしまったのではないかとも考えられる。つまり、ハイテクな消費者経済が、私たちが十分にコントロールできる以上の「能力」を提供している可能性がある、ということだ。

この厄介な可能性が、インパルス・ソサエティの中核にある大きなパラドックスの一部を構成している。前章では、技術やグローバル化、金儲け中心のビジネスモデルや放任主義の政府などによって、脱工業化経済が強化された様子を見てきた。また、そのような経済の下で、消費者が戦後のような経済的安定を放棄する代わりに、新しい並はずれた能力を手に入れるという取引が行われたのも見てきた。それは、安くてすぐ食べられる食事や、馬力のある車、二四時間楽しめる娯楽、そしてもちろん簡単で誰もが使えるクレジットカードなど、あらゆるもので具体化された。これらを用いて、私たちは自分探しやアイデンティティの探求を続けたのである。

この取引が明らかに何かを手に入れるために魂を売り渡すファウスト的な雰囲気を持つまでには、さほど時間はかからなかった。自分探しは度を超えた自己満足の追求に変わった。おカネの使い方は非現実的なものとなった。肥満が急増した（一九七〇年から一九九五年の間に、体重過多のアメリカ人の割合は、二〇人に三人から、一〇人に三人に増えた）。ドラッグの使用、性的な乱交、不倫が増加した。行き過ぎた行為は消費に留まらず、忍耐力や礼節、自制心も全般的に不足しているように思われた。

車の運転はより速く、攻撃的になった。政治は自分の支持政党に固執したものとなり、敵意がむき出しにされた。人々はオンライン上で戦った。コミュニティや近隣の地域、社会の構造そのものが、個人の満足の追求のもとで崩壊していくように思われた。それはまるで、自分探しのために力を与えられた個人が、実は反抗的な甘やかされた子どもで、自分の行動の結果を考えようとしない、あるいは考えられないかのようだった。

いったい私たちに何が起こっていたのだろうか。一つは文化の崩壊である。かつては伝統により、人々の中の衝動的な子どもは抑え込まれていた。しかし、とげとげしい消費者文化の下、すぐに満足を得ようとすることが絶対的なものになり、伝統はゆっくりと溶けていった。だが、研究が重ねられた結果、文化の崩壊以外の側面もあることが見えてきた。それは、力を得た個人の暴走である。はっきりと言うならば、消費者経済はクレジットカードやコンピューターなど、人々が自分でコントロールしきれないほどの力を提供したので、自分探しや自己満足を追求する中で、人々が行き過ぎるのを防ぐことはほぼ不可能だったのだ。

脳は近視眼的な実行者

現代の人々が、自分が新たに手にした力のおかげで苦労するというのは、決して突飛な話ではない。論理的に考えれば、人間の脳は、物資がなく不確実な先史時代の世界に慣れており、脱工業化社会やポスト物質主義社会の相対的な豊かさと確実さには対処しにくいはずだ、ということは理解できる。それでも、実際に表れている両者のミスマッチを目にすると、その規模と意味合いの大きさには驚かされる。

この点について考えるために、次のような「異時点間の」選択、つまり現在と将来との間の選択について見てみよう。

おカネを今日使うべきか、あるいは引退後のために貯金しておくべきか。いまトレーニングに耐えるべきか、将来心臓病で早死にするか。クリスマスパーティーで同僚を口説くべきか、あるいは結婚生活を維持して、三〇年後に多くの年金を受け取るべきか。こうした異時点間の選択は、私たちが最も頻繁に行う意思決定の一つで、また最も重要なものでもある。さらに、個人の健康状態や財政状態を左右するだけでなく、国としての負債比率や医療制度改革、気候変動など、あらゆるものを動かす。

しかし悲しいことに、異時点間の選択は最も困難な意思決定でもある。私たちは何度も繰り返し間違い、すぐに喜びや満足を得る、あるいは、すぐにはコストを払わないことを選ぶ。たとえ、現在の喜びが将来の痛みによって打ち消されると、はっきり分かっていても、である。人間の歴史は間違った異時点間の選択で汚されてきた。

なぜ、異時点間の選択はそれほど難しいのだろうか。一九八〇年に、コーネル大学の経済学者、リチャード・セイラーがその理由を検証した。セイラーによると、異時点間の選択の非合理性を理解する唯一の方法は、人間の頭が単一の意思決定者であるとは考えずに、「二つの半自治的な自分」から成るジョイントベンチャーだと考えることだ、という。

この「半自治的な自分」の一方を、セイラーは「近視眼的な実行者」と呼ぶ。すなわち、手っ取り早い満足感だけに関心がある自分だ。もう一方は、将来を見据えた「計画者」で、実行者を管理する、あるいは管理しようとすることを任務としている。セイラーはこの時点では、これら二つの自分が脳内に実際に存在するのかは論じていなかった。彼の論点は、意思決定が「まるで」二つの自分によって行われているかのようであること、そして、この二つの自分は「単一時点で衝突し」、その衝突の結果、よくない意思決定を下してしまうということだ。[5]

だが、セイラーはこの「二つの自分モデル」により、窮地に立たされることになる。過去にも同様の考え方は示されており、フロイトはイドと超自我（スーパーエゴ）の葛藤を提示していたし、経済学者の父と呼ばれるアダム・スミスでさえ、「衝動（passion）」と「公平な観察者」との内面での戦いを描いていた。[6] つまり、セイラーの考えは特に新しいものではなかった。しかし、セイラーの時代に主流だった経済学者の間では、こうした考え方は背教的と言えるものだったのだ。経済学分野は依然として「合理的選択」で知られる「新古典派」理論に支配されていたからだ。

この理論では、個人は常に効用を最大化するべく努力し、そのためにすべての行動の費用と便益を慎重に比較するとされていた。このような合理的な世界では、内面で葛藤する個人などという考え方は、神への冒とくにも値するものだった。人類の知性の総計であるとされる効率的市場の議論では、市場での行為者はみな合理的な意思決定者でなければならず、分かっているのに間違ったことをするような人であってはならなかったのだ。

セイラーの二つの自分モデルは激しく批判された。セイラーの元同僚で、効率的市場を唱導していたマイケル・ジェンセンは「完全に否定的だった」とセイラーは話す[7]。また、セイラーがのちにシカゴ大学経済学部のポジションを得ると、同校教授のノーベル賞受賞者で、効率的市場に深い愛着を持っている人物は、彼と口をきくことさえ拒んだという[8]。

しかし、セイラーは間違ってはいなかった。一九八〇年代終盤には、脳スキャンなどの新たな医療技術により、「人間の意思決定プロセスは二つの大きく異なる脳内プロセスどうしの争いのようなものだ」ということが、実際に確認され始めたのだ。一方には、高い認知プロセスがある。これにあたるのが、前頭前皮質という脳の比較的新しい部分で、複雑な問題解決や抽象的な考えを司る。もう一方の部分は比較的古い部分で、主に辺縁系、またの名を「爬虫類脳」といい、危険やセックスなど生存に関係する活動への本能的なアプローチを司る。

この前頭前皮質と辺縁系という奇妙なカップルは、すべてにおいて異なっている。意思決定の仕方も異なれば、認識できることも異なる。たとえば、前頭前皮質が、今日買い物をし過ぎたり浮気をしたりすると、一カ月後にどんな不都合が表れるかを想像できるのに対し、辺縁系はそうした将来的な結果に関してはまったく関知しない。辺縁系は「戦うか逃げるか」の状況に即応するのに適しており、現在より先のことに関しては文字通り何も見えない。

二〇〇四年にプリンストン大学で行われた有名な脳スキャンでは、被験者にすぐに報酬を与えると、辺縁系での強い活動を示す点滅が見られた。しかし、すぐには報酬を与えずに、のちに報酬を与えるという約束をするだけだと、辺縁系は活動せず暗いままだった。爬虫類脳の中には、将来は存在しないのだ。

辺縁系は人の動機づけで非常に大きな役割を果たす。したがって、この将来に関する無知は大きく影響し、個人と市場の関わり合いにおいても重要な意味を持つ。何か欲しいものを見つけたら、辺縁系は強力に活動し、素早い行動を起こさせる。たとえば、覚醒作用のあるノルエピネフリンや、快感をもたらすドーパミンなどの神経伝達物質を放出する[9]（ドーパミンを放出させる働きがあるコカインが、人を衝動的にする理由の一つもこれである）。同様に重要なのが、辺縁系が感情を揺り動かして、その要求を強めることだ。たとえば、クリームがたくさん入ったドーナツを見るなどの刺激を受けると、辺縁系は一〇〇分の一秒も経たないうちに、たとえば欲望などの「情動」で脳内をいっぱいにする。すると、体はほとんど反射的に行動を起こそうとするのである。

「合理的な」前頭前皮質さえも、満足を求める辺縁系による刹那的なキャンペーンに打ち勝つことは困難だ。辺縁系が脳内を情動で満たすと、前頭前皮質は自動的にそれに「思考」で対応する。しかし、その思考も、たとえば「私はあのドーナツを欲しいと思う」といった辺縁系の要求をサポートするような思考であることがほとんどで、私たちはその思考を直感として認識することが多い。

バージニア大学の社会心理学者で、動機に関する神経学の専門家であるジョナサン・ハイトは、次のように述べた。「嫌いな政治家のことを考えたときや、配偶者と小さな意見の食い違いがあったとき、どんな意識の流れが起こるだろうか。それはまるで裁判所に出廷する準備をしているかのようであるはずだ。自分を守り相手を攻撃するため、論理能力をフル稼働させ、議論を考え出しているのだ」。

言い換えると、辺縁系は数秒の間に、頭と心のシステムをさまざまな短期的目標に向けさせることができるのである。ドーナツを食べることから、暴走族に金切り声を上げることまで、その目標が自分の通常の行動からはまったく外れたものでも、それに向かってしまう。これをカーネギー・メロン大学の行動経済学者、ジョージ・ローウェンスタインは、辺縁系が「私たちをまったく違う人物にする」と表現した[10]。

合理的な計画者である前頭前皮質は、それ自体能力がないわけではない。辺縁系に反論し、「恥ずかしい」などの感情を動員して、情動をブロックする。しかし、素早く効率的な辺縁系に対して、前頭前皮質は大幅に不利な立場にある。すぐに満足したいと求める衝動的な欲求に対し、たとえば「ドーナツを食べると太る」といった説得力のある反論を出さなければならず、加えてその議論に「太ったら恥ずかしい」などの感情も組み合わせなければならない。その反論と感情の組み合わせが辺縁系の感情的な議論と争って、どちらが私たちの注意を引きつけられるか競うのである。

ローウェンスタインによると、問題は将来のこと（請求書を受け取る辛さや、太った体になることから生じる気分）は、いま現在の時点ではいつも強い感情を引き起こすわけではないということだ。将来起こることに関しては、情報が不足していたり、あるいは、複雑すぎて想像できなかったり、経験がなかったりするため、私たちはじっくり考えることができない。結果として、将来の見込みは非常に「漠然としている」場合が多いと、ローウェンスタインは言う。そのため、辺縁系の常に強力な野性の要求を弱められるほどの、感情的な反応を引き出せないのである。

この一方的な脳内レスリングの勝負から生じるのは、ある種の近視眼のようなものだ。辺縁系がその要求を非常にうまく押し出すので、それが喜びであってもコストであっても、いますぐの選択肢は非常に強く感じられ、一方で将来の選択肢、あるいはリスクは小さく、あまり重要でなく感じられるのだ。一九世紀の経済学者、アーサー・ピグーは、それはまるで望遠鏡の反対側から将来を見ているようなもので、将来は「規模が小さくなって」見えると表現した。現在の経済用語では、将来を「割り引く」というが、実際、その割引率が非常に大きいので、いま手に入るものを選ばずに我慢するには、そのことによって生じる報酬が相当に大きくなければならない。

実験では、たとえば、「何週間か後にアマゾンのギフトカードが送られてくる」などと被験者は相当に大きな報酬を後で受け取れると言われるが、彼らは将来の報酬を拒み、いますぐにずっと小さな報酬を受け取ることを選ぶ。プリンストン大学の脳スキャンを使った研究でも、将来受け取る報酬を選べば、週当たりのリターンが五％、年間では二五〇％にもなるのに、ほとんどの被験者がそれを選ぶことはなかった。プリンストン大学の研究を主導したサム・マックルーアは言う。「まったくばかげた話だ。銀行預金の利息がたとえ週当たり一％だったとしても、金持ちになれるのに」。しかし、この「ばかげた」割引が人の頭の中には組み込まれており、そのために異時点間の意思決定では異常なほどの間違いを犯すのである。

この明らかな例がクレジットカードだ。辺縁系の「実行者」にとっては、クレジットによる買い物はいますぐ満足を得られる喜びでしかない。これに対して、辺縁系は現金での買い物を嫌う。なぜなら、現金は守るべき資産と認識されており、それを使うことは損失と見なされるからだ。そのため辺縁系は嫌悪感を引き起こす神経伝達物質で脳をいっぱいにして現金を使うことに抵抗する。現金ではなくクレジットカードを使ったとしても、三〇日後に請求書が届いたときには苦しみがある。まして、支払い残高が多くなって利子や遅延金が発生すれば、苦しみはさらに大きくなる。しかし、そうした苦しみは「実行者」には見えない。前頭前皮質の「計画者」には見えるが、現時点でその苦しみをまざまざと感じさせ、ローウェンスタインの言葉で言えば「イミディアタイズ(現在のものに)」させて、辺縁系を抑え込むだけの能力はない。だから私たちは、そんなおカネもないのに、三〇〇〇ドルの大画面テレビや、四万ドルのピックアップトラックを買って帰ったりするのだ。

こうしたクレジットカードの使い過ぎも、私たちの近視眼症状の一つでしかない。バーガーキングのトリプルワッパー・チーズや、四杯目のカベルネワイン、配偶者ではない人からの魅惑的な眼差しなどの刹那的な喜びは、将来のコストが本当に大きく、まったく明らかな場合でも、あまりにも鮮やかで抵抗し難い場合が多い。

生存のためのより高度な戦略

明らかに、人類の歴史のある時点では、将来を割り引いて考えることは理にかなっていた。人間のはるか昔の祖先たちは、文字通りその一瞬を生きていた。あるいは、一瞬から一瞬へと生き、獲物や食料を求めていつも動いていた。そして、手に入れたら、最低限の処理だけしてすぐに食べた。また、縄張りや結婚相手を巡って激しく争った。そうした状況下では、現在に全力で集中することは、長く生きて将来を手に入れるための手段だったのだ。

しかし、これと同様に明らかなのは、私たちの祖先が、ときにこの短期主義を乗り越えて戦略的な行動を取る能力を持っていたことである。たとえば、気候変動により農業などの忍耐と長期思考が必要な戦略を取る必要が出てきたような場合には、生まれ持った衝動性を修正するための、外部的・社会的な手段を見出した。こうした修正手段は、人類学者のロバート・ボイドとピーター・リチャーソンが「社会的回避策（social workarounds）」と呼ぶ形で、徐々に表れてきた。具体的には、タブーや法律など、衝動性を厳しく罰するものから、結婚や財産権や契約など、長期的な投資や約束を促すものまでさまざまなものがあった。

このようにして、短期主義を罰する一方で忍耐に報いることにより、たとえば、貿易や灌漑農業、製造業など、社会はより高度な生存のための戦略を取れるようになった。その時間枠も長くなり、規模は拡大し、またより効率的になった。そして、このより効率的な戦略によってより大きな富が生み出され、社会はそれを用いてさらに繊細に、衝動をコントロールする方法を編み出した。

文明の歴史とはほぼ間違いなく、人々が衝動や近視眼を抑え込むよう、社会が説得し、強制し、仕向けてきた歴史である。あるいは、文明を前進させられるよう、人々を抑え込んできた歴史である。

この歴史は一六世紀に入ると、資本主義や自由民主主義やプロテスタントなどの制度により複雑化する。これらの制度がそれぞれの方法で、個人に力を与えていったからだ。具体的に言うと、商業的な自由や、政治による個人の権利の保護、個人が直接に神と対話する「権利」などである。しかし同時に、こうした力を与える条件として協力を求めることで、個人の力は抑えられていた。たとえば、民主的な自由を得る代わりに、市民としての義務を果たすことで、個人的な利益を抑制した。また、商業的な機会を得る代わりに、公正かつ正直に商売をすることを約束した。そして、神と直接に対話できる代わりに、過剰を良しとしない宗教文化に従った。

ルソーが『社会契約論』で論じたように、自由な社会は「個人に社会的な力を与えるために、その人個人の力を奪う。……与えられた力は、他人の協力なしに使うことはできない」のである。

こうして社会から個人に、次のような新たな提案がなされた。「少しの我慢と協力を示しなさい。そうすれば、社会はその共同体としての規模と力、そして知性を用いて、あなたが一人で実現できる以上の、長期的な安定と安全、そして幸福までも保証するであろう」。

この文脈における文明の頂点は（少なくとも、工業化された西側社会では）、ビクトリア朝のイギリス、あるいは二〇世紀初期のアメリカであっただろう。ビクトリア朝では史上最大の富と帝国が築かれたが、それは個人の抑制という文化によってもたらされたものだった。同様に、二〇世紀初期のアメリカでは、新たな官僚的秩序（政府や学校、企業などの階層組織で構成され、新たな行動科学を活用していた）が、悪行税から時間管理の研究、「出世階段」まで、さまざまなものを配備し[11]、衝動と短期主義、および他の多くのものをコントロールしようとした。

しかし、人々の近視眼や性急な行動を、社会は抑え続けることができなかった。というのも、そうした行動を取っても人々は生存できるようになったからだ。恒常的に物資が欠乏し、不安定な世界では、自己を抑制し、忍耐と協力という社会の規範に従うことが、平均的な市民にとっての最善の生き残り戦略だった。

しかし、一九世紀、西側社会の工業化で起こったように、市民がより大きな満足をより速く、単独で手に入れられるような手段が出現すると、効率化を求める種である人類は、その手段に飛びついた。まさにこのとき、何万年にも及んだ社会によるコントロールが緩み始め、先史時代からの近視眼的な衝動性が、再び自己主張をし始めたといえるのである。

食い物にされる「脳の欠陥」

今日では、辺縁系の命令を抑える社会的な限界もずっと少なくなっている。所得は伸びていないものの、デジタル化で進んだ効率化により、基本的な満足を得るための値段は下がり続けている。食料は非常に安くなっており、レストランはまるで漫画のような過剰な量をマーケティングのツールとして使う。たとえば、半ガロン（約一・九リットル）の炭酸飲料や、底なしのバスケットに盛られたエビ、永遠に食べ続けられるビュッフェなどだ（「食べ放題」は世界で最も成長しているレストラン形態だ）。一方で、情報や娯楽はほぼ無料で無限に提供される。それをどこまで見るかは、「自分で終わりを決める」という疑わしい能力にかかっている。

これは物資の欠乏に対応して設計された脳が、過剰な豊富さに対処しなければならないという単純な話ではない。それに加えて、古代からの脳の配線を利用しようとする、意図的な売り込みにも対処しなければならないのだ。たとえば、メーカーが子ども向けの市場に強力に売りこんでくるのは、子どもや少年少女は忍耐力や将来を考える能力がまだ発達していないからだ。彼らは過剰な市場にぴったりの顧客である。あるいは、おなじみのクレジットカードも同様だ。それは安価で誰でも使えるうえ、クレジット業界はマーケティング戦略の立案に脳科学を用いて（たとえば、月々の支払い額を非常に低くする、利用限度額を非常に大きくするなど）、私たちの脳の欠陥を食い物にしているのである。

さらには、安価なコンピューターのパワーが増していくにつれ、クレジットの本質、すなわち、即座に得られる便利さと将来のコストの分離、喜びと苦しみの分離が、消費者経済全体に埋め込まれるようになった。ファストフードから娯楽、社交まで、ほぼすべての消費者への誘惑が、すぐに喜びが得られコストは遅れてやって来るように設計された。

そのため、コストはほとんど消えてしまったかのように思える。満足のスピードはいまや消費者による評価の基準となった。シーズンごとに、マーケターはサービス提供までの時間を数分、あるいは数秒でも短くしようと多大な資金を使う。アマゾンやイーベイなどは、即日配送の実験をしている。テイクアウトの店は、食事を顧客の車まで運ぶ[12]。やがては、リモコン操作の無人飛行機で運ばれるようになるだろう。

ネットフリックスなどのオンライン映画配信会社は、新しいテレビドラマの一シーズン分の番組を一日で配信し、視聴者はマラソン視聴で一気に見ることができる。自動車会社では非常に簡単にローンが組めるようになっており、住宅ローンの支払いが滞っている人でさえも、新しいピックアップトラックを手に入れられる。実際、自己破産が認められるとすぐに、車のディーラーやクレジットカード会社から「クレジットを再開」できる旨の通知が殺到するようになるのだ。さらに、あるスマートフォン・アプリは、その利用者が好きな商品を見つけたら、それが電車の中でも、友達のアパートでも、雑誌の写真でもスキャンすれば自宅に同じものを届けてくれる[13]。

消費者向け技術は加速度的に進化しており、いまでは、まるで製品を転送してくるかのような3Dプリンター、ウェアラブルなスマートフォン、性産業に従事できるほど人間そっくりなロボットなどがある。したがって、望遠鏡を反対から覗くようなプログラムを組まれている脳にとって、近い将来に与えられるさまざまな誘惑に打ち勝つのは困難になる一方だろう。すでに問題の多い個人と市場の関係において、私たちは急速に転換点に近づいている。すなわち、経済は消費者の能力をどこまでも高めようとし、消費者はその能力を乱用する神経学的な傾向があるが、両者の関係も転換点に向かっているのである。

いかにして衝動をコントロールするか

人間の心理的なバイアスについて知れば知るほど、またそれがいかに巧みに利用されているか、いまの言葉で言うと「マイニング」されているか、知れば知るほど、衝動や近視眼に支配されないまともな経済を築き、持続することが、どれほど難しいかがはっきりしてくる。

たとえば禁酒法が一例だが、衝動をコントロールするために行われた規制や禁止など、昔ながらの抑圧は、その多くが見事に失敗した。最近の例としては、元ニューヨーク市長のブルームバーグによる特大サイズのソフトドリンクの禁止や、銃を持つ権利の制限などがあるが、どれもうまくいってはいない。また、清教徒的な「恥の文化」を自己規制の手段として復活することも、同様に絶望的だ。それはたとえば、政治的にも環境的にも不適切なSUV（スポーツ・ユーティリティ・ビークル）を廃止できていないことからも明らかだ。

より賢明な方法として、行動科学を応用して人間の旧式な脳の配線を補う方法があり、これにはいくらか可能性がある。一九七〇年代の有名な実験に「マッシュルーム研究」がある。これは、子どもに食べ物（マッシュルームやクッキーなど）を見せて、「しばらく待てばもっと多く食べ物をもらえる」と教え、すぐ食べてしまうか待てるかを調べたものだ。この実験を率いたウォルター・ミッセルは、忍耐力のない子どもを訓練して忍耐力を持たせる効果的な手法を開発した。この成功は重要だ。というのも、忍耐力のない子どもは忍耐力のない大人に育つ可能性が高いからだ[14]。

ほかにも効果のありそうな試みはある。たとえば、『実践行動経済学』（日経BP社、二〇〇九年）を共同で執筆した（二つの自分モデルの）リチャード・セイラーとキャス・サンスティーンが「選択構造（choice architecture）」と呼ぶものがある。これは私たちが我慢強く長期的に考えるよう、静かに「それとなく注意を喚起する」ような技術やインフラなどを指す。例を挙げると、日々の支出を自動的に追跡し、予算を超過したら警告を発するようなスマートフォンのアプリなどである。

しかし、こうした努力も激流をさかのぼって泳ごうとするようなものだ。なぜなら、衝動に動かされる文化がさまざまに存在するからだ。たとえば、政治の世界では、政策や出来事に対してより早く直感的に対応することが良しとされている。また、個人の解放というイデオロギーは、消費者市場とタッグを組んで、自分探しを阻むものは何であれ拒否し続ける。イッピー（訳註：一九六〇年代の反戦主義の若者たち。過激なヒッピー）の活動家、ジェリー・ルービンは一九七〇年にこう豪語した。「ルールを見つけたら、それは破らなきゃならない。ルールを破って初めて、自分たちが誰か分かるんだ[15]」。また、「未来が不確実なときは、近視眼や短期主義が実は増える」とする研究結果が多く存在することにも、衝動に支配されない経済を築くのが難しいことが示されている。

なお、消費者レベルでは、「選択構造」や「それとなく注意を喚起する」仕組みが多少は機能するが、実はもっと厄介な近視眼が生じている分野がある。政府などの組織レベル、特に企業である。

多くの業界では、最速のリターンを出せるツールや技術などを上級幹部が巧みに活用している。その幹部たちは、自身が将来のコストを割り引いて考える傾向があるだけでなく、彼らが身を置く企業文化も、辺縁系的で近視眼的である。したがって彼らは、新たな能力が入手できるようになり次第、すぐにそれを活用すべきだという大きなプレッシャーを受ける。しかも、その力を使って失敗した場合に、社会全体に長期的な影響が出ると分かっているときでも、そうすべきだと考える。

こうした状況が実際に表れているのは、企業幹部が大胆なレイオフを実施する場合だ。そうすることで、たとえ多くの人に痛みが生じようとも株価を早期に回復し、自分のボーナスを守ろうとするのだ。同様の事例は、金融の世界でもはっきりと表れている。なかでも顕著なのが、金融工学などの進化する技術を用いて、銀行自身は巨万の富を素早く獲得しながら、一方で市場全体をリスクにさらすような場合だ。通常、リスクと報酬は表裏一体のものだが、金融の世界では進化した技術を用いてリスクと報酬を切り離す。さらに、報酬は銀行やトレーダー自身が手にし、切り離したリスクは他者および社会全体に「再配分」するのである。このリスク配分のためにも技術が使われている。これは、いまや金融業界では標準的なプロセスとなっている。

こうしたことが起こる一因は、「異時点間」のバグである。しかし、個人が自分の利益と会社の利益を貪欲に追求し、また将来のコストを他人に押し付けようとする様子から、第二のバグの存在も見えてくる。その第二のバグは、将来の結果を「予測する」ことを妨げ、さらに、そうした結果について「心配し案ずる」ことをも妨げるものである。

権力は腐敗につながる

一九七〇年代初期に、テンプル大学の心理学者、デービッド・キプニスは、人の権力がどのように倫理に影響するのか、なかでも腐敗につながるのかを調べようと考えた。いくつもの実験を行うなかで、キプニスは仮想の職場環境において被験者に「マネジャー」の役割を与え、その配下に「部下」のグループを置いた。マネジャーの何人かには非常にわずかな権力しか与えず、部下に業務を実行させるには説得を行うよう指示した。一方で、別のマネジャーには大きな権力を与えた。部下の解雇や異動、昇進などを決められるようにしたのだ。

実験が進む間、キプニスはマネジャーの行動がどう変わるかを観察した。権力の効果は絶大だった。権力を持たないマネジャーが従業員と目標を話し合うなど、キプニスの言う「合理的戦術」を用いる傾向があったのに対し、権力を持つマネジャーは権力を利用し始めたのだ。

彼らは部下を批判する、要求を行う、怒りを示すなどの高圧的、あるいは「強硬な戦術」を用いる傾向があった[16]。また、部下の業績に対しては否定的で、部下の成功を自分のものにする傾向もあった。加えて、権力を持ったマネジャーは自分と部下の間に心理的な距離を置く場合が多かった。

こうした結果から、キプニスは、彼の「変形」権力モデルの下では、権力を持つことにより自分のイメージが非常に大きくなり、権力を持たない人に対して共感する力が落ちると論じた[17]。

キプニスの発見は、四〇年ほど前の職場を舞台としたものだった。しかし、彼は今日まん延している、攻撃的な自己宣伝の文化、すなわち、自らの存在を誇示し、他人に見せつけようとする文化も描き出していたのかもしれない。キプニスの発見以降も、権力により他人に対する行動が変わることが研究により確認されてきた。何十もの研究において、何らかの形の権力、たとえば、企業の経営権、社会的地位、昔ながらの権力である資産などを持つ人々は、自己の利益を追求するため社会的規範を守らない確率がはるかに高いことが示された。彼らは無礼になり、他人の領分を侵害し、ズルをし、法を破ることさえあった。

いまでは古典ともいえる研究に、カリフォルニア大学バークレー校の心理学者、ポール・ピフによるものがある。彼の研究によると、かなりの高級車に乗っているような「ステータスの高い」ドライバーはステータスの低いドライバーと比べて、交通整理されていない交差点で割り込みをする確率が四倍だった。また、横断歩道を渡っている人がいるときに、そこを突っ切る割合は約三倍だった。

なお、権力が必ずしも反社会的な行動につながるわけではなく、むしろ生まれつき攻撃的で自己中心的な人が、金銭的・社会的な力を手に入れやすい、という議論もできるだろう。しかし、両者の間には因果関係があると思われる研究結果が出ている。単純に、一時的にでも自分は金持ちで力があると感じさせると、その人は自己中心的、あるいは攻撃的な行動を見せたのである。

二〇一二年の実験で、ピフは被験者二人にモノポリー（訳註：すごろくのようなボードゲームで、駒を進めながら自分の資産を増やしていく）をさせた。一人にはキャッシュを多く与え、サイコロも二つ使わせ、もう一人にはキャッシュを他方の半額だけ与え、サイコロは一つしか使わせなかった。

ゲームを始めてすぐに、キャッシュとサイコロを多く持つ（ステータスの高い）被験者は、明らかに違う行動を見せ始めた。彼らはステータスの低い被験者に比べて、テーブルの上をより広く使った。また、ステータスの低い被験者とあまり目を合わせず、彼らの持ち駒を代わりに動かすなど、より勝手に振る舞った。実験のための部屋には、音量計がつけてあったが、自分の駒を動かす際にはより力強く、三倍もの音をたてて動かした。

つまり、一時的に力を得た被験者は、実際に権力や社会的な地位を持つ人々と同様の行動を示したのだ。ピフは言う。「私たちはキャッシュの額の違いなど、いろいろな細工を施したうえで、被験者にゲームをさせました。どんな細工をしたかは被験者もはっきり分かっていました。しかし、数分のうちに、その細工が被験者の役割を明確にし、実際の生活で高いステータスを持つ人と同様の行動を起こさせたのです[18]」。

権力がなぜ、どのようにして自己中心的な行動に結びつくのか、その理由は複雑ではあるが、基本的な部分はかなり明らかになっている。権力に関する研究の先駆者である心理学者のダッチャー・ケルトナーによると、権力と地位を手に入れると「アプローチシステム」が稼働するのだという。アプローチシステムとは、人間の基本的ニーズ、たとえばセックスや社会的承認、関心などを満足させるための努力を促す神経の仕組みだ。基本的ニーズだけでなく、おカネなどの後から学んだニーズを満たそうとするものでもある。

アプローチシステムが稼働すると、それは「人を動かし、その人は何かを追い求める」とケルトナーは言う。さらに、権力により人が攻撃的になっている間、他人や社会規範に対する気配りは減っていく。この「アプローチ」の増加と気配りの減少は、ケルトナーによると非常に強力だ。「力があると感じているときには、何か利益が得られそうなものや良さそうなものを見つけると、人はそれを追い求めます。他人より少し多めの取り分でも、自分の秘書でも、何でもです[19]」。

当然のことながら、たいていの人は研究結果を見なくとも、金持ちで力のある人の行動は、つまりは「嫌な奴」の行動であることを知っている。力と自己中心主義の結び付きは非常に納得感のあるもので、それはまた、インパルス・ソサエティの根本的な部分ともなっている。この点は、私たちの本物の力が減少しているにもかかわらず、自己の利益の追求が社会のすべてのレベルで目立っていることとも関連している。

実際、戦後時代の生活を特徴づけていた、実体と持続性がある本物の個人の力、たとえば所得の増加、人々に関わろうとする政府、安心感のあるコミュニティなどは、今日では深刻なほど低下している。しかし、インパルス・ソサエティの各側面が、この減少をさまざまな点で補う。たとえば、自己の利益の追求は、一九八〇年代には文化的にも支持されるようになったが、今日ではさらに強力に支持されるようになっている。そうなると、私たちが実際に保持している力は、それが何であれ、罪悪感なく自己宣伝に用いることができる。

一方で消費者市場は、自己宣伝がより簡単かつ効率的になり、また成功しそうなツールを次々と生み出す。私たちの力に対する渇望を明らかなターゲットとした製品やサービスがどんどん増えている。たとえば、近所中を苛立たせるためにつくられ、販売されているカーステレオのサブウーファー（訳註：超低音域専用のスピーカー）や、宣伝では「あなたの攻めのドライビング・スタイル」にぴったりとされる、対向車のドライバーの目をくらまし、網膜を焦がすほどのハイビームなどがある。

これに関連して、この四半世紀の自動車とトラックのトレンドを見てみよう。それは明らかに、また臆面もなく、パワーとその乱用を組み合わせて一つのパッケージにしたものだった。ジャーナリストであり作家であるキース・ブラッドシャーが書いたように、一九九〇年代を通じてアメリカの自動車メーカーは、それまでより大きくパワフルなだけでなく、外見が恐ろしく意地悪な感じの車をつくった。

たとえば、クライスラーのピックアップトラックのラムや、SUVのデュランゴの前面は、わざと捕食動物に似せてつくられていた。二〇〇〇年代に入ると、大手自動車メーカーはさらに大きくパワフルで、明らかに恐ろしい外見の車を発売した。ボディは幅広く、まるで武装しているかのようにがっしりと金属で覆われ、路面からの高さもあって、より命令を出すのに適した車高になっていた。

そして、実際そうした車は恐ろしかった。SUVのドライバーはより速く車を走らせ、事故率も平均を超えていた。それだけでなく、車の大きさと重量と形状ゆえに、事故による被害も大きかった。研究によると、SUVを運転することにより、事故でドライバーがケガをする確率は大きく下がるが、その車がはねた人がケガをしたり死亡したりする確率は二倍になるという[20]。

だが、この衝突における不平等は、SUVの「魅力」の一部でしかない。その攻めの姿勢すべてが、自動車業界が「爬虫類脳(the reptilian brain)」にアプローチしようとする努力の一環なのだ。

なお、ここで言う爬虫類脳とは、マーケティング専門家で、自動車業界とも関係の深いクロテール・ラパイユが使っている言葉だが、これは古くからある神経プログラムで、個々人の「生存と生殖」の最大化を図ろうとするものだ。

この爬虫類脳は大型SUVの燃費の悪さや排出量の多さなど、いわゆる「外部費用」については気にかけない。加えて、他のドライバーの安全についてももちろん気にかけない。むしろ、この爬虫類脳にとっては、他人は全員が潜在的な犯罪者であり、他のドライバーは全員が潜在的な敵である。ラパイユがゾッとするほどの素直さでブラッドシャーに語ったところによると、「爬虫類脳は『事故があったら、相手方のドライバーには死んでもらいたいと思う』と言う」そうだ。

利用された力への欲望

SUVの爬虫類的オーラは、力への欲望が利用され、社会機構に損害を及ぼしている例としては極端なものである。しかし、消費者経済が私たちに提供するのは、他人を事故に巻き込む力ではないとしても、他人との関わりを避ける力ではある。つまり、一人だけで消費できる商品やサービスが安定的に増加しているのだ。周りの人々に頼らず、接触せず、あるいは気づかれもせずにモノやサービスを消費できるのである。

TVディナー（訳註：一食分の食事がすべて一皿に盛り付けられている冷凍食品）や電子レンジで焦げ目が付くメインディッシュ、完全にデジタル化されたファストフードのドライブスルーなど、食品におけるイノベーションのほとんどは、味覚における喜びを素早く、いつでもどこでも手に入れられ、その一方で料理や食事のために集まるなどの「非効率」を避けられるよう開発されたものだ。しかし、こうした個人の力の拡大は、社会的なコストを伴うものだ。料理の技術が衰えるだけでなく、家族で食卓を囲むという、人と交流する力が損なわれていく。

このように、伝統的な人付き合いが徐々に失われていくのは、まったく偶然ではない。これは消費者経済の陰の目標なのである。消費者経済は人付き合いを商品やサービスに置き換えようと、必死で努力しているのだ。大規模小売業の巧みさは、その低価格だけではない。その巧みさは、店員とのやり取りなど、買い物における社会的義務を最小化できる、非人間化されたワンストップの店舗形態にある。

ウォルマートは一九七〇年代に地方に店舗を設け、定形化された顧客サービスと数限りない商品を導入し、食品、衣料品、雑貨から、自動車用品、電気製品、薬品などあらゆるものを、町の大きさほどの屋根の下に並べた。そのとき、人々は小さな町のイライラする非効率から解放された。ウォルマートの出現により、買い物とは店から店へと歩きまわることではなくなった。また、隣人でもある小売業者と付き合うという、暗黙の社会的義務に耐えることでもなくなった。

この自由は革命的には見えないかもしれない。しかし、ブリガム・ヤング大学の社会学者、ラルフ・ブラウンによると、これは伝統からの根本的な断絶だという。ブラウンが言うには、歴史のほとんどを通じて、経済活動は社会的な関係とは基本的に切り離せなかった。単なる「消費者」となることは不可能だったのだ。何かを買うことは顧客となることを意味し、顧客とは社会的につくられた、あるいは社会的に制約を受ける役割で、買い物をするたびに複雑で時間のかかる社会的交流を求められる。

現代の小売業者が顧客に対して、単なる「消費者」になる効率の良さを提供したとき、すなわち社会的義務がほとんどない純粋に経済的な役割を提供したとき、ほとんどの人は喜んでそれを受け入れた。一方で、新しくウォルマートがやって来たアイオワの町のあるビジネスマンは、「ウォルマートが町のメインストリートの役割を奪ってしまった」と、一九八九年にニューヨーク・タイムズ紙に不満を漏らした。[21]

保守派の経済学者にとって、この顧客から消費者への変化は、無情なものではあるが、前向きで必要な変化だった。そして、企業はまたしても、効率的市場の根本的な現実に向き合わざるを得なくなった。つまり、自分本位の消費者だ。消費者は必要に迫られれば、株主革命以前の時代に投資家の大半が企業経営の誤りに耐えたように、時代遅れの社会的義務に耐えるかもしれない。しかし、消費者の社会性という薄い皮の下には、常に冷たく計算をする自分本位な人間が存在するのである。

一九四九年には、保守的な「オーストリア学派」の経済学者であったルートヴィヒ・フォン・ミーゼスが次のように警告していた。「消費者にとって自分の満足以外は何も重要ではない。店舗に過去に存在したメリットや既得権などには、まったく関心がない。より自分が好むものや安いものが提供されれば、昔から付き合いのある店など見捨ててしまう。買い手や消費者としての立場において、彼らは他人のことなど考えず、無情で冷淡である」[22]。こうした現実を受け入れられず、消費者の社会的義務や非効率に依存し続ける商人は、自分の命運を悪化させ、市場の全体的な効率を低下させる。

効率的市場の守護聖人とも言うべきアダム・スミスは、二世紀ほど前、個人が自分のための利益を追求するとき最善の結果が実現されるとした。いまや保守派の経済学者は、顧客から消費者への移行は、スミスの偉大な洞察の具現化にほかならないと論じる。それは昔からの、非効率的な商人や小さな町にとっては打撃かもしれない。しかし、長期的には、より効率的な経済という社会的な恩恵がもたらされるというのである。

しかし、商業の社会的側面を、このような純粋に経済的・進化論的レンズから見ると、多くの重要な点を見逃してしまう。アダム・スミス自身も、「市場に強い道徳的側面がなければ最適性は生じない」と主張した。すなわち、買い手と売り手の間に信頼と共感がなければ、市場はすぐに効率を失い、失敗を犯してしまうのだ。これまで、多数のスキャンダルや詐欺事件、バブルとその崩壊などがそれを示してきた。

多くの人が顧客から消費者に移行するとどんなコストが生じるかを知るには、大規模小売店が引き起こす現象を見てみればよい。超効率的なメガストアは、低価格と多くの品揃えを提供するが、同時にそうした店舗の進出により力を得た顧客に、新たなコストをもたらす。

アイオワ州立大学で地方経済を研究するケネス・ストーンによると、町に新しくウォルマートが開店してから二年以内に、半径二〇マイル（約三二キロ）以内にある地元の商店は売上が四分の一から三分の二程度減少することが予想されるという。こうした大幅な売上減は小さな町の商店街の崩壊につながり、そのコミュニティをバラバラにして破綻させ、皮肉なことに、住民の買い物の選択肢は減少してしまう場合が多い。ルイジアナ州立大学の社会学者、トロイ・ブランチャードによると、小規模な農村地域では、近くに開店した大規模小売店が成功すると、食品を買うためにそれまでよりずっと遠くに車を走らせなければならなくなるという。

また、新たな研究では、地元商店の消滅はさらに大きなダメージを与えることが示された。その研究によると、よそから来た小売業者と比べると、地元の商店はより安定的な職場環境を提供するという。その一方で、ウォルマートの離職率は年間五〇％にのぼる。また、地元の商店は、地域の社会プログラムや政治活動、およびコミュニティの生活の質に関わる他の側面に関しても、より協力的だ。ここにも再び、インパルス・ソサエティの中心的なパラドックスが存在する。すなわち、インパルス・ソサエティは、まさに私たちを支えるものを破壊するために、私たちに力を与えるのである。

そして社会はバラバラになった

遡って一九五三年のこと、自由主義の研究者、ロバート・ニスベットは、個人の力は私たちをどこに導くかを予測した。著書の『共同体の探求』（梓出版社、一九八六年）でニスベットは、次のように述べた。現代のリベラル社会は、抑圧的な昔の社会構造から個人を解放し、「習慣や伝統、そして社会的な人間関係」から個人を切り離して隔絶した。しかし、そもそも最初に個人の自由を可能にしたのは、そうした「伝統や習慣や社会的な人間関係」だった。人間は本質的に社会的であり、自由が意味を持つには、家族や教会、地域、近所、奉仕団体などの社会構造が、自由を媒介する必要がある。しかし、現代の政治制度が進歩することにより、これらの社会構造は劣化し、後退し、「ほぼ一様に個々の原子にまで分解される」――したがって、個人は単なる一つの存在となり、「隔絶され、どこにも属さなくなる」[23]。

自由主義思想を擁護していたニスベットは、社会構造を分解するのはリベラルな国民国家で、その国家が官僚制や補助金や助言を通じて社会生活に入り込んでくることが、社会構造の分解につながると考えた。しかし、同時にニスベットは、市場が社会的な結び付きを崩壊させることも懸念した。また、「経済世界による合理化と非人間性化」により、家族や村落や他の「媒介的組織」が「安定と誠実さの中心」として機能する力が弱まることも心配した。

ヘンリー・フォードが、地方のアメリカ人たちの社会的な結び付きを弱め始めてから約一世紀後、社会のつながりをすべてバラバラにするのは、産業界の目標となった。毎年毎年、私たちは社会的な義務や規範、他の非効率から徐々に距離を置いていった。そうすることで、最終的に自分たちの手に残そうとしたのは、個人のために、個人によって、個人に関して行われる個々の行動だった。

さらに、重荷から解放される消費が主流となり、またそれが製造業者の巨大な収入源になると、そうした重荷からの解放を求める気分は文化やイデオロギーにおいて歓迎され、正当化されていった。最初は、「ミージェネレーション」（訳注：一九七〇年代から一九八〇年代にかけて現れた自己中心的な世代）が自己実現を執拗なまでに追求するために、伝統からの解放を望んだ。一〇年後には、そうした気分は効率的市場における個人主義となった。イデオロギー的な色合いはどうであれ、その根本にある文化的なメッセージは変わらなかった。個人としての私たちは、自分たちの利益は社会全般の利益とは異なると考えることが認められ、また次第に、自分たちの利益を社会全体よりも上に置くよう促されるようになった、ということだ。

顧客から消費者への移行は、「自身がすべての頂点にある」と考える市民の出現を表すサインのなかで、最も目立ったものだった。しかし同時に、私たちがこの完璧な消費に近づいていくにつれ、足元では地面が崩れていくのが感じられた。消費をそれほどまでに完全に個人化することにより、辺縁系の爬虫類的衝動を抑える、残された社会的構造をさらに崩してしまったのだ。

たとえば、以前は家庭で調理することにより食べる量が抑えられていたが、いまでは手軽な食品やファストフードなどにより、その抑制が消えてしまった。また、妊娠を恐れることから婚前交渉は控えられていたが、ピルの開発によりその恐れは消えた。さらに、古くからの概念である「個性（character）」は、かつてはダニエル・ベルが言うように「統一的な道徳規範や規律ある目的」のために抑えられたが、その概念も使われなくなった。「個性」の代わりに追求するよう促されたのが「パーソナリティ」だ。すなわち、「人との違いを必死になって追い求めることによる自己の強化」である。これは通常、連続的な消費を通じて行われる。[24]

こうした風潮に文句を言うのは、たいていは社会保守主義者や堅物だ。そして、彼らがその喪失を嘆く社会規範は、抑圧的で不公平、差別的、あるいは古風なものだ。しかし、こうした道徳規範には目的があった。衝動のコントロールである。これらの道徳規範は、効率的な消費の妨げになるとして根絶されてしまった。古い規範の代わりとなる、もう少し新しい何かを導入するチャンスもなかった。多くの場合、こうした古くからの制約は、意識的な議論や慎重な費用対効果分析を行ったうえで排除されたのではなかった。自動的に、また反射的に取り除かれたのだ。なぜなら、たまたま市場が、また次の効率的で利益の出る自己表現の力を提供したからだ。

簡単に言うと、消費者はより多くの力を持つようになっただけでなく、その力とともにより孤独になっていった。手引きとなる昔の基準はほとんど残っていなかった。奇妙なことに、そうした状態に私たちの多くが深い不安を感じた。一九八〇年代と一九九〇年代の大衆文化が、勝ち誇ったような力強い消費者像を描き出すなかで、私たちの本当の姿は異なっていた。不安や抑うつ症状を抱える人々が増加しており、専門家はこの一因として社会的つながりの崩壊を挙げた。

ハーバード大学の社会学者、ロバート・パットナムは「かつては、いざというとき家族や教会や友人などの社会関係資本を頼りにできたが、いまでは、それらは私たちを受け止められるほど強くなくなってしまった」という。「個人としての生活と集団としての生活の両方で、この四半世紀のあいだお互いに関わり合わなかったため、いま私たちは大きな代償を払っている[25]」。

しかし、私たちの「解決方法」はさらに不安なものだった。パットナムらがコミュニティのつながりの復活を推奨したのに対し、消費者の多くは、新たな力を提供する企業そのものに頼ったのである。食品会社には理想的な一食分の量を決めさせた（今日の分量は四〇年前よりずっと大きい）。

自動車会社には適切な馬力と加速を決めさせた。

そしてもちろん、クレジットカードをいくらまで使ってよいかも銀行に決めさせた。本章の冒頭で紹介したディリップ・ソーマンの研究によると、利用者の多くが自身の資金需要や手持ちの資金を計算してクレジットカードの使用額を決めているのではなく、銀行が設定した限度額を基準に決めているという。

そうしたやり方は、融資が少なかった時代には、つまり借り手が貸し手の返済能力を本当に精査していたであろう時代には、それなりに論理的ではあった。しかし、銀行が大量融資と迅速なリターンのビジネスモデルにシフトした現在では、その方法は論理的とは言えない。

一九九〇年代には、銀行はクレジット履歴が最悪の消費者を、密かにターゲットにし始めた。なぜなら、そうした人たちからは安定的に遅延損害金が徴収できるからだ。さらに、銀行は私たちの脳のあらゆる誤作動を利用しようとしている。たとえば、クレジットの上限を引き上げる、頭金を引き下げるといったことを行うことで、消費者は自分の資産に関して間違った感覚を持つようになるからだ。金融セクターにとって、私たちの脳の間違った配線は、いまや重要な収益源となっているはずだ。一九八九年の批判的な論文で、当時ハーバード大学教授で法律が専門だったエリザベス・ウォーレンは、次のように述べた。銀行のクレジットカード会社は、「借り手の短期負債があまりにも大きく、元本どころか利子も払えないような状態でも、喜んで四枚目、六枚目、七枚目のカード発行を承認する」。

二一世紀になる頃には、消費者は最悪の状況に足を踏み入れていた。簡単にはコントロールできないほどの力を手に入れていただけではなく、その同じ力が、社会的・文化的な約束事から、人々を切り離した。人生のさまざまな部分で消費者を押しとどめ、少なくとも落ち着かせていた約束事だ。

昔からの道しるべを失い、その代わりに私たちは、自分がどの程度の力を使うべきかを、市場や企業に決めてもらうようになった。二〇〇〇年代の初めには、住宅バブルが経済を再び過熱させ、金融セクターがさらにまた別の消費者向け「ツール」を解放しようと準備していた。そのなかで、私たちの文化全体が明らかに大惨事に向かっていた。

第4章 すべてが金融化される社会

経済が急角度で上昇し、不動産市場がまるでキャッシュを製造しているかのようだった二〇〇五年の夏。日曜の午後になると、ラスベガスのハードロックカフェのプールサイドには多くの人々が集まっていた。そこでは毎週、「リハビリパーティ」が開催されていた。お決まりの休暇中のパーティのように、ＤＪがかける音楽が響き渡る中、たくさんの日焼けした人たちが酒を飲みながら楽しんでいた。正午を過ぎると、そこはカジノ目当ての観光客であふれかえったが、地元の客も大勢いた。その中にはラスベガスで不動産業を営む人も多く、彼らは二日酔いをさましながら、狂ったような市場の上昇について情報を交換していた。

ラスベガスの住宅価格は年間で五〇％上がっており、ありとあらゆるプレーヤーがそのおこぼれにあずかろうとしていた。ディベロッパーはラスベガスのはずれの砂漠に、町を丸ごと一つつくろうとしていた。香港やソウルの冷徹な投資家は、先を争ってラスベガス大通りに建築中の高級高層マンションの部屋を買っていたし、カリフォルニア州オレンジ郡の医師や歯科医は、まるでデイトレーダーのように住宅を売買していた。

そして、また別の種類のプレーヤーがいた。彼らはある種のアマチュアで、偶然に不動産で大当たりしたミスター・マグー（訳註：アメリカの漫画映画の主人公。危険な目に遭っても幸運で切り抜ける）のような人々だ。彼らは自宅の価値が倍になったのを目の当たりにした地元の人たちで、急に手に入った富を元手に、不動産の儲け話に飛びついた。彼らは自宅を担保に再融資を受け、そのキャッシュで二軒目の家を手に入れると、数カ月後に転売して三〇〇〇ドルから四〇〇〇ドルの利益を得た。すると、もう不動産王になった自分の姿が見えてくる。

この時期にラスベガスで不動産ローンを貸し付けていた人物は言う。「彼らは『カネが倍になったよ——俺って天才だろ？』と言わんばかりでした。そして、また二、三軒の家を買い、売却するのです。すると今度は『銀行に一〇万ドルある。続けない手はないな』となります[1]」。

二〇〇五年には、ミスター・マグーのなかには五、六軒、ときには二〇軒もの家を持つ人もいた。全体では、おそらくラスベガスの住宅販売の半分に、アマチュアの投機家が絡んでいたと思われる。つまり、この地域における新たな繁栄のかなりの部分が、自分で何をやっているか分かっていない人たちの手に委ねられていたのだ。

長い間不動産業を営むトッド・ミラーはこう話した。「本当の投資家は、購入した不動産を保有し、その賃貸料でキャッシュフローを得ます。あるいは、過小評価されている不動産を探して、それを修理するにはいくらかかるかを正確に計算します。でも、彼らはそうはしません。ただサイコロを転がしているだけです[2]」。

しかし、彼らを阻むものはほとんどなかった。当時はほぼ誰でも不動産屋になれたのだ。さらに言うと、クレジットのシステム全体が明らかにミスター・マグーの夢のためにつくられたようなものだった。二〇〇〇年代初めには、メールボックスを開けば、あるいはテレビをつければ再融資の宣伝が目に飛び込んできた。銀行は不動産ローンの事業を拡大していただけでなく、融資のプロセス自体も完全に自動化・効率化しており、ローンを組むのはクレジットカードをつくるのと同じくらい簡単だった。以前ラスベガスで融資を担当していた人物はこう語る。「収入と資産を申告すれば、それで終わりです。あるいは『NINA（no income, no asset：収入も資産も申告しない）』の書式でも借りられます。名前と住所と社会保障番号だけを書けばよいのです。銀行が雇用主に電話をかけることもありません。ローンの申請書には雇用主を記入する欄がないので、銀行も誰に電話をかけていいのか分からないのです。それでも、一〇〇％融資を受けられました、いま考えてみると、ちょっとどうかしていましたね[3]」。

インパルス・ソサエティが完全に開花し、その全貌が表れた姿を見たいのであれば、この住宅バブルは完璧な例だろう。ラスベガスやオレンジ郡やマイアミやフェニックスなどで（あるいは、マドリードやダブリンで[4]）、もしくは他の何百もの熱狂した市場で異様な状況が生じていた。それらを見れば、自己中心的な経済が勝利を収めたことに何の疑いも持たなくなるだろう。

この住宅バブルにおいて、それまでの半世紀の不安定で衝動的な潮流がすべて集約され、社会経済、技術、脳科学を材料とした有毒な混合物ができあがった。そこには、自己表現の熱狂的な高まりと、昔からの考え方のあからさまな改ざんがあった。また、戦後時代の生活水準を回復しようという、必死の努力もあった。さらに住宅バブルでは、人々は効率的市場を何も考えずに受け入れ、効率的市場が自分たちに授けてくれる力なら、どんなものでも信用した。たとえそれが真っ当なものには見えず、社会的に無責任なものだったとしても。

この金融バブルの最前線に存在した金融セクターは、市場のイド、爬虫類脳の「実行者」だ。すなわち、豊富な資金とその創造性によって、絶え間なく、効率的に富を生み続けるが、徹底して自己中心的で近視眼的、そして恥知らずなのである。だから、喜んで前頭前皮質の「計画者」と社会の他の部分を金融の崖から突き落とす。かつて私たちは、金融セクターを規制と規範によって封じ込め、抑圧し、その暴走を許さなかった。というのも、金融業界のイドが解き放たれたら恐ろしいことが起こると、私たちは知っていたからだ。

しかし、一九七〇年代には、私たちはその恐れを克服した。私たちには金融業界のエネルギーを抑え込むための、新しい技術や理論があったからだ。ちょうど、消費者経済で個人を抑え込んだように。ゆっくりと、恐る恐る、私たちは金融セクターを解放し資産を託した。すると、私たちは未来にツケを残す形で借り入れることができるようになった。それにより、その時点での制約を超えた経済の拡大が可能になった。

しかし、私たちを金持ちにしていく一方で、金融セクターは徐々に私たちを圧倒していった。ちょうど、解放された個人が自身の強欲な基準に合わせて消費者文化の形を変えていったように、金融セクターも辺縁系の命令に従うように広範な経済（加えて、政治や社会の組織、文化の大部分）を変えていった。二〇〇〇年代初めには、ミスター・マグーたちが不動産市場に押し寄せるなか、金融システムはそのイド的なイメージに合わせて、経済の大部分をつくり直した。衝動的で、短期的な満足にだけ神経を集中し、結果がどうなるかなど気にも留めないようにしたのだ。

姿を消した見せかけの忍耐力

しかし、金融セクターが常に向こう見ずではなかったことは、指摘しておくべきだろう。

一九二九年の暴落の後、反省し、厳しく規制された金融業界は、製造業中心の経済の付き人のような役割を甘受するようになった。保守的でリスクの低い戦略を追求するようになった銀行や他の金融機関は、「忍耐強い資本（ペイシェントキャピタル）」をモットーとし、そこそこのリターンを安定的に稼ぐ戦略をとったのだ。戦後時代を通じて、金融セクター（銀行、保険、不動産）の利益は、企業利益全体の一〇％未満を占めただけだった。

だが、見せかけの忍耐力や謙虚さは、一九七〇年代の混沌で姿を消した。二桁のインフレと海外銀行との競争により従来型の投資の利益が減少していくなか、銀行や投資家らは、より大きなリターンをより早く得られる戦略を探し始めたのである。忍耐強い資本は、突然にして激しい「利回り狩り」に道を譲ることになった。金融業界のプレーヤーは、コンピューター技術や苛立つ投資家に背中を押され、レバレッジド・バイアウト、貴金属、農産物、石油先物、開発途上国の政府債券など、世界中に狩りに出かけて高いリターンをもたらすさまざまな「手法」を探した。

だが、最も魅力的な「狩場」は北アメリカと西ヨーロッパの巨大な消費者経済だった。金融業界は徐々に、公私を問わず、生活のあらゆる側面に入りこみ、巨大化した。二〇〇〇年代初めには、アメリカの金融業界は企業利益全体の二五％近くを生み出すまでに成長し、その規模と遍在性で影響力を及ぼした。人々が金融業界に頼れば頼るほど、同業界の新しい原則である「より早くより大きなリターンの追求」が共有されるようになった。この原則は、膨らみ続ける消費者信用の世界で特にはっきりと表れていた。そこでは、即時のリターンと遅れて生じるコストという金融業界のロジックが、消費者のロジックともなっていたのである。

しかし、この経済の「金融化」のより深い影響が見られたのは、また別の世界だった。たとえば、政府はより大幅な借入れをするようになった――保守派の自由市場主義者であるロナルド・レーガンが、政府の予算をバランスさせるより借り入れたほうが簡単だと気づいたのだ。政治家は政府の借入れ拡大により、金融市場の欲望と思惑にますます縛られることとなった。

クリントン大統領が、インフラと学校の増設という選挙運動での公約を実行しようとしたとき、債券トレーダーは政府支出の増大によりインフレが起きるのではないかと気をもみ[5]、長期金利を競り上げた。それが住宅市場を脅かし、ひいてはクリントンの二期目の当選も脅かした。クリントンは補佐官らに、こう愚痴をこぼしたと言われている。「つまり、私の再選は、あのくだらない債券トレーダー次第だって言うのか？」[6]。こうして政府もまた、金融市場の短期主義を受け入れることになるのである。

だが、実は金融業界の近視眼が最も長く、大きな影響を及ぼしてきたのは、企業の戦略だった。一九八〇年代の株主革命以来、企業幹部は金融市場を喜ばせることにどんどん熱心になっていった――上級幹部の報酬のうち、いまや平均で約三分の二が、株式とオプションで提供されているのだ[7]。

その一方で、金融市場を満足させるのは、ますます難しくなっている。今日の株式市場はいわゆる機関投資家に支配されており、年金や投資信託、ヘッジファンド、なかでも「アクティビスト（物言う株主）」の手法を取るヘッジファンドが、特定の企業の株式を集中的に買い、株価に影響を及ぼそうとする。こうした大型の機関投資家は、合計すると大手上場企業の株式の四分の三をコントロールしている[8]。彼らにとって、利回りの追求は最も重要な目標だ。成功するため――実際には生き延びるために――、機関投資家は彼ら自身のクライアント（退職者から億万長者までさまざまな人）を満足させなければならないのだ。

そのために彼らは、四半期ごとにポートフォリオの強気な「リターン目標」を掲げる。経済学者のエリック・ティモーニュとランドール・レイによると、全般にこれらの目標値は、アメリカ経済全体の予想成長率を大幅に上回っているという。こうした高いリターンを実現するため、ファンドマネジャーは常にポートフォリオを「かき回して（頻繁に株式を売買して）」いなければならない。市場のパフォーマンスを上回っている株式なら何でも買い、そうでない株は売り払う。機関投資家の投資規模は非常に大きいため、頻繁な売買は株価に大きな影響を与える。言い換えると、ファンドマネジャーはつまるところ自分たちの取引によって変動する株価に反応しているのである。その結果、株式売買のペースは徐々に速くなっている。

事実、頻繁な売買は市場の新しいリズムとなった。一九七〇年代には、機関投資家は平均七年間株式を保有した。これが、現在では一年未満である。[9] 市場の最大規模のプレーヤーは、まるであらゆる恋愛指南書で「危険」とされる人物のようだ。衝動的で、短期間だけ、そして本気で付き合うつもりはまったくない。

上場企業にとっては、金融市場の高速化がもたらした影響は言い尽くせないほど大きい。市場の最も重要なプレーヤーは、株価のわずかな変化にも非常に敏感になっており、少しでも不満を抱くと、即座に株価を押し下げて不満を表明する。そのため、企業のマネジメントとはすなわち、株価に影響する要因をマネジメントすることになっているのだ。しかし、株価に影響する要因は、賢明な企業運営にはあまり結びつかない場合もある。株価は企業の四半期業績に大きく影響されることから、企業幹部は次の四半期の業績を守るために極端なまでの努力をし、それが将来の業績にマイナスになることさえあるのだ。

二〇〇五年に企業のCFO（最高財務責任者）四〇〇人以上に対して行われたアンケート結果は、驚くべきものだった。半数のCFOが、今四半期の利益目標を達成するためであれば、収益力のある長期プロジェクトへの投資をためらわず遅らせると答えた。また、五分の四近くが、翌四半期の利益を守るためであれば、研究開発やメンテナンス、広告、採用への当期の支出を削減すると答えたのだ。どれも長期的な収益力の確保には欠かせない「資産」である。

企業はまた、少しでも早くキャッシュを手にしようとやっきになっている。たとえ、すぐにおカネを受け取ることで、将来もっと多く稼ぐチャンスを失うことになっても、である。イギリスの企業幹部に対して行われた別のアンケート調査では、三年後に四五万ポンドが手に入るプロジェクトよりも、明日二五万ポンドを得られるプロジェクトのほうを選んだ人が大半だった。[10]これらはまさに、行動経済学者が消費者に注意を促した「異時点間の誤り」だ。それにもかかわらず、企業運営のレベルではこれが当たり前のやり方になっている。

経済学者で企業会計の専門家であり、二〇〇五年の調査の実施メンバーであったシバ・ラジゴパルは、企業幹部が長期的に考えているなどというのは「でたらめだ」という。「彼らは長期的な見通しなど持っていない。せいぜい次の二、三の四半期のことしか考えていない」[11]。そして、この種の企業の近視眼は感染していく。

企業戦略の専門家であるグレッグ・ポルスキーとアンドリュー・ランドがブルッキングス研究所で行った研究によると、企業は事実上、投資家の愛情を奪い合っているようなもので、利益と株価の上昇に効果を発揮した経営テクニックは、すぐに他の企業がコピーしていくという。「当期の利益を拡大するためにある企業が将来を犠牲にしたら、他の企業の幹部もそれに追随せざるを得ない。

そうしなければ株価が下がり、したがって彼らのキャリアの展開にもマイナスとなるからだ[12]」。

短期主義に偏り過ぎた市場

しかしながら、これは効率的市場に期待されている姿ではない。効率的市場は長期的な思考を促進するものと考えられていたはずだ。なぜなら、株価は企業の長期的な収益力を反映するはずであり、理論的には、株価は「将来のすべての利益の正味現在価値」であるとされる。つまり、企業が今後稼ぐであろう利益を合計して、それを現在の価値に直して表したものだ。したがって、本来は、たとえば、長期的な研究に投資をし損なうなど、将来の利益を脅かすものについて、投資家は懸念すべきである。その結果、こうした懸念から多くの投資家が株式を売ることになり、それが株価を引き下げてマネジメントの近視眼を罰するのである。つまり、ラジゴパルによると、真に効率的な市場の世界では、マネジャーが「価値を破壊する行動にふけったら、市場がやがてそれを見つけ出し、マネジャーの将来の賃金が削減される[13]」はずなのだ。

しかし、現代の企業ファイナンスという奇妙な世界では、その正反対のことが起こっている。アスペン・インスティテュートで企業の短期主義について研究するジュディ・サミュエルソンによると、今日の株式市場は短期業績に焦点を絞っているので、企業が長期的な投資をする際には慎重に行わなければならないという。それは、グローバル経済を支え、多くの技術を生み出す大企業でも同じだ。サミュエルソンによると、グーグルが二〇一一年に従業員を一九〇〇〇人採用すると発表したとき、同社の株価は動きを止め、やがて二〇％以上下落した[14]。「グーグルが支出を増やそうと『考えている』ことさえも[15]」投資家が軽蔑したからだ。

市場の長期投資嫌いが痛いほど感じられる場合がある。一九九〇年代の終わり頃、航空宇宙業界大手のロッキード・マーチンの幹部は、ウォール街の証券アナリストを集めて同社が投資を計画している最先端の技術を披露した。当時CEOを務めていたノーマン・オーガスティンによると、同社のプレゼンテーションが終わるや否やアナリストたちは「文字通り部屋から駆け出して……、当社の株式を売った」という。実際、その後四日間で、ロッキード・マーチンの株価は一一％下落した。

愕然としたオーガスティンは、プレゼンテーションに出席していた知り合いのアナリストに電話して、技術系企業が新技術に投資しようとしているのに、なぜ市場はそれを嫌ったのかと尋ねた。オーガスティンはアナリストの答えを次のように思い起こす。「彼は言いました。『第一に、あの技術が利益をあげるまでには一五年かかります。仮に、利益が出るとしてもです。第二に、ロッキード・マーチンの株主の株式保有期間は、平均で一八カ月です。いまから一五年後には、彼らは多分ボーイングの株式を持っていて、ロッキード・マーチンが優れたアイデアを持っているのを嫌がるでしょう。さらには、そのアイデアにおカネを払いたくなどないはずです』。そして、とどめの一撃が来ました。『そんな近視眼的なマネジメントをしている企業に、当社は投資しません』。こう言ったのです[16]」。

だからと言って、大規模な上場企業が投資をやめたというわけではない。しかし、次第にそうした支出は株価目標を念頭に置いた、短期的なものへと変わっていった。「自社株買い」がそのいい例だ。一九八〇年代に企業は、レイオフの発表以外に最も速く株価を上げる方法は、自社の利益を使って自社の株式を大量に買い戻すことだと気づいた。一部の株式を流通市場から取り除くことにより、株式の供給量を人工的に少なくすれば、それにより株価は上がるのだ。自社株買いを行うと株価（および幹部の報酬）は即座に、かつ効率的に上昇する。しかも、工場の新設や新製品開発、新規採用など、新たな事業活動に投資するリスクはまったく伴わずに、それが実現できるのである。

二〇世紀には、自社株買いは長い間、不法な市場操作の一つと見なされていた。しかし、一九八二年に市場自由化の一環として、レーガン政権がこれを公認した。もちろん、自社株買いを行うのが完全に適切なケースもある。たとえば、企業が自社を敵対的買収から守ろうとする場合などだ。しかし、自社株買いが用いられた主な目的はそれではなかった。一九九〇年代の終わり頃には、年間に二〇〇〇億ドルほど、すなわち企業利益全体の約四分の一が自社株買いに費やされた[17]。

自社株買いのテクニック自体が目的化したことは明らかだった。事実、そのとき見えていたのはまったく新しいビジネスモデルであった。そのビジネスモデルでは、自動車や綿や石炭などの実際のアウトプットは株価の二の次のものとなり、株価自体がアウトプットとなった。ついに産業の効率化の最終段階が訪れた。すなわち、資本を可能な限り速く直接的に、株主価値および幹部への報酬に転換するという「資本の効率化」が出現したのである。

この新たなビジネスモデルの成功は、決して手放しで喜べるものではなかった。過去二〇年間の株価の上昇により、アメリカでは大口の投資家も小口の投資家も大きく稼ぐことができた。また、少数の企業エリートが億万長者になった。しかし、こうした成功は真に重大な問題を隠し、さらには増長させもした。

多くの企業が四半期利益を無理につり上げ始めたのも、明らかにこの株価への執着に後押しされたものだった。一九九二年から二〇〇五年までの間に、財務諸表の「修正再表示」――つまりは、先に発表した財務諸表はでっち上げだったという告白を行った企業の数は、年間六社[18]から月間一〇〇社近く[19]にまで急増した。そして、ワールドコムやエンロンが行った粉飾決算は、不正会計などという言葉では言い表し切れないものだった。ワールドコムは利益を九〇億ドル膨らませ、エンロンは二三〇億ドルの負債を「特別目的会社（ＳＰＣ）」を使って隠していた。

しかし、いまから考えれば、こうしたスキャンダルもまだ始まりでしかなかった。本当の大惨事が起こったのは、資本の効率化——すなわち「どんな手段を用いてでも高いリターンをあげる」というウォール街の新しい考え方が、ウイルスのように消費者の心の中に飛び移ったときだったのである。

新しい「利回り狩り」

二〇〇二年の春、ラスベガスの不動産業者は市場がおかしな動きをしていることに気づいた。オープンハウスで物件を見に来た顧客が、普通では考えられない住宅ローンを手にしていたのだ。高金利で頭金の少ないローンである。なかには、まったく頭金が必要ないローンもあった。通常はそのようなローンは、所得も高く資産も豊富な人しか借りられないものだ。しかし、当時はそうしたローンが住宅を初めて買う人や、明らかにまだ住宅を買えないような人にも提供されていた。

「突然、誰もが頭金なしで借りられるようになったんです」。この頃、ラスベガスの不動産業者だったアダム・フェンは言う。「私たちはみな、『いったい何が起こっているんだろう』と考えていました」[20]。

実はこの頃、ゴールドマン・サックス[21]やメリルリンチなどの大手投資銀行が、大きな投資利回りを稼ぐ場所、すなわち「利回り狩り」の場所を新たに見つけていたのだ。その場所は、消費者向け不動産の辺縁系的な領域である。

二〇〇〇年代の初めには、投資銀行は何万もの住宅ローンを買い集め、それをまとめて債務担保証券（CDO）（訳注：住宅ローンなどで構成される資産を裏付けとして発行される証券）を発行し、年金基金や他の機関投資家に販売した。この新しい「金融テクノロジー」は市場に歓迎された。CDOへの投資では、住宅ローンの元利の支払いから大きなリターンが得られ、一方で担保があるためリスクは低いと考えられたからだ。担保とはすなわち、住宅である。CDOは、資本効率的な見方をすると、長期の実物資産を素早くリターンに変える、有効な手段を提供していたということになる。実際、この新たな金融商品に対する需要は非常に高く、投資銀行ではCDOを発行するのに必要な住宅ローンが足りなくなるほどだった。そこで、投資銀行は住宅ローン会社にもっと融資を行うよう要請した。しかし、そもそもの住宅市場の状態は変わっていなかった、つまり、住宅を買える人が突然増えるようなことはなかったのだ。それどころか、賃金が伸びていなかったため、実際にはまったく逆の状態だった。

したがって、住宅ローンの供給を増やす唯一の方法は、融資基準を下げることだった。そして、投資銀行はそれを言葉にはしなかったがいまとなっては誰もが知っているように、融資基準を下げることこそが、ウォール街が住宅ローン会社に求め始めたことだった。

「彼らは、不良融資をしろとは言いませんでした」。ローン会社のビル・ダラスは、のちにヴァニティフェア誌のメリルリンチの記事の中でこう語った。「クーポンを増やしてほしい、というのです」――クーポンとは、利回りの高いCDOを指す業界用語だ。しかしダラスは言う。「それを実現するには、質の悪いローンを組むしかありませんでした」[22]。

銀行や不動産業界のベテランの中には、こうした基準の緩い融資を不安に思う人たちもいた。しかし、こうした不安も、当時のゴールドラッシュのような雰囲気にはかなわなかった。不動産に何らかのつながりのある人は、誰もが儲け始めており、なかには、大金持ちになる人もいた。投資銀行は手数料で何十億ドルも稼いでいた。不動産開発業者は、コストが削減できる高速工法で（品質は犠牲になる場合が多かった）何万軒もの家を建て、大きなリターンを手にした。そして、不動産ブームの最前線にいた人たちは、楽観的におカネの海で泳いでいた。

ブームに沸くラスベガスでは、やり手の不動産業者は年間五〇〇万ドルを稼いだ。住宅ローンのブローカーは、一〇〇万ドルを稼ぐこともあった。元ブローカーは次のように話した。「現実離れしていました。私は年収五万ドルだったのが、月収で五万ドルを稼ぐまでになったのです。毎晩遊びに出ました。ストリップクラブにも行ったし、パーティも聞いた。朝になって目が覚めると、ポルノのスター女優がキッチンにいる、なんてこともありました。それからオフィスに行って、またいつもの仕事をするのです」。まるでダイアー・ストレイツの「マネー・フォー・ナッシング」の歌詞のように、「何もせずにカネを儲けて、女はタダ」だったのだ。

この不動産ブームで大きな魅力となったのが、そこに加わるのにプロである必要はない、ということだった。単に住宅を所有していれば、それが何もせずにカネをたくさん儲けるための切符となったのだ。ラスベガスのように、住宅価格が数年ごとに二倍になるような熱気を帯びた市場では、「連続的に」再融資を受ける人が見られるようになった。六カ月ごとに再融資を受け、一度に四万ドルから五万ドルの現金を手にするのである。そうして借りたおカネは投資に使われるのではなく、旅行や食品、不動産ローンの返済などに使われた。

このように連続的に再融資を受ける人たちは、事実上、金融テクノロジーを使って、自らの家を何度も繰り返し自分に売っていた（値上がりし続ける自宅を担保に借入れ額を増やしていった）のである。これはまるでエッシャー（訳註：ループ状の階段など、不思議な絵を描いたオランダの画家）の絵に描かれた永久機関のように、需要と供給や、労働と報酬などの基本的な法則を破るもの――しかしなぜか機能しているもの――のようだった。ある銀行員は言った。「簡単に言うと、ずっと受付嬢でも何でもしながら、こんなに素晴らしい生活が手に入る、ということでした。あるいは、仕事などする必要すらなかった。再融資を受けることが仕事になっていたのですから」。

もちろん、これはラスベガスに限ったことではなかった。連続的に再融資を受けることは、新たな形の雇用だった。また、消費者経済のエンジンであり、アイデンティティを保つための機動力でもあった。二〇〇三年から二〇〇五年の間にアメリカ人が自分の住宅を担保に借り入れた一兆三〇〇〇億ドルのうち、三分の一が自動車やボート、旅行、プラズマテレビなどの個人消費に使われた[23]。

政府では政策決定者さえもこのウイルスに感染した。連邦準備制度理事会（ＦＲＢ）では、自由な効率的市場の擁護者であるアラン・グリーンスパン議長が、上昇する住宅価格とその価値の現金化により、消費者の賃金の伸び悩みを簡単に穴埋めできると考えた。この非常に楽観的なシナリオでは、金利を低く抑えておくことにより、従来型の経済活動ではもはや実現できなくなったことを、政府は金融市場にやってもらえると考えた。つまり、生活水準を上昇させ続けることだ。政府も近視眼的になっていたのだ。グリーンスパンは二〇〇四年のスピーチでこう述べた。「住宅ローンの再融資の急拡大」は「平均的な住宅所有者の財政状態を悪化させるのではなく、むしろ改善した……そして、経済全般にとっても好ましい要因となっている可能性が非常に高い」。

この頃、ワシントンDCにあるFRBのグリーンスパンのオフィスから車で四五分ほどの郊外では、新たに開発された住宅街の物件が、その着工が始まる前に売り切れていた。そして、完成までに一回か二回、あるいは三回も転売された。この新たな、おカネが過剰供給された自己中心的な経済では、ただで何かを手に入れることは正当なビジネスモデルとなっていた。

もちろん、後から考えれば、これは正当なビジネスモデルなどではなかった。融資により実際に行われようとしていたことは、戦後時代のような伸びが期待できない消費者の所得と、株主革命により求められるようになった高業績・高株価とのギャップを埋めることだった。そして、当然のことながら、これは続くことのない繁栄だったのだ。

しかし、「ノー」と言う人は誰もいなかった。金融業界はおカネをつくり出すのに忙しかった。政治家は経済を「救った」と自画自賛するのに夢中だった。そして、消費者は明らかに自己規制などするつもりはなかった。私たちの辺縁系は完全なパーティ気分になっていた。加えて、伝統的な社会の仕組み、たとえばクレジットについての規範や、コミュニティの固い結束による監視効果などは、すべて弱まっていた。自己中心的な経済が容赦なく効率を追求したためだ。

こうした伝統的な社会的制約の欠落は、特に熱気に満ちた地域の不動産市場、たとえばラスベガスなどで目立っていた。そのような土地には、多くの人が不動産で一儲けしようとやって来た。そして、刺激的な環境のなか、彼らの盛り上がった気持ちを鎮めるような、昔ながらの仕組みはほとんど存在しなかった。

長年ラスベガスでクレジット・カウンセラー（訳註：個人の借金や資金計画についてカウンセリングを行う人）を務めるミシェル・ジョンソンによると、他の地域からラスベガスに移って来る人の多くは、「あまりネットワークがない」と言う。「親戚や家族もいない。近所の人も知らない。コミュニティの存在もあまり感じられない……その人の言動を監視して『そんなバカなことはするんじゃない』と言ってくれる人がいないのです(24)」。

金融化が引き起こすダメージ

約一世紀前に、ジークムント・フロイトが感情の発達について論じた際に、「現実原則」という言葉をつくった。つまり、健全な個人は現実に従い、欲求の満足を遅らせることを学ばなければならない、ということだ。現実に従うことができず「快楽原則」に導かれるままだと、発育不全の幼児的な段階にとどまり、永遠に自分の力を発揮できず非社交的なままだという。従うべき現実の力は、主に家族や組織の権威者など社会的なものとされた。だが、フロイトは市場の力についても同様の話ができたはずだ。なぜなら、一般に経済的な面ですぐに満足を手に入れようとする人は、効率的市場によってやがて排斥されるからだ。

しかし、二〇世紀の終わり頃に現代型の金融が台頭してくると、まるで全員が現実原則の一時停止に合意したかのようになった。加えて、「忍耐と努力と現実の生産性がなければリターンは生じない」という考え方も忘れさられたようだった。金融の世界では、明らかに奇跡が起こり得た。適切なコネやテクノロジーを持っていたり、タイミングが良かったりしたら、莫大なリターンが得られたのである。そして、そのリターンを得るために必要な時間や努力は、現実世界で必要なものと比べるとほんのわずかだった。

奇跡はウォール街でも見られた——企業の乗っ取り屋が莫大な金額で企業を転売したのだ。消費者の間でも、連続的な再融資や副業で投機を行った人に奇跡が起こった。政治の世界での奇跡には、低金利のほか、グリーンスパン派の人たちが不動産バブルにより戦後の繁栄を再現できると望んだことなどがあった。

二〇〇〇年代の初めには社会全体が、即時のリターンは可能であるだけでなく、努力や忍耐や難しい選択などが必要なリターンよりも本質的に良いものだと考えるようになった。「現実原則」を停止したという点において、金融化（訳註：フィナンシャリゼーション：一般的な意味では、「金融セクターの規模と重要性が拡大すること」だが、本書では「金融セクターの考え方に染まり、金融セクター的な行動をとる」という意味で使われている）はインパルス・ソサエティの本質である。つまり、できる限り速く最大のリターンをつかみ取り、一方でものごとを遅くしかねない非効率（労働や社会的義務、規範など）は一切避けるということだ。

もちろん、金融化で現実原則が否定されても、結局はそれが続くことはない。歴史を見ても繰り返し起こったことではあるが、金融セクターを通じて快楽原則を採用した社会は、やがては崩壊する。しかし、そうした崩壊について見るときに、株価暴落やバブルの崩壊など市場における修正ばかりに注目すると、金融に支配されることを許した経済に起こる深いダメージを見逃してしまう。つまり、金融セクターが経済活動の大きな部分を占めるようになると、製造やインフラ、教育などのより不可欠なセクターから資源が奪われていくというダメージだ。

特に、世界最大の金融業界を抱えるアメリカでは、ますます多くの資本が、道路やエネルギー調査や学校などの実態のあるものの改善ではなく、CDOやクレジット・デフォルト・スワップなどの純粋に投機的な資産に流れている。こうした金融に流れる資本の増加は、拡大し複雑化する経済のニーズを反映している部分もある。しかし、本当の要因はシンプルなものだ。すなわち、現代の金融から個人や企業が得られるリターンは、他のほとんどの分野から得られるリターンよりも大きいということだ。

金融セクターに流れ込む資産はおカネだけではない。非常に優秀で聡明な人材が、大きな報酬に魅せられて、各自の才能をより活用できる分野に進むことなく、金融業界に集まっている。一九九〇年代には金融業界の給与が他の職業を大きく引き離して急上昇したが（現在では五〇％上回っている）[25]、それ以来、ウォール街を目指す大卒者の数も同様に急上昇している。この傾向は特にSTEM（科学、技術、エンジニアリング、数学）専攻の卒業生に顕著だ。以前は、エンジニアリングや医学や研究などの重要な分野に就職していた聡明な若者たちが、金融分野のより速いリターンを選ぶ傾向が強くなっている[26]。

「金融業界は文字通り、ロケット科学者を人工衛星事業から競り落としている」。こう述べたのは、国際決済銀行のエコノミストで、金融セクターの拡大の影響に詳しいスティーブン・チェケッティとエニス・カルービだ[27]。二人は言う。「以前であれば科学者になったり、がんの治療や火星に行くことを夢見たりした人たちが、いまではヘッジファンド・マネジャーになることを夢見ている」。

通常であれば、人材の配置など市場に任せておけと言う保守派のエコノミストたちも、金融セクターが労働市場を歪めるのではないかと懸念する。ハーバード大学の経済学者、グレゴリー・マンキューは「最も避けたいのは、次世代のスティーブ・ジョブズが、ウォール街で高頻度取引のトレーダーになるためにシリコンバレーから出ていくことだ」と述べる。「つまり、私たちは次世代のスティーブ・ジョブズが大金を稼ぐかどうかを心配するべきなのではなく、彼が社会にとって生産的な方法で、大金を稼ぐかどうかを心配すべきなのだ[28]」。

金融セクターの膨張

マンキューの「社会にとって生産的な方法で」大金を稼ぐというポイントは重要だ。真に効率的な市場では、人や企業は、自身が提供する特定のサービスや製品にふさわしい金額を稼ぐことになる。たとえば、脳外科医が高額のサラリーを手にするのは、優れた脳外科医になるためには多くのスキルと度胸、そして高い学費ローンが必要だからだ。それより少ない金額だった場合、誰もその仕事やリスクを引き受けようとしないだろう。反対に過剰な金額だったら、非常に多くの医学生が脳外科医になると決め、脳外科医は多くなり過ぎ、サラリーは下がり、やがて魅力は落ちる。言い換えれば、労働市場は他のさまざまな市場と同様に、自身で修正を行うのである。

この自己修正の能力、そして効率的に人材、あるいはさまざまな資源を配置する能力こそ、私たちが市場経済に安心感を持てる理由なのだ。しかし、金融セクターは労働市場と経済全般に特別大きな影響力を持っており、そのために私たちは金融市場を何に関してもあまり信用する気持ちになれない。簡単に言うと、金融セクターには自然な修正メカニズムが働かず、提供するサービスや受けるリスクに見合う以上の報酬を受けているということだ。

なお、これは金融セクターに限ったことではない。何らかの優位性（たとえば、独占的なポジションやインサイダー情報など）を利用して、それがない場合と比較してずっと多くの賃金や利益を得ているプレーヤーもいる。経済学者はこの労せずに得たプラス分を「レント（超過利潤）」という。しかし、金融ほど見事に「不労所得者」としての傾向を示すセクターは他には見当たらない。

金融業界の人々は何世紀もの間、規制の抜け穴を求めてロビー活動をしたり、誰も理解できないような複雑な技術や難解なテクニックを開発したりしてきた。そうすることで、社会で求められる金融の機能を担うのに必要な額を超える利益を引き出してきたのである。実際、一九九〇年代に金融の規制緩和が進み、金融テクノロジーの開発も進むと、かつては他の企業と同程度であった投資銀行幹部の報酬は、七倍から一〇倍に跳ね上がった[29]。そして、金融セクターのレントが拡大すると、経済の歪みも拡大した。金融セクターと比較して社会的に間違いなく生産性が高いものの、リターンは金融セクターほどではない業界から、まるでブラックホールか何かのように、徐々に資源が吸い取られていったのだ。

レントにおける問題は、レントがある業界は、いつまでもレントを稼ぎ続けられるということだ。人材や資源が大量に金融セクターに流れ込むことにより、同セクターはイノベーターや起業家やロビイストを豊富に抱えることになる。その結果、いつでも優位性を見つけるか、創造することができるため、大きなレントを維持できるのである。金融セクターの規模や人材や利益が膨らみ続け、一方で非金融セクターが苦しんでいるのは、これが一つの要因となっている。

現在のアメリカでは、製造セクターが経済全体に占める割合は一二％程度である。一九七〇年の約二五％と比べると大きく低下している[30]。一方で金融セクターは八・四％を占め[31]、過去に比べると三倍近くなっている。同様にイギリスでも金融ビジネスが膨張し、製造業は同国経済の一二％を占めるにすぎなくなった。三〇年前と比較するとほぼ半減している[32]。一方で金融セクターは、経済の他の部分の約三倍のペースで成長してきた[33]。

このセクターの相対的な割合の変化は非常に重要で、それには多くの理由がある。昔から製造業は、金融よりはるかに多くの中間的賃金の職を提供してきた。また、健全な製造業で開発された技術は経済の他の分野にも波及して、さらに大きな成長につながる。一方で金融セクターは、これまで見てきたように波及効果とは逆の影響を及ぼし、他の分野から人材や資源を吸い上げる。

さらに、製造業は金融と比べて業績変動の度合いが小さい。したがって、製造分野での失敗は人々の失業にはつながるかもしれないが、金融セクターの失敗の影響はそれどころではなく、経済を完全に破壊してしまいかねない。そして、金融セクターは巨額のリターンが得られるために、投機や莫大なリスクを取るといった行為がしばしば行われ、それが好景気や恐慌につながる。したがって、国際決済銀行のチェケッティとカルービらの研究者が言うように、国の金融セクターが一定の規模を超えると経済成長の障害となる可能性があると考えられるのも不思議ではない[34]。

端的に言えば、私たちは製造分野を拡大し、金融分野を縮小するために、できる限りのことをすべきなのだ。しかしアメリカでは、その反対のことを行っている――製造分野が縮小するのを許し、一方で金融分野が成長するのを直接的・間接的に促進している（第8章で述べるが、アメリカでは金融セクターは最も政治と関係が深く、最も守られている分野である）。そして、世界で競争相手となる国々は、ずっと大きな製造業の基盤を維持していることに注目してほしい。ドイツでは製造業が経済生産全体の二一%を創出している。これに対して、金融はわずか四%だ。また韓国では、製造業が三一%で金融が七%であり、イタリアでさえも、製造業のほうが大きくて一七%を創出し、金融は五%に過ぎない[35]。

結局のところ、肥大した金融業界の真のリスクは、資源や人材の配分を誤ることでも、変動が大きいことでもない。金融セクターの考え方が、文化全体の考え方になることが真のリスクなのだ。

非金融業でさえも、経営幹部はますます金融ばかりに関心を払うようになっている。また、ほぼすべての企業にＣＦＯ（最高財務責任者）がいる。これは一九八〇年代にはほとんど存在しなかった役職である。ＣＦＯの仕事にはＩＲ（投資家向け広報活動）も含まれている。これはつまり、アナリストや機関投資家などが持つ自社のイメージを管理することである。さらに、ほぼすべての企業が、幹部層に株式ベースの報酬を提供することで、直接的に彼らを金融市場に縛り付けている。実際、二〇〇〇年には、ストックオプションによりＣＥＯの平均報酬が上がり、従業員報酬の中間値の四〇〇倍以上となったが、一九七〇年代には両者の比は二〇対一だった[36]。

そのうえ、金融工学、つまり株価引き上げのために自社株買いなどの金融テクニックを用いることは、企業戦略のレパートリーとして標準的なものとなった。一九九〇年代の株式市場の上昇期には、何百もの企業が急速に値上がりした自社の株式をある種の通貨のように用いて、お祭り騒ぎのように買収を続けた。

たとえば、当時、新興のドットコム企業だったアメリカオンライン（ＡＯＬ）は、売上高がわずか五〇億ドルだったにもかかわらず、株式時価総額は一七五〇億ドルで、その巨大な株式評価額をてこにして、タイムワーナーと株式交換により合併した。タイムワーナーは売上高が二七〇億ドルとＡＯＬよりはるかに大きな企業だったが、時価総額はＡＯＬの半分しかなかった[37]。

二〇世紀から二一世紀に変わる頃には、大企業が絡む買収の半分以上が株式交換のみによるものとなっていたが、その一〇年ほど前には、そうした形の買収はほとんど存在しなかった[38]。そして当然のことながら、何も存在しないところから評価額の高い企業が創造された。

一九九〇年代のドットコム企業ブームの頃には、製品も利益もない多くの新興企業が、投資銀行に大いに助けられながら、熱心な投資家に数億ドルで売却された。株式公募では巧みな口上が述べられて、その値段は数十億ドルになった。年ごとに、経済も報酬も、買収も企業評価も、実際に製造された製品ではなく、金融市場でつくられた抽象的概念を基準にその価値が決められるようになった。

二〇〇〇年代初めには、不動産バブルが膨らみ始め、経済のかなりの部分がエッシャー的なモードになっていた。消費者は実在のものではない純資産額を根拠に、自らの欲望を満たそうと多額のおカネを使った。実際に、人々は自宅の価値が上昇していると知ると、より多くのおカネを使うようになった。「資産効果」という名の脳の誤作動である。そして、その額は年間で四〇〇〇億ドルにも達した(39)。一方、企業は自社株買いにより株価を操作し、二〇〇三年から二〇〇七年の間に、S&P500種に含まれている五〇〇社が買い戻した額は四倍になった(40)。

この間ウォール街では、投資銀行に転じたロケット科学者らが、実在しない富をさらに増やすためのさらに奇妙な方法を編み出していた。たとえば、「CDOスクエアード」があった。これは簡単に言うと、二つか三つの不動産ローン担保CDOから構成される金融商品で、投資家をより大きなリスクにさらす一方で、その分非常に大きなリターンが得られるものだった。さらに凝った商品としては、「シンセティックCDO」があった。これを用いると、投資家はCDOを所有することなくCDOに賭けることができる。シンセティックCDOでは何人もが一つの証券に賭けられ、これを拡大解釈すると、そもそもの住宅ローンを抱えている一つの物件に、何人もがおカネを賭けることになるのだった。

ウォール街はいまや、実際の住宅市場の何倍もの規模の「住宅資産」を製造していた。また、金融セクター自体が金融化していた。経済学者の故ハイマン・ミンスキーが指摘したように、先の世代の金融業者は、一九世紀終わり頃の好況時に「経済の資本開発」、つまり、鉄道や石油のパイプライン、工場や他の産業システムなどに投資することでおカネを稼いだ。しかし、ミンスキーによると現代の投資の重点は、もはや「経済の資本開発ではなく、投機による利ざやや取引の利益である」(41)という。金融セクターは他の業界でなく自らの業界に投資をしていたのだ。快楽原則はいまや科学となった。インパルス・ソサエティは本領を発揮していた。

しかし、ここでも幻想が揺れ動いていた。インパルス・ソサエティの欠陥とその主要なエンジンである自己中心的な経済は、頑丈に見えてはいたものの、実際は持続力がなかったのだ。住宅バブルがはじけるかなり前から、主なプレーヤーは全体の構造が不安定だということを知っていた。ゴールドマン・サックスやモルガン・スタンレーなどの投資銀行では、新しい金融商品を「ポンコツなディール」「怪物」「核兵器ホロコースト」「マイク・タイソンの暴力行為」などと呼んだ。なかには「サブプライム破綻」などというぴったりの呼び方もあった。それでも、投資銀行は有毒新商品を売り続けただけでなく、その有毒な商品が上手くいかなくても利益を得る方法を考え出し続けた。

金融市場の効率的リターンへの執着を考えると、これも驚くには値しない。新たな金融商品の本質は、失敗や崩壊は時間的・空間的にどこか別の場所、ウォール街の視界の外で起きるということだ。行われたディールについての懸念が示されたとき、ウォール街のトレーダーや幹部が繰り返しこう言っていた。「IBG YBG（I'll be gone, You'll be goneの頭文字）」[42]——問題が起こる頃には、私もあなたもここにはおらず、責任は負わない。

はじけ散った住宅バブル

ギャンブラーは、運が向かなくなってくると「損失回避（訳注：利益よりも損失のほうを大きく評価すること）」として知られる行動上の特徴を見せる。これは生き残るために備わった特徴だ。人間は先史時代の物の少ない世界に適合している生き物なので、どんな資産でも失うのを嫌うようにできている。ギャンブルに関わる研究では、勝ちと負けの金額が同じ場合でも、被験者は負けのほうを二倍の大きさで認識する。[43]ブラックジャックで、持ち札がよくなかったときにプレーヤーが倍掛けするのも、株式トレーダーが、下がり続ける株を底値になるまで手放さないのも、この損失回避が原因だ。また、住宅の所有者が、市場が崩壊し始めたのに売値を下げないのも、損失回避のためである。

損失回避が起こったのは二〇〇六年のことだった。「急に動かなくなったんです」。ラスベガスの不動産業界で四〇年の経験を持つベテラン、フローレンス・シャピロは最近私にこう言った。「ある日、突然に終わりました。家が売れなくなったのです[44]」

不動産業者はこの悲惨な状況に自ら直面しながら、クライアントに対し、彼らが数カ月前に保持していた巨額の富は消えたと理解させなければならなかった。「あるクライアントは一二軒の家を持っていました。彼は家を買っては転売していたのですが、一二軒を所有していたときに動きが取れなくなったのです。私は彼に『市場が止まってしまった』と言いました」。

損失回避は市場全体をも適切に表現する言葉だ。特に、金融市場が崩壊にどう反応したかを表すうえでは――。必死にあがいた結果、最終的なダメージをさらにひどくしてしまったのだ。経済が失速し、企業利益が伸び悩むなか、パニックに陥ったCEOたちは大量の自社株買いを実行した。二〇〇七年には、S&P500種に含まれている企業は、自社株買いに純利益の六二%を使った。その翌年には八九%をも使った(45)。こうすることで株価と幹部の報酬は守られたが、企業が景気の低迷を乗り切る力は弱くなった。

第2章で紹介した経済学者、ウィリアム・ラゾニックの研究によると、最終的に政府に救済された企業や、海外の投資家に「助けられた」企業の多くは、株価暴落の直前に大規模な自社株買いを行い、手元資金を失っていた。二〇〇七年に経営破綻して市場を暴落させたリーマン・ブラザーズは、同年とその前年に、五〇億ドル以上を自社株買いに使っていた。政府が支援する不動産ローン関連会社で、この時期に経営が悪化したファニーメイとフレディマックは、二〇〇三年以来、自社株買いのために両社合わせて一〇〇億ドルを使った(46)。

自社株買いは、金融セクターが自ら創造した廃墟から逃げる方法の一つにすぎなかった。多くの投資銀行が住宅市場での損失を、石油や穀物などの商品への大幅な投機で相殺しようとした。こうした「ヘッジ」の動きは、投資銀行の全体的な損失を緩和するうえでは役立ったが、これにより商品の価格が上昇することになった。その結果、金融危機で職を失った何百万人もが、食品やガソリンなどに高いおカネを払わなければならなくなってしまった。しかも、ついに金融危機から逃げ切れなくなると、銀行は切り札を使った。自分たちはあまりにも大きく、経済にとって重要なので、破綻させるべきではないと主張したのだ。

こうして、ウォール街の大企業は政府に救済を求めた。これは実質的に、市場の規律のなかに存在する浄化作用に、銀行がさらされないようにするものだった。そもそもその市場の規律が、今回のようなリスクを取ることを妨げるはずだったのだ。力と損失が人間の行動をどのように変えるか、まるで市場全体がその実験場と化したようだった。その結果はかなり予想通りだった。全体にわたって、爬虫類脳が支配するようになったのだ。

無視される過去の教訓

ちょうど一世紀ほど前に、金融化された経済のリスクについて、イギリスも同様に手痛い経験をした。国と民間の負債が急増しただけでなく、大量の資本が製造業などの「ハードな」産業から流出し、金融取引、なかでも海外での投資に移動したのだ。これはイギリスの資本家にとっては効果的な展開だった。しかし、ちょうどイギリスの世界経済での優位性がアメリカによって脅かされていた頃であり、国内の資源や金融、知的資産などにとっては苛酷だった。

一九〇四年の演説で、元植民地大臣のジョセフ・チェンバレンは、イギリスの銀行に向けて厳しい言葉でこのジレンマについて述べた。「銀行は我々の繁栄をつくり出すのではなく、繁栄が銀行をつくり出す。また、銀行が富を生み出すのではなく、銀行が富の結果として生じるのである」。イギリスは単に「投資を行って証券をため込む」だけでは生き延びられず、資本を活用して「新たな富を創造する」必要がある[47]――。

それから一世紀以上が経過した現在、主要な脱工業化経済は、どこもこの教訓忘れさってしまったように思われる。アメリカでは、依然として金融セクターが強い力を持っており、加えて、そのプレーヤーの顔ぶれはしっかりと固定されていて変わることがない。今日では、金融セクターにはこれまで以上に少数に力が集中していて、JPモルガン・チェースやバンク・オブ・アメリカ、シティグループ、ウェルズ・ファーゴなどわずか一二行のメガバンクが、アメリカの銀行資産の三分の二以上を保有している[48]。

この間にも、金融セクターの辺縁系的な特性は、文化全体に影響を及ぼし続けている。「利回り狩り」は国の性格の一部となった。スポーツチームのコーチや大学の学長は、最高の報酬を求めて勤務先を次々と変える。結婚は減少し続けている。もっとリターンのよいロマンスがほかにあるのではないかと、恋人たちが決断を先延ばしにしているからだ。

そして、ビジネス界ももちろん金融的な考え方から逃れられない。企業のCEOの在任期間は二〇年前には九年だったが、現在は五年と短くなっている[49]。株式ベースの報酬も依然として標準的なもので、自社株買いも他の金融工学も普通に行われている。

ラゾニックの計算によると、二〇〇一年から二〇一二年の間に、S&P500種の五〇〇社は自社株買いに三兆五〇〇〇億ドルという驚くほどの金額を使った。この金額は、アメリカ政府が第二次世界大戦勝利のために使った金額の約四分の三である[50]。これはインパルス・ソサエティの典型的な症状だ。経済は、即時のリターンへの欲望を中心に動いており、社会や人が本当に必要とするものを次第に生産できなくなっているのである。

最も気がかりな点は、消費者自身が金融セクターの性格を受け入れ、あるいは吸収していることだ。私たちの多くが、あらゆる状況において最速のリターンを求め続けている。それだけでなく、その努力が上手くいかないと、より結果を顧みずに行動するようになっている。ウォール街で見られるのと同様に、無慈悲で卑劣な結果が生じても構わないとするのである。まるで、金融危機から真に学んだのは、投資銀行や企業乗っ取り屋のように振る舞うことの利点であったかのようだ。

前出のラスベガスの不動産業者トッド・ミラーは、住宅バブル崩壊のあと、差し押さえられた住宅の所有者と銀行との仲介をする仕事に就いた。この仕事では、すぐに強制退去させられることになる住宅所有者に、銀行からの悪い知らせを伝えることが多かった。ミラーによると、彼がこの仕事を始めた頃は、住宅所有者は銀行からの知らせを聞くと恥ずかしがり、落胆したものだったという。「彼らは私を家に招き入れ、それまでのいきさつを全部話しました。そして、涙を流すのです。だって、差し押さえられたのですから。とても恥じていました」。

しかし、最近では、様子がまったく変わってきたとミラーは言う。訪れる家は改修で豪華になっており、その費用は住宅の純資産額を基にした借入れにより賄われている。敷地には新車が一台か二台あるのが普通で、周囲にはさまざまなレクリエーション用の道具が置かれている。

差し押さえの知らせを受けても、所有者が動揺することはめったにない。むしろ、彼らは「それを自慢する」とミラーは言う。「ジムにいたときのことです。隣にいた男が、その隣の友人にこう話していました。『もう三年くらい、まったく返済をしていないんだ。だから差し押さえられるんだけど、構わないさ。再融資で手に入れた五〇〇〇〇ドルが銀行にあるからね』」。

ミラーがこの話をしたとき、彼の声は厳しかった。「もう、差し押さえは恥ずかしいことでも何でもないんですよ。『自分のせいじゃない』『銀行のせいだ』とか何とか言ってね。昔は社会的に受け入れられないことでした。自分の身に起こり得る最悪の事態でした。いまでは、大したことじゃない。何かがうまくいかなかったら、ただ逃げるんです」。

第Ⅱ部

壊れかけた社会の断面

第5章 「いいね!」を渇望する人々

三月から一〇月までの毎週土曜日に、オレゴン州ポートランドの西部地区で開かれるファーマーズ・マーケットを訪れると、自己中心的なインパルス・ソサエティに侵略されていない生活を垣間見ることができる。露店には職人による手作りのごちそうがあふれている。そんな食べ物があるから、ポートランドは「スローフード」の代表的な町となっている。

また、この町の音楽シーンは、独自のカラーを持っていることで有名だが、そうした独特の音楽も演奏されている。環境問題を意識した聖歌隊から、ディジェリドゥ(訳註:オーストラリア先住民の楽器)奏者、キルトを着てダース・ベイダーのヘルメットをかぶり、一輪車に乗ってバグパイプで「スター・ウォーズ」のテーマを演奏する人まで、あらゆる音楽がある。

そして、そこに集まる人たちも、積極的に社会に関わるポートランドの市民文化を象徴している。白髪の生えたヒッピー、自己主張の強いサイクリスト、タトゥを入れた熱いヒップスター(訳註:音楽やファッション、本などに独自の好みを持つ人)。そしてもちろん、あらゆる種類の活動家もいて、話を聞いてくれる人になら誰にでも、木材伐採やホームレス、自転車レーンや同性婚などについて講義し、また、企業は市民のように扱われるべきか、市民はフッ素入りの水を飲むべきか、といったことを話す。
その通り。ポートランドの人々の自意識は非常に強く、ここでの現実の生活はテレビドラマ「ポートランディア」のエピソードのように感じられるかもしれない（ポートランドには、市の公式自転車マップにスペイン語版、ソマリ語版、ネパール語版、ロシア語版、ビルマ語版、アラビア語版がある。ほかにそんな町があるだろうか）。[1]こうしたことすべてから、誠実で、目的意識があり、真面目な印象を受ける。ポートランドは、人々が自分のゴタゴタから「逃げ出さず」、そこに留まって解決する町であるかもしれないと思える。

しかし、ある意味でポートランドは逃げ出してきた町でもある。この町のオルタナティブな文化（主流とは異なる文化）は何十年も前からのものだが、そのような文化を最も熱心に追求している人には、よそから来た人も多い。主流の文化のアンバランスさからの救いを求めて、移住してきたのだ。

ファーマーズ・マーケットで、私はアリーという同性愛者の女性と出会った。アリーはロサンゼルスからポートランドに引っ越してきた。なぜなら、彼女が「落ち着く」と感じた町は、ポートランドが初めてだったからだ。アリーは言う。「ロサンゼルスでは、近所の人の政治的な立場を知らなかったし、彼らが有機野菜を買うとも、同性婚を認めるとも思えませんでした」。近くにいたステファンは学校の教師で、中西部から移って来た。保守的で反環境主義な考え方から逃れるためだ。彼は言う。「ここでは『この庭は無農薬です』という看板を出すのにも抵抗がないし、食品店でリサイクルについても気軽に話せます」。最近引っ越してきた人が多い町では、転居について慎重に考えたうえで逃げてきたという、似たような内容の話がいくつも聞こえてくる。三〇代のマリンは、ポートランドに来ることは「戦略的意思決定」だったという。マリンは恋人のアダムと一緒にこの町を選んだのだが、その前に別の場所も六カ所ほど調べた。「確実に、毎日を過ごしたいと思える場所に行きたかったんです(2)」。

ポートランドは文化的な避難民が集まる町として、唯一の場所というわけではない。ビル・ビショップが著書の『大分類（The Big Sort：未訳）』で述べたように、テキサス州オースティン、コロラド州ボールダー、ウィスコンシン州マジソンなどの都市は、中道左派の聖地として伸びてきた。一方で保守派は、カリフォルニア州オレンジ郡やコロラド州コロラド・スプリングスのコミュニティ、アラバマ州バーミングハムやテキサス州ヒューストンの郊外などに集まっている。

その土地土地の様子は、以前は雇用や家族のつながり、あるいは他の物質的な要因によって決まったが、ビショップによると、いまでは人々は「さまざまな『ライフスタイル上』の理由」で引っ越しをするという。たとえば、政治的な考え方や文化的な魅力、ショッピングモールや競技場への近さなどだ。

ビショップは私に次のように話した。「人々は非常に打算的になっています。私たちの両親の世代が考えもしなかったような方法で、どこに住むかを分析して決めているのです。まるで、レストランでメニューを見ているような感じです」。これをインパルス・ソサエティの言い方で言うと、私たちは自らの願望に関して、最も効率的に最高のリターンをもたらしてくれる場所を探している、ということになる。

私たちが選ぶのは、住む町や地区だけではない。自分を表現するのに役立つ「自分ならではのモノ」を見つける、あるいは創造することに、私たちはますます熱中している。具体的に言うと、場所や製品、経験、ネットワーク、そして人々などに関して、好きなものを示し、嫌いなものは選り分けることにより、自分のイメージを強めるのである。

このすべてを自分に合わせる「自分化」の方法は、人によってさまざまだ。たとえば、ある人にとっては、戦前のクラフツマン・スタイルのバンガローとリサイクル用の容器が、ちょうどいいバランスで存在する町に引っ越すことかもしれない。また別の人たちにとっては、自分と同じものを「いいね！」と言い、同じものを嫌うオンライン上の友人を得ることかもしれない。あるいは、政治活動を通じて、人間らしさについての自分の思いを確認することかもしれない。もしくは、自分の体の状態を監視し続ける「自己追跡」技術かもしれない。または、アップルやハーレーダビッドソンなど、簡単に自分の嗜好を示せるブランドかもしれない。ずっと料理番組を流し続ける、あるいは不適切な表現でニュースを放送し続けるケーブルテレビのチャンネルかもしれない。もしかしたら、嫌いな人は誰でも破壊してしまえる、３Ｄのゲーム環境かもしれない。

このように、さまざまに異なる方法があるが、これらはすべて共通の基本的な欲望を反映している。すなわち、自分の好みを具体的に表現できる経験や空間を求めているのである。この点に関して重要なのは、アメリカの経済がこうした「自分化」の方法を提供することに関して、次第に腕を上げてきているということだ。

ある面では、これは私たちの勝利である。人生やライフスタイルや世界との関わり方を自分に合ったものにすること――これこそが自由であり、消費者経済、特にアメリカ版の消費者経済を魅力的で好ましいものにしている。しかし、この「自分化」の力は私たちのアキレス腱でもある。自分の好みを市場がより上手く実現してくれて、一方で向き合いたくないものは除去してくれるようになると、実は窮地に陥ることが増える。その明らかな例が、住宅バブルだ。

住宅バブルのときには、超効率的な金融システムにより、「成功した」雰囲気のライフスタイルを楽しむことができ、一方で苛立たしい現実のすべて——たとえば、そんなライフスタイルを楽しむおカネはないことなど——からは逃れることができた。たしかに、私たちが「自分化」しようとすることで経済が崩壊することはない。しかし、それによってコストは生じ、またできれば認識したくない結果も訪れるのである。

理想の町探しを例に考えてみよう。まず、同様のものの見方や価値観を持つ人々、少なくともファッションが似ている人たちに囲まれて暮らしたいと考えることを責められはしないだろう。コミュニティを見つけるのが非常に難しい現代において、ポートランドやオースティン、オレンジ郡などの地域は、どうすれば住民が共通の目的意識を持てるかを解明したのかもしれない。

一方で、自分の好みに合うコミュニティを人々が見つけられるようになると、国全体としてのまとまりが少しずつ失われていく。自分の町を選ぼうとする傾向が始まった一九七〇年代以降、アメリカの政治地図がどのように変化したかを考えてみよう。それ以前は、選挙時の地図上に濃い赤や青で表示される州——つまりは、大統領選挙の際に一つの政党が他党に二〇％以上の得票差をつけて勝利する州——に住んでいたのは、国民の四人に一人だけだった。それから四〇年間、似たような人々が集まるコミュニティが形成されていった結果、半分以上のアメリカ人が、一政党がいわゆる地滑り的勝利を収める州に住むようになった[3]（ポートランドやその周囲のマルトノマ郡では、二大政党の支持バランスは一九六〇年代には均衡していたが、いまでは民主党が四五ポイントもの差をつけて勝利する）[4]。

このように、政治的な好みが地域によって徐々に分かれていったことは、明らかにアメリカ国政の行き詰まりの一因となっている（この点については後の章で再考する）。また、こうした地域の分化により、各地のコミュニティから多様性や意見の相違が失われている。かつては、それがあったから妥協や遠慮などの仕方を必然的に学ぶことができた。

いまや保守的なヒューストンやカンザスシティ、バーミングハムの郊外では、リベラルな人々は絶滅危惧種である。一方で、左寄りのマジソンやオースティン、ポートランドでは保守派が同様の状態にある。こうした状況では、住みやすい快適な町はできるが、活気のある市民社会はつくれないかもしれない。移住について研究するポートランドの経済学者、ジョー・コートライトは言う。「住む場所を選ぶ」ことができるようになったため、「私たちは、本当に意見の異なる人々と出会うさまざまなチャンスを失いつつある」。

だが、実はこうした政治的な分化以外にも、自分のイメージに合わせて人生を変えたいという気持ちから生じるコストがある。ほかのもっと大きなコストは、ずっと目に見えにくい。具体的に言うと、自分がつくった経験やライフスタイルに引きこもることにより、慣れないもの、あるいは自分向けになっていないものになかなか取り組めなくなるのである。しかし、人生で大切なこと、また社会が直面する大きな課題は、個人的なものでも、自分に向いたものでもない。むしろ、包括的で集合的、たいていは不快なものだ。それらに対処するには、馴染みのない状況への忍耐が求められ、妥協や犠牲さえも受け入れなければならない。インパルス・ソサエティでは、苛立ちや非効率は相手にすべきでないものであるが、私たちが直面する課題では、まさにそうした苛立ちや非効率に向き合わなければならないのである。

その顕著な事例が金融危機だ。ここで膨大な失敗を経験した私たちは、全体としても個々人としても、それを可能にした金融システムと政治システムを全力で変革すべきである。しかし、私たちはほぼそれと反対のことをしてきた。個人個人の生活やライフスタイル、自分自身に逃げ込んだのだ。ここには罠が存在する。その罠をつくり出したのは、人生を好きなように形作る力を市民に提供し続ける一方で、そうした力をどうすれば上手に使えるのかを語らない社会である。

実際、私たちはよく考えずに市場の知恵に従う。また、新たな能力が提供されると、それによりさらに社会とその面倒な問題から解放されると考える。そして、そうすることにはまったく問題がなく、望ましいことだとさえ考える。これこそが、インパルス・ソサエティの特徴だ。女性も、男性も、ヒップスターも、誰もが自分のために行動するのである。

「超自分化」という危機

ある部分、私たちは「超自分化」という危機に向かって、もう一世紀以上も歩を進めてきたといえる。二〇〇年近く前、政治思想家のアレクシス・ド・トクヴィルはこう指摘した。アメリカ人は、厳しくコントロールされたヨーロッパの文化から自らを解放したので、常に「社会が勝手に動く」に任せ、自分の目的の追求に集中したいという誘惑に駆られる、と。トクヴィルはさらに、アメリカ人がバラバラになるのを防いでいるのは、「正しく理解された利己心」だとした。一般的なアメリカ人は非常に現実的で、コミュニティがなければ自分の利益を大きく伸ばせないと考えた。そこで、周りの人と関係を保つようにした。「なぜなら、仲間と組むことが自分にとって有用だと思えたから」である。[5] これこそが、新世界（アメリカ）が活気ある生産的な社会と経済を維持できた理由である。トクヴィルは言う。「アメリカ人一人ひとりが、自分の利益を犠牲にしても他者を助けるべきときを心得ていた」。

トクヴィルの利己心についての見方は、個々人が自分の利益はコミュニティと切り離せないと考えることを前提としている。しかし、これまでに見てきたように、消費者経済が少しずつ個人に力を与えていくと、少なくとも個人が力を持てることを認識させると、「仲間と組むこと」がそれほど有用であるとは思えなくなる。

過去には、こうした「他者との結び付きを断ち切りたい」という欲望を抑える力も存在した。二〇世紀の大半において、人々の価値観や習慣は戦争や大恐慌を経験した人たちによって形成された。社会的な団結が有用であることを実感として知り、その団結を維持するのに必要な自己犠牲についても知っている人たちだ。しかし、一九七〇年代には、その団結の精神は危機にさらされた。特に政治的右派では、また左派でも、個人の充足感が追求されるようになったのだ。右派では自由至上主義が拡大し、ニューディール政策の共同体主義に見られる自己犠牲の考え方に反発した（自由主義の経済学者、ミルトン・フリードマンは、ケネディの大統領就任演説での「あなたが国のために何ができるかを問うてほしい」という言葉は、政府が主人か神であり、市民が使用人か信者であると示唆していると、軽蔑を込めて指摘した。自由な人間にとって、国はそれを構成する個人の集まりであり、それを超えるものでも、上に位置するものでもないという）。

さらに重要な点は、消費者経済が急速に発展し、他者から承認されなくても、また他者の意向に関係なく自分のための利益を追求するチャンスを安定的に市民に供給したことだ。自動車は、移動の手段から動く要塞へと変化した。住宅は室内の面積を増やし、裏庭のテラスやガレージなどをつくるため、玄関前のポーチや芝生など、外に面した構造をなくした。そして、経済が行き詰まって現実に個々人の富を生み出せなくなっても、デジタル革命が進んだことにより、個人の解放を追求することは固定的な文化となり、それ自体がライフスタイルになった。

大不況（訳注：二〇〇七年のサブプライム・ローン問題以降の長期にわたる景気後退）により、人生を「自分化」しようとする行為の一部はたしかに抑えられるようになった。たとえば、二〇〇七年以前ほど、自分に合ったライフスタイルを求めて転居することはなくなった。しかし、パーソナル・テクノロジーを使って安上がりに人生をカスタマイズすることは依然として可能だ。どこでも情報が手に入るスマートフォンや全知のインターネットにより、私のような技術スキルの乏しい消費者でも、自分に合った大量の情報の真ん中に、努力せずとも居続けることができる。

私たちは同僚や家族、友人と頻繁にコミュニケーションできる。かつてはSFの世界に限定されていたような正確さで、娯楽や買い物の場所を地図に描き出すことができる（どのバーで友人、あるいはSNSでの「友達」が酔っ払っているかが分かるし、またそのバーに行くまでの道順を曲がり角ごとに教えてもらうこともできる）。コンピューターのアルゴリズムが自分のために選んでくれた曲を聞きながら掃除ができ、決してランダムには並べられていないユーチューブのビデオや、ヴァイン（訳註：ツイッターが提供するビデオ共有サービス）のビデオクリップ、チャットルーレット（訳註：ビデオチャットのサービス）を次々にクリックして見続けることもできる。その時々で、空いた時間（そして、つらい勤務日の一瞬）を個人的で自分に合った時間に変えられるのだ。

そこでは、さまざまなスマートな技術により、ストレスを感じるものや平凡なものはふるい落とされ、そのおかげで実際の仕事を何とか続けることができる。またその仕事も、明らかに自己表現の一つとなっている。

そして、一世代前には考えもしなかったこれらの能力も、この先スマートフォンがウェアラブルになり、インターネットがデジタルなものに限らず現実世界の何にでもリンクするようになったら、色あせて見えるようになるだろう。その頃には、私の自動車も家も、家電製品もペットも、食品売り場の棚に並ぶ商品も、通りがかりにある店舗も、すべてが常に私の幸福度を高める情報を知らせてくるようになる。あるいは最低でも、私が魅力を感じそうだと統計上推定されるものを売ろうとするだろう。

モールや空港やキオスクは私の存在を感知し、私の購入履歴に合わせて特売情報を知らせる。パーティでは、バーチャルな名札で婚姻状況や職業的な地位が分かり、誰に話しかけ、誰の機嫌を取るべきかが判断できる(6)。そして、会話の合間には(あるいは会話が退屈だったらその最中にでも)メールに返信し、自分向けに集められたニュースを読み、角のレストランにカバブを注文する(おそらく無人飛行機で配達してもらう)。

楽観的な見方では、こうした生活では自分の利益が隅々まで明らかになる。どんな瞬間でも、どこに誰といようとも、どこに自分の利益が存在するかが正確に分かり、したがって、自分のリターンを最大化するためには、どのくらい周りの人と関わるべきか、関わるべきでないか、あるいは社会全体とどの程度関わるべきかが分かるのである。

あるいは、そのように納得させられているだけなのかもしれない。ここまでインパルス・ソサエティについて語ってくるなかで、市場の約束を信頼しないほうがよいことは分かっている。市場はこれまで、私たちをどうしようもなく間違った方向に導いてきた。個人の能力は日に日に奇跡のように拡大している。しかし、いくら「自分化」が進んでも、自分の利益や社会全体の利益に関して、必ずしもよく分かるようになるわけではない。その証拠は山ほどある。

本書の冒頭で、ソフトウエアのデザイナーがオンラインゲームで遊ぶ人たちをどのように画面に釘付けにし、現実世界から切り離すかを見てきた。しかし、こうした力はゲームに限らないことが分かってきた。ジャーナリストのニコラス・カーが著書の『ネット・バカ』（青土社、２０１０年）で鋭く指摘しているように、デジタルの世界に日常的に参加している人は、誰でも同様のパターンにさらされる。カーによると、問題はユーザーの好みにどんどん合わせようとするデジタル環境に潜んでいるという。オンライン環境には無限の機会が提供されている。クリックすれば、いつでも何か新しいものが見られる。文章や写真、その他のデジタルな情報だ。

この「新しさ」（および、それに付随する神経伝達物質）は、そのデジタルの情報そのものと同じくらい重要になる。カーは次のように記す。デジタル環境は「私たちを実験用のネズミに変える。ソーシャルな、あるいは知的な栄養が詰まった小さな餌を手に入れるために、常にレバーを押し続けるネズミである[7]」。

また、このような新しさへの欲求は、情報の理解を妨げる。カーによると、新しい情報の発見が情報そのものと同じくらい重要になるために、私たちの意識はすでに獲得した情報（たとえば、ダウンロードしてこれから読もうとしている記事など）と、これから検索する次の情報との間で分岐し始める。そして、この新しい情報を発見する行為とすでに手に入れた情報を深く理解する行為はまったく異なる思考プロセスであるため、両者の間でのスイッチの切り替えが集中力を妨げる。その結果、注目し、吸収すべき情報を真に深く掘り下げられなくなっていくのである。

結局、より多くの情報は消費するものの、その処理はより表面的になる。さらに、研究によると、ルーティーンになっている行為は次第に脳の構造を変化させるので、この「大量に情報は発見するがあまり理解はしない」という行動は習慣となる。そして、デジタルの世界以外での情報処理の仕方さえも変わってくるのである。

オンラインでもオフラインでも、私たちは新しい情報の発見に集中し過ぎるようになる。一方で、手元にある情報を深く理解しようというモチベーションは減少していく。注意散漫になり、意味のある情報と単に刺激的なだけのものを区別できなくなっていく。複雑で難しい考え方や問題の理解に苦しむことが増えていく。

脳科学者のジョーダン・グラフマンは、カーに次のように言った。「複数の仕事を同時に行うようになるに連れ、より思考が浅くなっていく。問題についてあまり考えられず、答えを出せなくなっていく」。さらに、おそらくは自分の利益を「適切に」理解できなくなり、その一部を犠牲にすべきときも分からなくなっていく。

すべては企業の利益のために

このように、自分の利益について判断し追求するうえで、新しいツールがそれを簡単にするのではなく、難しくしている。これはさほど驚くべきことではない。ある意味で、デジタルのツールに関して私たちが直面している問題は、一世紀以上前に消費者経済が私たちにツールを与えるようになって以来、ずっと向き合っている問題なのである。

スマートフォンにしても、納屋ほどの大きさのSUVにしても、ダブルベーコンワッパー・チーズにしても、本当のところこれらのツールは、消費者に恩恵を与えるためにつくられているのではない。それを売っている会社の利益のためにつくられているのである。私たちがいま我が物顔に使っている自己表現のツールも、単なる企業のアウトプットにすぎない。そのツールで私たちの力が拡大したとしても、企業の最終的な目標は自社の幹部や投資家に力を与えることであり、他の誰かに力を与えることではない。

どの企業も消費者が欲しがらない力を売ることはできない。この消費者の「欲しい」という気持ちは、自己表現や自由や好みのものへの熱い欲求から生じるものだ。しかし、ポスト物質主義の超消費者社会では、「欲しい」気持ちは企業の財務的な力学によって生じさせられてもいるのである。

製品サイクルごとに、安定的により強力なツールが提供されているのは、消費者による需要が重視されたためではあるが、需要だけがそれを後押ししているのではない。消費者は、広告を見たり友人が持っているのを見たりするまでは、その新しいツールを自分が欲しいということを知らない。したがって、消費者の需要だけで新たなツールが提供されることはない。むしろ、「自分化」のためのツールが毎年大量に市場に流れ込むのは、消費者の需要を反映しているというより、企業が足踏み水車を回し続け、生産をし続け、株価を上げ続けなければならないという事情を反映している。

こうした状況は、アルフレッド・スローンが一世紀近く前に年ごとのモデルチェンジを導入して以来、ずっと存在していた。現在はさらに、デジタル技術の効率が高まり、企業の要求も強まっている。また、消費者は完全に消費を通じて自分を表現している。そうなると、個人と企業の思いは否が応でも一致させなければならなくなる。工場の足踏み水車は、いまでは個人のための力を常に過剰生産している。ちょうど、農民が穀物を過剰生産するのと同じように。その結果、消費者市場には絶え間なく余分な馬力と画素数が供給され、余分な面積とギガバイト、すぐ摂取できるカロリーとカフェインなど、企業が大量生産できるあらゆる形の能力が過剰に供給されている。人々がこれほどの能力を普通は必要としていないという事実は、あるいはまったく持たない方が幸せだという事実は、もはや関係がない。

余分な能力がいったん創造されたら、それはサプライチェーンを通って私たちの生活に到達しなければならない。それを確実にするため、製造業者はこれまでになくクリエイティブで攻撃的なマーケティング・テクニックを用いる。強制的なアップグレードも行われるが、もっと誘導的な手法も増えてきている。たとえば、私たちが訪問するウェブサイトを追跡し、また購入履歴やソーシャルメディアの利用歴を分析して、私たちの隠れた欲望が企業の四半期の利益目標のどの部分と重なるかを予測するのだ。

あるケーブルテレビ会社の幹部は、すでに「マイクロターゲット」（訳注：個々人のデータを詳細に分析し、その人に合った方法でマーケティングを行う）の広告を個々の世帯に送れるようになっていると自慢した。「犬を飼っている人にはドッグフードの広告、ネコの飼い主にはキャットフードの広告、子どもが三人いる家にはミニバンの広告さ」[8]。ディスカウントストアなどを展開する小売業者のターゲットは、大量の情報流出を起こして不評を買ったが、その前には非常に正確なマーケティング・システムを構築して、そのときも不評を買った。そのシステムはある一〇代の少女の購買パターンの変化に基づき、その少女が妊娠していると推測した。両親が娘の妊娠を知る前にである[9]。

このように、慎重にかつ不気味なほどに計算された消費環境においては、購買の選択は個人的な意思決定などではない。消費者と市場のコラボレーションである。実際のところ、市場は消費者自身よりも消費者の内面をよく知っているように思われる。個人と市場が本当に融合し、個人の「欲しい」気持ちと企業の「売りたい」気持ちがぴったりと合うまでどのくらい時間がかかるか——そして、最高に効率のよい満足を求める個人の欲求が企業の資本効率への欲求と完全に一致するまでにどのくらいの時間がかかるか、それを推測するのは難しい。重要なのは、個人と市場が一体化すると、私たちは自分の個の世界の中心にいることに、一層慣れていくということだ。

すべてのアップグレード、すべての製品サイクルごとに、自己表現はより第二の天性のようになっていく。あるいはライフスタイルや仕事のようになっていき、私たちは世界を市民としてというよりグルメのように評価するようになる。生活の質、経済の健全さ、技術の有用性、政治に対する許容度——これらを評価する際に基準とするのが、ある瞬間の満足を次の瞬間にはどれだけ高められるかになっていく。

これがインパルス・ソサエティの文化的な最終地点だ。自分がすべての中心にいて、自分の周りのすべてが自分に合ったものとなっている。こうした状況が、消費者市場にあることは見てきたが、他の分野でも同様の状況が起こっている。

現代の政治は、政策や政治家が効果的か、あるいは有用であるかよりも、有権者の自意識に合っているかが問題となる。ニュースはもはや、市民全体にとって重要な問題をまとめたものではなくなっている。自分に合わせてくれるアルゴリズムによって自分向けに生成されたものか、目を引く見出しや画像などをランダムにクリックした結果となっている。MITメディアラボの創設者であるニコラス・ネグロポンテはこれを「デイリー・ミー（日刊私《わたし》新聞）」と呼んだ。

芸術さえも自己を確認するためのものであり、超越を感じたり議論したりする対象ではなくなっている。社会学者のダニエル・ベルは、自己中心的な文化に生きる人が絵画や詩や本に出会ったとき、まず問うのは「これは良いものか、あるいは価値のないものか」ではなく、「これがどう私の役に立つか」であると書いた。ベルがそう記した後に時代は進んでデジタルの編集技術が進歩し、どんな文化の一片も——テレビドラマの一話、音楽、映画、本などを——単なる素材の一つとして扱い、バラバラにして、複雑な混合物に再編集して、それにより自己表現ができるようになった。インパルス・ソサエティでは、すべての文化は自己の材料であり、文化の消費や自己の創造が行われるたびに、自己は拡大していくのである。

同質なコミュニティは極端な方向へ進む

自分の内側の問題に集中でき、自己を反映するものや慣れ親しんだものに取り囲まれている、そうした気楽さがあると、不慣れなものや自分に関わりのないものに苛立つのも無理はない。不慣れなものや見知らぬものはストレスになっていく。論争は心の痛手となる。強い公共心のある人でも、多様性を受け入れるのには努力が要り、リスクが絡み、妥協が必要となる——努力やリスクや妥協は、まさに消費者文化や自己中心的なイデオロギーがさげすむ非効率だ。

しかし、こうした非効率こそが、個人と社会の利益のバランスを取るプロセスでは不可欠である。また、民主主義とコミュニティというそもそも非効率な制度においても、こうした非効率は根本に存在するものだ。キャス・サンスティーン（第3章で紹介したシカゴ大学の法学者）がその著書『リパブリック・ドットコム2.0（Republic.com 2.0：未訳）』で論じるように、民主主義文化が機能するには「計画していなかった出会い」という気まずい事態が必要で、その出会いでは市民が

「前もって選んだのではない内容やトピックを相手にすることになり、これまで探求したこともなく、苛立たしいと思えるような考え方に直面する」[10]。

一方で、これまでに見てきたように、不快な出会いや予期しない考え方、苛立たしい人々は、まさに自分向けにカスタマイズされた生活からは取り除いてよいと感じられるものである。

だからと言って、アメリカという民主共和国の黄金期には、全員が多様性を受け入れていたわけではない。それでも、人々は互いの違いに対処する方法を知っていた。たとえば、きちんとした場では、政治や宗教など特定の話題は避けるなどだ。そうすることで、コミュニティや社会を傷つけず、機能させておくための共通基盤を築いた。今日では、こうした適応のためのわずかな努力さえも、自己表現の欲求に反するように感じられる。それよりも、自分に似た人々と交流し、自分がすでに持っているような視点やアイデアを検討するほうがずっと簡単だ。

しかし、これは危険な習慣だ。いったん違いを許容する努力をやめ、自分たちとは異なる人々との間に距離を置き始めると、両者の分断は固定され始める。サスティーンとビショップによると、似たような思考の人たちのコミュニティは、集団心理により考え方が極端になり、異なる意見に寛容ではなくなっていくという。その理由は、似たような思考の人々のグループにいると、自分の見解に自信が持てるようになるからだ。

政治や社会の多くの問題について、人は一般的に強い意見を持っていない。なぜなら、あらゆる議論を分析し、結論を導き出すという困難な作業を行っていないからだ。その結果、自分の見解に自信が持てなくなる。だから、私たちは周囲にいる人の平均的な見方を採用して自分の意見をヘッジする。すると、さまざまな人で構成される多様なコミュニティでは、「自分の意見は中心に近づいていく」とサンスティーンは言う。言い換えると、私たちは自然に平均的な意見を持つようになり極論には走らない。

だが、考え方の似た同質のコミュニティでは、個人は他の全員と意見が合い、それによりすぐに自信が得られる。コンセンサスがあると、熟考という作業をしなくとも自分の見解が良いと思える。しかも、サスティーンによると、自信を持つにつれ信念は強固になるという。「多くの状況において、人々の意見はより極端になっていく。なぜなら、単純に自分の見解が裏付けられるからで、また他の人々も同じ意見だと知り、より自信を深めていくからだ[11]」。

ビショップは、この力学は同質なグループのほぼすべてで働くという。多様性が減少すると、有権者、教室にいる生徒、陪審員、連邦裁判所の判事など、すべてのグループで考え方が極端になっていくのだ[12]。ビショップは述べる。「政治や文化への教訓は非常に明らかだ。さまざまな人たちが集まると穏やかになる。同様の人たちが集まると偏向していく。異質なコミュニティはグループの行き過ぎを抑える。同質なコミュニティは極端な方向に突き進む」。

こうしたポジションの固定化は政治に非常に大きな影響を及ぼす。この点に関しては第8章で再考しよう。しかし、逆説的ではあるが、もっと本質的な危険は、自分自身を維持する能力に及ぶ危険であるかもしれない。哲学者でコネチカット大学教授のマイケル・リンチは、多様性を許容する気持ちを失うと、真に自分を知る能力を失うと主張する。自分と違う人を受け入れることを拒否すると、単にその人だけを拒絶するのではなく、「他」という概念そのものも拒絶し、自分を超えた現実や、自分に関わらない現実も拒絶してしまう。しかし、リンチによると、人には「他」が必要だという。自分の考えや意見に挑み、思考をリフレッシュし、民主主義を活性化するためだ。

だが、それだけでなく、自分自身を「知る」ためにも他は必要になるという。自分より真に大きいものを認識して初めて、人は自分が何者かを認識し、さらに重要なことに、自分が何者で「ないか」を認識する。自分の好みや欲望をますます反映するようになっている消費者文化では、自分と世界の境界線はぼやけ始める。「自分の境界線を他の誰かに決めてもらう必要があります」とリンチは言う。「なぜなら、現在私たち個人の境界線は奇妙に拡大しているからです。個人がどんどん大きくなってさらに拡大を続け、その結果、世界に興味を持つことは自分に興味を持つことになっていくのですが、これはどこかがおかしい。幻想がベースになっているのです。世界は私たちより大きく、誰よりも大きいので、自分が世界をコントロールしていると考えるようになるにつれ、洞穴から抜け出せなくなり、壁に映る影に惑わされるようになります」。

人は安定的な自己の拡大により力を得るのではなく、反対に弱っていく。「私たちは巨大に、かつ脆弱になります」とリンチは言う。「熱い空気がたくさん入れられた風船のように」[13]。これもインパルス・ソサエティ特有のパラドックスの一つである。私たちはコミュニティを切望する。しかし、自分自身のアイデンティティを反映したコミュニティをつくることにより、個人として存在するうえで最も不可欠なものを消し去ろうとしているのではないだろうか。

「自分化」は「ありのままの」世界を否定する

膨らみ続ける脆弱な自己のたとえは、とても的を射ている。「自分化」するということは事実上「ありのままの」世界を拒否するということで、世界を自分の好みの方向に曲げるということだ。まるで、人間が唯一行えることが統制と支配であるかのように。しかし、人間は支配だけに向いているのではない。何か大きなものに適応するのにも向いている。人間の大きな脳は協力や妥協、交渉が専門だ。他の人との協力や妥協だけでなく、より広い世界とのそれも得意なのである。

広い世界は歴史の大半を通じて、私たちの好みを尊重してくれるものではなかった。私たちの祖先は環境を調整し改善することに関して大変な技術を持っていたが、それでも日々生存できるかは、自分自身や自分の希望を世界に合わせられるかどうかにかかっていた。実際、逆境や失望に耐えることによってのみ、人類は強さや知識、視点を手に入れることができ、それらがあったからこそ持続的な優位性を保てたのである。

伝統ある文化はどれもこのことを理解しており、逆境は強く自立した個人の形成に不可欠であり、切り離せないものであると考えられていた。しかし、現代の「個性」という概念には、不安感や真の逆境が存在する余地はほとんどない。それどころか、インパルス・ソサエティの下では、消費者文化はその大きな力を用いて、逆境や困難、気まずささえも人生には存在し得ないのだと説く（あるいは、自分を高める特別な瞬間にだけ存在する。たとえば、アスレチックや本当にきつい腹筋のトレーニングなど）。

不快さ、困難、不安、苦しみ、落胆、拒否、不確実性、曖昧さ――インパルス・ソサエティでは、これらは成熟し強くなるためのチャンスではない。むしろ、エラーや非効率であり、したがって修正できるものである。ほぼ常に、消費や自己表現を通じて。

だから、荷物の配達まで数日待つことはせず、私たちは翌日配送を頼む。あるいは、アマゾンが無人飛行機による配送を開始して、三〇分で届けてくれるようになる瞬間を待ち望む（もっと便利になるかもしれない。ボルボの新しい「デジタルキー」技術では、オンラインで買い物をする場合の荷物の届け先や引き取り先に、自分の車を住所として使えるのである)。そして、より速く私たちの欲望が満たされるようになるにつれ、「待ったり遅れを我慢したりすれば、より満足感が高まるかもしれない」とは考えなくなるのである。

自然が真空を嫌うように、効率的な消費者市場は遅れや逆境を嫌う。さらには、遅れや逆境や非効率が生み出す強い性格も嫌う。効率的な市場にとっては、「性格」や「美徳」はそれ自体が非効率だ。量を基盤とし、株価を最大化する経済では障害となるのだ。自己表現、自己満足、自己発展のための新たな能力が入手可能になったら、その能力は使えるし、使うべきだと、現在の消費者文化は暗黙のうちに諭す。そうなると私たちは、自己表現や、さらには私たち自身をどのように、どこまで高めるかを、効率的市場や足踏み水車や資本とイノベーションのサイクルに決めてもらうことになるのである。たとえ、そうすることで私たちが弱くなってしまうとしても。

効率化というプレッシャーを絶えず受けるなかで、社会での人間関係やコミュニティがどのように変化しているかを考えてみよう。

コミュニティが人の発達のうえでどのくらい重要か、私たちは知っている。社会のルールを学び、人との交流や成功に必要なものを身に付けるのはコミュニティにおいてである。限度や自己のコントロール、忍耐や根気、長期的な関わりの必要性を理解し、理想的には自分のものとするのも、やはりコミュニティにおいてだ。

コミュニティが私たちにプレッシャーを与えるのは、つまりは、近視眼やわがままをコントロールするよう社会が私たちを説得しているのである(あるいは、経済学者のサミュエル・ボウルズとハーバート・ギンタスが述べたように、コミュニティは社会の「義務」をメンバーの「やりたいこと」に変える)。しかし、コミュニティの機能は単純に「ノー」ということではない。自分の能力や強みを見つけるのも、社会の人間関係においてなのである。また、個人や市民としての価値を感じ、社会的生産者、すなわち単に社会財を消費するのではなく、必要とされる何かに貢献する積極的参加者として価値を感じるのも、コミュニティにおいてだ。

さらに、コミュニティは単に生産的な市民になることを教えるだけでもない。社会と強いつながりのある人々は、一般的により良い時間を過ごせるのである。相対的に、肉体的・精神的な健康状態がよく、ケガや病気から早めに回復し、摂食障害や睡眠障害になりにくい[14]。幸せであり、生活の質が高いと答える人が多い。しかも、関わりのあるコミュニティが特別に裕福だったり、教育が高かったりしなくても、そうした傾向が見られるのである[15]。実は、社会との関わりは裕福であることよりも重要だ。たとえば、ボランティアや教会への出席、友人をもてなす、クラブへの参加などの定期的な社会活動は、所得が倍増したのと同じくらい幸福感を高めるのである[16]。

ハーバード大学のロバート・パットナムはこう指摘する。「半世紀にわたり何が人生の幸福度と相関するかについて調べてきたが、そのなかで、アメリカだけでなく世界中で一つ目立って共通する点があった。それは、幸福度を最もよく占うのは、社会とのつながりの広さと深さであるということだ[17]」。

残念なことに、社会とのつながりがこれほど重要であるにもかかわらず、インパルス・ソサエティの下では私たちはそれをうまく維持しているとは言えない。商業的・技術的な効率のプレッシャーを絶えず受けるなかで、過去の強固な社会構造の多くが消え去った。あるいは、まったく新しい社会の仕組みと入れ替わった。

たしかに、新しい仕組みの多くは明らかに優れている。というのは、従来型のコミュニティでは、個人がそれぞれに成長や実験、幸福を追求する余地はほとんどなかったからだ。新しい仕組みは、社会とどうつながるかに関して常に個々人の自由に任せようとする。しかし、この仕組みはおカネを要求する。社会とのつながりはどんどん消費の一形態のようになっていき、自分の好みやスケジュールに合わせられるものと考えられるようになる。まるで、コミュニティはもはや必要なものや義務ではなく、個人のスタイルの問題であり、自分の気分や好みに合ったときに関係を持つものであるかのようになっている。

こうした自由はたしかに魅力ではあるが、もちろんマイナス面もある。社会とのつながりを自分でかなりコントロールできるようになったため、人の役に立ち充実感を持つために欠かせない、従来的なギブ・アンド・テイクの人間関係を失っているかもしれないのである。

デジタルによるコミュニケーション能力の拡大について考えてみよう。理論的には、スマートフォンやソーシャルメディアのおかげで、私たちは過去のどんな時代よりも社交的になるチャンスを手にした。ただし、スマートフォンやSNSには自然の限界がほぼ存在しない。実際に、絶え間なくコミュニケーションし、日常のあらゆる出来事を投稿し、あらゆる考えを、たとえまとまっていなくても、不適切でも平凡でも表明している。しかし、そうすることで人とつながる価値は希薄化するかもしれない。

たとえば、研究によると、オンラインでの怒りの言葉に素早く反応すると、それはエスカレートして、オフラインでの関係を破壊しかねないという。「そうした重要な会話はソーシャルメディアで行うべきでないと誰もが分かっている。しかし、自分の感情をいますぐに、便利な手法を使って解決したいという衝動があるようだ[18]」と、バイタルスマート共同設立者のジョセフ・グレニーは言う。同社ではオンラインでの行動に関するアンケートを行っている。

オンラインでのコミュニケーションが完全に友好的だったとしても、頻繁に連絡が取れる容易さが、本当に求めているつながりを壊してしまう可能性もある。デジタルでの交流を数十年研究してきた社会学者で臨床心理学者のシェリー・タークルによると、いまではいつでも他者とコンタクトを取ることが可能になったので、私たちはそれを過剰に行いがちで、たとえわずかな空白が生じても孤独を感じ、忘れられたと感じるという。デジタル時代以前の人々は、誰かから数時間や数日間、あるいは何週間も連絡がなくても、気掛かりだとは思わなかった。しかし、デジタル時代の人々は、すぐに返事が来ないと落ち着かず、不安になる。

タークルは著書の『つながっていても孤独（Alone Together：未訳）』で、時間的な制約が崩壊しつつあるソーシャルな世界について記した。大学生は両親に毎日、あるいは毎時間、非常に些細なことについてメッセージを送り、すぐに返事が来ないと不安になる。恋人たちはメッセージにすぐに答えなかったという理由で別れる。投稿にすぐに「いいね！」を押してくれないと、友情にひびが入る。自分の子どもがメッセージにすぐに答えなかったり、電話に出なかったりすると、両親は警察に電話する――。デジタルで常にコンタクトを取る時代以前には考えられなかった、パニックとも言える状態だ。ここにも、自らの能力と効率の高まりによって、どんどん不安定になっていく世界がある。

こうした不安定さは、いまではデジタルによる交流のほぼすべてに内在している。どんな人間関係であれ（恋人どうしでも、家族でも、仕事上でも）、デジタルで交流する際には、私たちは常にミステリーを読んでいるような状態に置かれる。デジタルのコミュニケーションはカジュアルで短く、そこでの会話は思考や感情の断片で行われ、何度もやり取りを続けないと完成しない。だから、私たちは常に、ストーリーの結末がどうなるのか待つことになるのである。

そのようなコミュニケーションを行っているので、タークルによると、私たちは「感情が形成されている途中でそれを表現する」ことを認め合うことになる。その結果「感情は、誰かに伝えるまでは十分に感じられない」ものとなる。言い換えると、かつては人の内側のプロセスだったものが――表現する前に、思考は自分の中で形成され、感情は感じられた――、いまでは外部的で反復的、かつ公のプロセスとなった。

アイデンティティ自体も誰かとやり取りを繰り返すなかで形成されるようになっており、タークルが言うところの「コラボレーティブ・セルフ（合作による自分自身）」が台頭しつつある。一方で、自己完結的で私的な人間としてのスキルは消えてしまう。タークルは、「デジタルの世界で開発されないのは、一人でいる力や、自分の感情について一人で考える力だ」と述べる。インパルス・ソサエティでは、独立や個人の自由が強調されているにもかかわらず、私たちは真に一人でいる能力を失いつつあるのかもしれない。

空っぽの個人主義

個々人の利益にばかり関心が向けられる文化において、一人でいる能力が失われることは、間違いなくインパルス・ソサエティの最大の皮肉の一つである。しかし、多くの点でこれは避けられないことだった。消費者文化はよく気がきき、同時に人を上手く操る。また、絶対的な個人の自由を提案する一方で、絶対的な物への依存を強いる――私たちは完全に市場の仕組みに頼っている。こうした消費者文化に導かれると、自分が実際よりも強い力を持ち、大きな存在になったように感じる。同時に根本的に脆弱で不安定になる。市場の仕組みに頼る私たちは純粋に独立した個人にはなりきれず、それを独自の自己表現と満足で埋め合わせようとする。しかし、そうすることで現実の人間関係からはさらに遠ざかるのである。その人間関係が、安定的で充足した存在となるのを助けてくれるかもしれないのに。

この空っぽの個人主義こそ、一九七〇年代にクリストファー・ラッシュが「文化に誘発された自己愛（ナルシシズム）」と診断したものだ。産業化により人々が生産者から消費者に変わると、多くのスキルや達成感や自立性を失った。それらは、自信があり、安定的で、「内側から動かされる」アイデンティティを育んでいたものだった。しっかりとした自分の内側の世界を失い、私たちはますます外部の代替物に頼るようになった。常に仲間からの承認を求めるようになった。また、専門家の意見を探し、有名人の話や成功談に夢中になった。さらに、手っ取り早く有名になる方法を探した。

すると、チャンスに敏感で人々に欠けているものにすぐに気がつく消費者文化は、そうした欲望を一時的に満たす方法を提供した。しかも、そのやり方が非常に熟達していたので、私たちは外部から提供される滋養の依存症のようになった。私たちの内部世界と外部世界が融合した。ラッシュによると、その結果生じたのは「自己愛の文化」だった。

ラッシュによる診断は社会的・文化的なもので、医学的なものではなかった。しかし、一九八〇年代から一九九〇年代にかけて、心理学者やカウンセラーは病理的な自己愛の症状を示す人々が増えていることに気づいた。患者数も増えていたが、重要だったのは一般の人々のなかでそうした症状を示す人が増えていたことである。自己の重要性の誇張、攻撃的な自己宣伝、外部による承認への依存、たやすく怒りに変わる権利意識——これらが非常に一般的に見られるようになった。

全面的な自己愛性人格障害を示す人の割合は小さかったが、一つかそれ以上の特徴が表れている人の数は急速に増え、強迫神経症など他の障害の増加ペースを上回った。社会心理学者で、『自己愛過剰社会』（河出書房新社、2011年）の著者であるジーン・トゥウェンギとキース・キャンベルによると、今日では、一般の人々の中で自己愛の症状を示す人が、たとえば肥満など他の健康上の問題と同程度の速さで、急速に増えているという。

なぜ自己愛が拡大しているのか。よく聞かれる説明としては、文化的・家庭的な要因がある。特に、一九六〇年代以降に重視されてきた、子どもの自尊心の育成が挙げられることが多い。一九九〇年代までには、多くの人が何十年間も、「自分は特別で他人とは違う」と聞かされてきた。その結果、非現実的でファンタジーのような自分の世界を持った大人になった。しかし、それだけではなく経済的な要素も作用している可能性がある。自己愛とはつまりは限度を受け入れないことだ。そして、ごく最近までは、そんなことができたのは裕福なエリートだけだった。多くの人は、人生を送るなかで、すぐに現実的な自分の姿を受け入れさせられた——フロイトの言う「現実原則」が機能したのだ。

しかし、トゥエンギとキャンベルによると、二〇世紀、特に最後の四〇年間において、個人の力が（技術・金融・社会の面で）急拡大したことから、富裕層でなくとも自己愛的な現実回避が可能になった。特にトゥエンギとキャンベルが関心を持ったのは、クレジットが簡単に利用できるようになったことだ。それにより、自己愛的な人は金銭面での限度から逃れると同時に、大量の消費を通じて巨大に膨れ上がった自尊心を満たした。トゥエンギとキャンベルによると、一九八〇年代と一九九〇年代には、金融革命と自己愛が互いに栄養を与えあうようになっていたという。「簡単にクレジットが使えること――つまりは、巨額の借金を抱える意欲と能力により、人々は誇張された自分の姿を、自分自身と世界に示せるようになったのだ」。

現在では、クレジットはそれほど簡単には利用できない。しかし、パーソナル・テクノロジーが急速に伸びていることにより、自己愛的な人格はより安価に、またはるかに効率的に、誇張された自己イメージを世界に（そして自分自身に）示せるようになった。たとえば、自分の摂取カロリーや気分、自宅オフィスでの生産性などあらゆるものをモニターし、分析し、投稿さえ行う「自己追跡」は、自分の「客観的な」姿を映し出す。そして、これを行うと、文字通り自分に集中する傾向が強まっていく（テクノロジー懐疑論者のエフゲニー・モロゾフは、自己追跡をする人を「データ・セクシュアル（データ性愛者）」と呼ぶ）。そしてもちろん、自分が行うことを全部写真に撮り展示できるようになると、知られることへの自己愛的な喜びは増す一方となる。

四〇年前、ラッシュはこう述べた。現代の生活は「さまざまなものが電子的なイメージで伝えられるため、他人に対応するときの様子は、まるで相手の行動（または自分自身の行動）が録画され、同時に見えない聴衆に伝達されているかのような、またはあとでよく見るために録画されているかのようなものとなる[19]」。

今日では、そのようなどこか偏執狂的な行動は、まったく当たり前のものとなっている。現在ジョージア大学心理学部の学部長を務めているキャンベルは言う。「私たちはすべてを録画します。

コンサートに行くと、自分自身を録画して、録画したものが経験になります。『自分がそこにいた』というよりも、『みんなに、自分がそこにいたことを見せる』のです。『すごいぞ。写真を撮って投稿して、たくさんコメントをもらおう』という感じです」。

実際に、他人に見られることは、個人的・社会的な進歩に必要だという考え方が強くなっている。それは「自己表現が成功して他人に消費されるまでになっている」ことを意味するからだ――それがユーチューブやフェイスブックでのお手製の自己宣伝を通じてでも、また商業的なリアリティ番組（訳註：一般の人の現実の様子を撮影して番組にしたもの）を通じてでも構わない。なおリアリティ番組とは、つまりは平均的な人たちが平均的でない行動をとる番組だ。

こうして、私たちは再び生産者となった。しかし、私たちが生産しているのは極端なものや常軌を逸したもの、エゴイズムなど、画面上で映えそうなものだ。リアリティ番組（および、番組から生まれた、いつもカメラに撮られていることを意識しているような文化）は、「自分化」への行進の最終地点である。また、リアルタイムで進行するインパルス・ソサエティの物語でもある。そこにはインパルス・ソサエティのすべてがある。参加者や、参加を目指す人の自己愛的な衝動。視聴者が示す、手っ取り早く独善的なスリルへの欲求。技術面・金融面での絶え間ない効率の追求――。放送局はリアリティ番組が大好きだ。なぜなら、飛び切り安いからだ。参加者が出演料をもらうことは稀である（彼らは瞬間的な知名度をキャリアに生かそうと狙っている）。また、ビデオ技術のおかげで何百時間分もの録画テープを、短時間でドラマに満ちた番組に編集できる。ここでも、ビジネスモデルの効率化への欲求が、市場を個人へと追い込み、個人を市場へと追い込んでいる。

リアリティ番組は、インパルス・ソサエティの真ん中にある「うぬぼれ」を正当化する。自分がすべての基準となり、自己を拡大し自分への関心をより多く集められるものは何であっても（どれだけ衝動的でも、反社会的でも、単にばかげたことでも）、自分にとっての成功となる。

リアリティ番組について研究をまとめているキャンベルは言う。「悪名をとどろかせ、反社会的になることで注目を集める気があるならば、スターになれる。そのように考えられています。それは能力に基づいた知名度でも、生まれによる知名度でさえもありません。簡単に手に入る知名度です。キム・カーダシアン（訳注：アメリカのセレブタレント。彼女の一家を取り上げたリアリティ番組への出演で知られる）は世界で最も有名な人物かもしれませんし、それは結構なことです。しかし、彼女は何のためにそれをやっているのでしょう[20]」。

インパルス・ソサエティの中心的な欠陥

リアリティ番組はインパルス・ソサエティの中心的な欠陥を垣間見せてもくれる。すなわち、「独立した個人を創造するのに何が必要か、理解が徐々に失われていく」という欠陥だ。昔から、アメリカ人は自分自身を究極のＤＩＹプロジェクトと見ていた。建国の時代から、私たちは「自分がつくった」人間だった。どんな文化をもとにアイデンティティを身にまとってもよかった。非常に信仰に篤くても、完全に商業主義でもよく、自分が最も魅力を感じる目標に向かって進んだ。

この自己創造のプロジェクトでは、社会からある程度退くことも必要だった。一九世紀のアメリカの作家たち、たとえば、エマーソンやソロー、メルビル、ホイットマンらは、自己を認識するためには、エマーソンの言う「大きな社会や意味のない制度」から離れ、はっきりと自分自身のものと分かるコンパスに従う必要があると考えていた。ソローが著書の『市民の反抗』（文遊社、二〇〇五年）で論じたように、政治制度が個々人の主義や信念を侵害したときには、その制度を支持しないことも推奨された。

しかし、このアイデンティティについての見方では、自己認識と自己陶酔を混同することはなかった。また、自己を認識するために社会からある程度距離を置いたとしても、自分を社会から「完全に」切り離すことが認められるなどとは、想像もされなかった。

実際に、一九世紀のアメリカの知識人にとって、社会性はアメリカ人の特徴として不可欠なものだった。メルビルとホイットマンは、個人と社会が相互に力を与えあう「互恵」の概念に力を注いでいた。ソローがアメリカの政治制度をボイコットしたのも、彼が深い思い入れを持っていた制度を良くしたいという気持ちを反映したものだった。旧世界（ヨーロッパ）のヒエラルキーは市民を決まった場所に縛り付け、その人が何者であるかも決め付けた、アメリカ人はそうしたヒエラルキーからの独立を宣言したかもしれない。しかし実際は、移民としてヨーロッパの伝統を引き継ぐアメリカ人は、アイデンティティに関するヨーロッパの社会的な考え方を真の意味で否定したことはないのである。

したがって、たとえばアメリカ人の文化的DNAのなかには、ヨーロッパの教養小説（訳註：主人公の内面的な成長の過程を描いた小説）の概念があり、そこでは自己の創造は明らかに社会的なプロセスとなっている。つまり、人は社会を拒否して一人で進んでいくが、それは主に強く賢くなって、生産的なメンバーとして社会に戻ってくるためなのだ。個人のゴールは社会的なものなのである。自分だけのための自己の創造など、単純に存在し得ない[21]。ヘーゲルが言っているように、自己創造の全体としてのポイントは「普遍性」、すなわち個人と広い社会との間で共通する基盤を見つけることだ。イェール大学のアレン・ウッドによると、こうした取り組みにおいての成功は「恣意性やその人の特殊さや独自性を育てること、あるいはそれに熱中すること」ことからは生じないという。そうではなく、「他の人々と共有するものに価値を見出す性格を育てれば、成功することができる」[22]。

それとは対照的に、今日私たちが育てているのは、まさに恣意性や特殊さ、独自性である。その一因は、これらの「性質」が、他人に一歩先んじるための唯一の方法だと考えられているからだ。現代の著名人のなかには、公共善のために「静かに」働いている、社会的に生産的な人が悲しいほど少ない。働くという概念自体も価値が下がっている。

以前は、親は子どもたちに向かって、成功するには努力を続け、喜びは後回しにし、衝動は抑える必要があると言った。しかし、今日の子どもたちが周りを見回すと、現実はそうはなっていない。両親や祖父母は懸命に働き、激しい感情を抑えている。だが、それでもまるで古いソファか何かのように投げ捨てられる。一方で、投資銀行家やリアリティ番組のスターは簡単に大金を稼いでいる。最近、高校や大学でカンニングがまん延しているのも不思議はない。あるいは、大学生や高校生が異常なほど恥ずかしい状況で自分の映像を撮り、何百万もの「ビュー」を獲得して大金を稼ぎたいと願うのも不思議ではない。

「子どもたちと話してみると、彼らが一番なりたいのは有名人です」。こうニューヨーカー誌に語ったのはブライアン・ロビンス、子どもや一〇代向けのユーチューブ・チャンネルを運営するオーサムネスＴＶのＣＥＯだ。「子どもたちは、何のために有名になりたいのかすら分かっていません」[23]。これはまさに、「何でもあり」「ただで手に入れたい」の文化だ。キャンベルは、二〇歳の若者に金持ちになる方法を聞いてみると、おそらく次の三つの答えが返ってくるだろうと言う。「リアリテイ番組で有名になる。ドットコム企業を立ち上げて一週間ぐらいでグーグルに売る。ゴールドマン・サックスで働いて、年寄りからカネを巻き上げる」。キャンベルは続ける。「つまり、この三つが豊かさのモデルなのです。一生懸命働けば何とかなるというモデルは、もう存在しないのです」。

ある意味で、自己愛的な人格は、インパルス・ソサエティへの理にかなった反応だと考えられる。また、長期的な取り組みや他者への配慮に報いない世界への、合理的な反応でもある。キャンベルが指摘するように、自己愛的な企業幹部は、短期的な結果を重んじる企業にぴったりだ。「そのようなCEOが大勢いると、最終的にはハイリスクで、たまにハイリターンな結果に行き着きます」。残念ながら、この種のハイリスクな人格に伴うのは「低い倫理観です——この二つはセットのようなものです」。

また、自己愛的な人格は社会の激動期にも有利である、とキャンベルは言う。職から職へと、コミュニティからコミュニティへと転々とするような場合には、新しいグループや人間関係に溶け込むうえで自己愛が役立つ。自己の重要性についての誇張されたイメージは「自信として表れ、面接で効果を発揮します。営業でも、ある部分では役立つでしょう。ちょうどデートのようなものです。自己愛は人間関係をスタートする際には素晴らしいものです。しかし、人間関係を維持するうえでは役に立ちません」。キャンベルはさらに続ける。「完璧な消費者社会を築きたいと考えた場合、何が必要でしょうか。不安で尊大な人々です。不安と尊大さを合わせ持った人格です。最終的に行き着くのはそれです。謙虚さでお金を稼いだ人は、誰もいません」。

第6章　追いやられ、捨てられた労働者

二〇一一年終盤、「ウォール街を占拠せよ」運動がイギリスにも飛び火した頃のこと。ツイッターのハンドルネーム「オキュパイザインズ（法曹院を占拠せよ）」だけで知られる、弁護士資格を取得したばかりの若いイギリス人が、歴史上最も起こりそうになかった政治運動を始めた。新人弁護士に仕事がないという抗議運動である。「私たち自身に落ち度はないのに、一世代もの（ロースクール）卒業生が仕事を見つけられません。法律家としての仕事がないのです」。この抗議者はブログに綴る。「パラリーガルになれたら幸運です。運がない人はバーで働きます（ザ・バー〈法廷〉ではありません）[1]」。当然ながら、この抗議運動は実を結ばなかった。イギリスでも弁護士は、あまり人から好かれていないようだ。

しかし、この弁護士が持つ不満については、検討してみる価値がある。脱工業化社会では、弁護士市場は供給過剰となっている。アメリカでは、卒業生と採用人数との比率は現在のところ約二対一だ[2]。経済が回復しつつあるのに、この数字である。イギリスでは、市場はもっと厳しい。ロンドンの法律事務所では、「見習い」としての採用に対する二〇一一年の応募人数は実際の募集人数をはるかに上回り、その比率は六五対一となった[3]。

こうした状況の大幅な改善は期待できそうにない。法律事務所はコスト削減に熱中しており、アメリカでもイギリスでも保険金給付請求などの「価値の低い」業務は、フィリピンやスリランカなど海外に移している。それだけでなく、伝統を重んじる事務所でさえも、ごく最近まではほぼ考えもしなかったトレンドに向き合わされている。オートメーション（自動化）だ。「セマンティック・センシティブな（意味によく反応する）」探索アルゴリズムが登場し、その結果、訴訟一件で何千もの書類を読むなどの労働集約的な仕事は、これまでのように給料の良い弁護士数人が何週間もかけて取り組むものではなくなった。機械が数日、あるいは数時間で行える仕事となったのである。[4]

業界通に言わせると、これはこの先何が起こるかのヒントにすぎないという。人工知能やビッグデータはＱＬＰ（quantitative legal prediction：定量的法予測）と呼ばれるものを可能にする。ＱＬＰとは、映画「マネーボール」で描かれた、野球における統計分析のようなもので、その弁護士業務版のプロセスである。[5]

ＱＬＰの背後にある考え方はシンプルだ。それは「弁護士に依頼される業務のほとんどは将来の予測である」というものだ。たとえば、いくつかの事実をもとに判断すると、訴訟の結果はどのようになりそうか。契約が破棄される確率はどのくらいか。あの裁判官はどのような判決を下しそうか――。弁護士は通常、過去の経験に基づいて予測を行っている。すなわち、過去に担当した訴訟や、交渉にあたった案件、弁護した訴訟などだ。しかし、これではベテランの弁護士であっても情報源は限られる。「一つの訴訟に関して「熟練弁護士でも本当に関連するデータは数十件くらいしか持っていないだろう」とマーク・スミスは言う。

スミスは弁護士で、レクシスネクシスのロンドンオフィスに勤めるプロセス・オートメーションの専門家だ。彼によると、QLPがあれば「その会社がこれまでに手掛けたすべての案件を分析できるようになる」という。しかも、人間の意思決定の邪魔をする神経学的なバイアスで、分析が損なわれることもなくなる。専門家によると、いまでさえ、コンピューターは七五％の確度で判決を予測できるという。これに対して人間の予測の正確さは五九％だ(6)。この新たな労働力節減の技術が本格展開されつつあるなか、法律事務所はそれを使わないという選択はできないだろう。足踏み水車はどんな職業にも手加減しないのだ。

かつて法曹界の仕事は、頭が良く野心的な人々が目指す職業のなかでは中心的なものだった。しかし、以上を踏まえると、その職業も激しく変化しそうだ。それなのに、こうした状況は、ロースクールで十分に受け止められているとは言えない。スミスは言う。「大学で法律を学ぶ学生に講義をしているのですが、実際に起きていることを理解している学生はほとんどいません——。私は、自分の子どもたちには、法律の世界には進まないようアドバイスすると思います」。

今後は、こうしたアドバイスはより頻繁に行われることになるだろう。仕事のない弁護士は、国家的な悲劇には見えないかもしれない。しかし、弁護士嫌いな人であっても理解すべきことがある。それは、法律の仕事を揺るがしているイノベーションが、いつかは他の多くの職業に同じことをするということだ。なぜなら、大企業も中小企業も、コスト削減策につながる能力には自動的に手を伸ばすからだ。そしてその能力は、ますます強力なものになっている。

すでにコンピューターは自動車を運転でき、ジャンボジェットを離陸から着陸まで動かすことができる。また、コンピューターはレントゲン写真を分析でき、大学生のレポートを評価し、短いスポーツ記事を書くことができる。さらに、ニュース記事をふるいにかけ、市場を動かすデータをツイートし、今度はそれを利用して完璧なタイミングで株取引を行う。コンピューターは、無人の「完全自動化」工場も動かすことができる。しかもこれらのすぐ後ろには、大型爆弾規模のオートメーションが控えていると言われる。いまにも、コンピューターの処理能力の指数関数的な向上や、センサー技術、ビッグデータなどにより、経済、そして労働市場がまったく新たな領域に連れて行かれようとしている。

しかし、これは心配すべきことではないはずだ。高い教育があり、技術に詳しく、ポスト物質主義社会の一員である私たちは、真に破壊的なイノベーションとそれがもたらす効率でさえも、私たちをより幸せにすると理解すべきなのだ。

歴史を見ても、その通りになっている。イノベーションは私たちにとって良いもので、労働市場にも好ましいものだった。労働力が削減できる機械や、生産量の多い工場、より詳細な経営戦略など、効率を高めるイノベーションが開発されるたびに生産量は増え、コストは削減された。こうしたイノベーションにより労働市場は一時的に「変動」するかもしれない。しかし、いずれ雇用は増えて、賃金は上昇し職場環境は安全になって、仕事はより良いものとなるはずだ。イノベーションと効率と雇用――産業革命以来、この三つは足並みをそろえて拡大してきた。

しかし最近では、イノベーションと効率により私たちはどこに導かれるのか、自信を持つのが難しくなってきた。金融化され素早いリターンを求めるモデルが、経済を支配するようになっているからだ。インパルス・ソサエティの経済的特徴として急速に表れてきているのは、企業はますます効率的に資本をより多くの資本に換えられるようになっていること、しかし一方で、大半の従業員へのリターンは増えていないということだ。

この点については何度も聞いたことがあるかもしれないが、一度立ち止まってその意味を考えてみよう。経済成長や企業利益、株価、とくにテクノロジー企業の株価がほぼ完全に回復しているにもかかわらず、脱工業化社会の超効率的な経済は、リセッションで失われた雇用に代わる新たな雇用を生み出せずにいる。最も極端な例を挙げよう。経済学者によると、アメリカでは新規雇用の伸び率が非常に低いため、金融危機以前の雇用状況に戻るのは二〇二〇年、つまり「大不況」から約一二年も経過した頃だという。[7] さらに、現在の雇用の全体図は、一〇年前と比べてもまったく魅力がないものだ。戻って来た仕事は、多くの専門知識が必要なハイエンドのポジションか、あるいはスキルが低く賃金も低いサービス業の仕事、たとえばコーヒー店のバリスタやバーの店員などだ。

明らかに欠けているのは、中程度のスキルで中程度の賃金の仕事、かつては中間層の屋台骨となっていたような仕事である。アメリカでは、世帯の平均所得（中間値）が一五年前と比べて七％減少しているが、その一因はここにある。[8] また、中間層という言葉がメディアに登場する場合、最近ではたいてい「減少する」「空洞化している」などの言葉がその前に付いているが、その理由もここにある。

なぜ、中間層が減っているのか。社会的・政治的要因は多く存在するが、問題の原因の多くはインパルス・ソサエティの下でのイノベーションの方法に遡ることができる。企業が積極的な経営統合やダウンサイジングを行う際に、コンピューター技術を活用してコストを削減するので、そのために中間層の仕事が減少した——これは驚くことではない。しかし、ここにはもっと深くに別のストーリーがある。戦後経済の特徴であった「イノベーションと社会全体で共有した幅広い繁栄との関係」、この昔からのつながりに亀裂が入ったのだ。

簡単に言うと、イノベーションは今でも社会のすべてのレベルに恩恵を与えてはいる。しかし、現在ではその恩恵がより少ない人々に集中しつつある。そして、一部の産業分野や社会層が、その恩恵をまったく受けられないというケースも多く生じている。

これまでにも、私たちはこうしたパターンを見てきた。たとえば、ウォルマートやアマゾンなどの非常に巨大な「独り勝ち」企業[9]が、データ技術と規模による効率を「てこ」にして、進出したどこの市場でも地元の商店を押し潰してきた。また、金融危機の際にも、一部の銀行が効率的な金融工学を用いて、膨張した住宅市場から巨額の「レント」を引き出した。その一方で、その効率のリスクは納税者に押し付けた。そして今度は、同様のパターンが雇用市場にも表れつつある。自動化や他のコスト削減・生産量拡大のイノベーションの効率が急速に拡大するのを活用して、企業は利益を労働者から経営陣に移そうとしているのだ。

インパルス・ソサエティにおけるイノベーションのポイントは、企業のエリートが過去最大の取り分を確保するため、異常なほどの効率を創造する、ということだと考えられる。エリートの取り分が大きいので、イノベーションが社会全体に恩恵をもたらすとは言えなくなっていく。

また、いまでは効率の追求そのものが腐敗しているように思われる。かつては、過去最低のコストで過去最大の生産を目指すことは、生活水準の上昇と社会全体での進歩を促すものだった。しかし、いまでは主に機械や工場や他の固定資産の所有者のために、効率が機能しているように思われる。まるで、二〇世紀の間に成し遂げた社会的な進歩の多くを消し去って、金ピカ時代に後戻りしたかのようだ。

このような展開は「ウォール街を占拠せよ」運動の参加者以外にも、厄介な問題を引き起こすはずだ。上の層にいる人たち、たとえば弁護士や株式トレーダー、もちろん政治家も、効率的なイノベーションにより私たちはどこに向かうのか考えなければならない。それだけでなく、イノベーションがいったい誰のためので、何のためなのかも考えなければならない。

イノベーションと繁栄のプロセス

ここでいったん視点を変えて、イノベーションと繁栄のプロセスが決してスムーズとは言えなかったことを思い出してみよう。一世紀ほど前に、機械化により数千万人の欧米の農民が仕事を失ったが、それを進歩だと考えた人はほぼいなかった。しかし、当時の農民には見えなかったが、機械化という破壊的な力は急速に新しい仕事をつくり出していた。

農業分野を縮小させたまさにそのイノベーションが、まったく新しい産業分野を生み出していた。たとえば、鉄道、製造業、道路建設、公益事業などである。こうした新しい分野は高い賃金を提供しただけでなく、まったく新しい形の雇用も創造した。たとえば、自動車を製造するには、鉄鋼の仕事をする人やタイヤをつくる人が必要だ。加えて、多数のエンジニアやデザイナー、マーケティングの専門家、フロイト派の分析者も必要になる。これらの新しい仕事から得られた賃金は、さらに多くの経済活動につながった。

こうした状況を、経済学者のヨーゼフ・シュンペーターは「創造的破壊の嵐」と呼んだ。これは産業資本主義における特徴的な力で、「古いもの（経済秩序）を絶え間なく破壊し、新しいものを絶え間なく創造」するものだった。そして、一般的に言えば、この新たな経済秩序は絶対的な進歩だった。ほとんどの産業社会で、ここから生まれた繁栄は幅広く共有された。賃金は上がり、物価は下がった。また、イノベーションが次々に行われ、ジェットエンジンやレントゲン写真、カラーテレビなどが登場して人々の生活水準を引き上げ、一方で、さらなる成長と雇用の道筋をつくった。経済学者や歴史学者、祖父母の世代が戦後経済について熱く語るとき、彼らは感傷的になっているのではない。実際に当時はマシンのように繁栄が生み出されたのである。

では、そのマシンに何が起きたのか。昔からの創造的破壊のパターンが、なぜ単なる破壊と思われるパターンになってしまったのか。ここでも、ストーリーにはいくつもの側面がある——文化的、政治的、イデオロギー的側面などだ。しかし、パラドックスのようではあるが、重要なのは「イノベーションがあまり破壊的ではなくなった」点だ。少なくとも、シュンペーターの言う「破壊」からは遠ざかった。

フォードの時代の産業革命は非常に破壊的だった。なぜなら、多くのブレークスルーが見られたからだ。自動車と組み立てラインだけでなく、流通、経営管理、会計、石油化学、医薬品、コミュニケーション——ほかにも多数あった。すべてがお互いを活用し合い、全体としては個々の部分の合計よりも大きな経済が創造された。

これとは対照的に、もっと最近の破壊はこれほど画期的ではない。コンピューターは、個人の力をあらゆる面から格段に強化した。しかし、コンピューターは産業の触媒であり、その最大のインパクトは、たいていの場合、既存の産業プロセスをより効率的にすることだ。つまり、組み立てラインのスピードを上げる、店舗にもっと品物を並べられるようにする、消費者がもっと買い物やコミュニケーションを簡単に行えるようにするなどだ。もちろん、これは重要なことではある。だが、第三の産業革命を起こすほどのものではない。

現代のイノベーションがそれほど画期的でない理由としては、歴史上のタイミングを挙げることもできる。世界を変えるようなブレークスルーを実現するのは、今日ではより困難になっている。なぜなら、簡単なものはすでに実現されてしまったからだ。昔は誰の目にも明らかで巨大な非効率をなくすことで、生産性を格段に向上することができた。たとえば、動物の力を利用した耕作から機械への移行、肥やしを合成肥料に換えるなどだ。しかし、ジョージ・メイソン大学の経済学者、タイラー・コーエンが論じるように、「低いところに実っている果実」はすべて収穫されて食べられてしまい、今日では同様に画期的なブレークスルーを実現するのはずっと難しく、コストもかかるようになってしまった。

しかし、イノベーションが難しくなったことだけが原因ではない。こう考えることもできる。インパルス・ソサエティとともに金融化されたビジネスモデルが登場したが、その下でイノベーション追求の仕方が弱くなったのだと――。すでに述べたように、企業がコスト削減と四半期利益の確保に猛進するなかで、研究開発費は徐々に削減されてきた。つまりはその削減分が積み重なっているのである。アメリカ経済分析局によると、半世紀前には、アメリカ産業界の研究開発への投資額は年率七%で伸びていた。今日では、伸び率は年間わずか一・一%である[10]。しかも、企業が研究開発におカネを使う場合でも、即時のリターンを狙ったものが増えており、長期的な進歩のためではなくなっている。

アメリカのメーカーは、かつては基礎研究や応用研究に大きな投資を行うことで有名だった。つまり、まず発見をして、それからその発見をどう新技術に変えていくかを見出したのである。今日ではより多くの研究開発費が「開発」のほうに向けられる。すなわち、既存の技術を安定的に新製品や新たな活用方法に換えていくということだ。それらは非常に有用であるかもしれないが、新分野を切り開くものではない。

この「段階的なイノベーション」への偏向は、消費者製品分野ではすでにお馴染みだ。たとえば、マイクロソフトなどの企業は、古い技術を少しずつ着実にアップグレードして、巨額の富を稼いでいる。アップグレードのタイミングは、安定的な四半期利益の獲得と、株価上昇を狙って設定されている。

しかし、段階的イノベーションへの偏りがもっとはっきりと見られるのは、ビジネスの構造的な部分においてである。第2章で見たように、いまのイノベーションの焦点は、製造や流通などの基本的なビジネスプロセスを効率化することとなっている。だから、組み立てラインを自動化し、銀行の融資プロセスを簡素化する。また、サプライチェーンをデジタル化し、アメリカの小売業者とアジアのメーカーをつなぐ。こうしたイノベーションによる効率化で、消費者が支払う価格は下がった。ただし忘れてはいけないのは、価格の低下と同時に、その消費者がかつては持っていた職にも影響を与えたことである。

たとえば、ウォルマートは在庫データの画期的な活用により（同社は自社専用の通信衛星まで導入した）大きな市場シェアを獲得した。また、サプライヤーに対する交渉力も強くなったため、多くのサプライヤーがコスト削減を加速せざるを得なくなった。それは多くの場合、オートメーション化や海外移転という形で行われた。このような、サプライチェーン全体を通じてプロセス・イノベーションを行い、それによりコストを削減するというパターンは、工業化された国々の経済全体で見られた。そして、それが一九九〇年代に始まった製造業の雇用の減少の大きな要因となったのである。

ヨーロッパや、日本、アメリカでは、製造業はこれまでもゆっくりと縮小しつつあったが、いまでは急降下している。一九九八年から二〇〇四年までの間に、製造業の雇用はイギリスでは全体の四分の一、日本では五分の一減少した。アメリカでは、二〇〇〇年から二〇〇七年までの間に六〇〇万人、割合にして全体の三分の一ほど、製造業での雇用が失われた。(11)

だからと言って、製造業の仕事が失われたことを悲しむ必要はないはずだ。たいていは単調で、危険で、不愉快な仕事だ。工場で働いていた人も、そこを離れたらもっと良い職に就けると喜んだことだろう。また、海外移転やオートメーションには、本質的には間違った部分はない。それらはシュンペーターの言う「創造的破壊」の道具の一つにすぎない。オートメーションや海外移転により、工業化経済における古くからの仕事は「破壊」され、理想的に進めば次世代の仕事が生まれる余地が「創造」されるのだ。その次世代の仕事により、解雇された労働者はキャリアの梯子を上って、より生産的で賃金も良く、高い志を持てる仕事に就けるはずだ——。しかし、インパルス・ソサエティではそれは実現しなかった。職を失った労働者は梯子の段を上がることはなかった。彼らは梯子の同じ段にとどまり、滑り落ちることも多かった。

ここでも複数の要因が働いている。よく言われるのは、西側諸国の労働者が新たなスキルを必要とされるスピードで身に付けていない、あるいは昔ほどの速さで獲得していないということだ。その一因としては、教育システムが雇用市場に追い付いていないことが挙げられる。職場のコンピューター化のおかげで、必要とされるスキルはどんどん増えている。

閉鎖されたトレーニングセンター

ハーバード大学の経済学者、クラウディア・ゴールディンとローレンス・カッツは、いわゆる「スキル偏向型技術変化」（訳註：特定のスキルを持つ人が求められるような技術的変化）を活用できる人、あるいはそれに追い付ける人の数が毎年少しずつ少なくなっていると論じる。したがって、明らかに教育の立て直しは必要だ（この点については後で論じる）。だが、一方で同様に重要な点は、企業が株主革命で求められるままに、従業員が腕前を上げるための取り組みを劇的に削減してしまったことである。

以前は、AT&TやIBM、GMなどの企業は従業員向けに広範なトレーニングプログラムを実施していた。しかし、すべての企業が人件費をギリギリまで削減するなかで、そうしたプログラムも大幅に後退した。多数の社内トレーニングセンターが閉鎖された。人事業務は外注されるようになり、従業員やその上司はトレーニングとキャリア開発の大部分を自分で行わなければならなくなった。さらに、従業員は自分のキャリアを自分で管理するだけでなく、自身を常に「再開発」することが期待されるようになった。

経営陣はもはや自分たちに従業員を伸ばす義務があるとは思っていない。したがって、その経営陣に最大限にアピールするために、自己の開発を自分で行わなければならないのだ。長年IBMに勤務していたコート・マーティンは、同社を辞めた後、ワシントン・タイムズ紙に次のように話した。「レイオフされないためには、いつも動いていなければなりません。自分を売り込まなきゃならないし、新しいスキルセットも持っている必要がある。音楽が止まったときに椅子が見つからない人には、なりたくないですからね[12]」。

さらには、コストやプロセスに焦点を当てたイノベーションが成功したために、自分を「再開発した」従業員が上っていける場所がないことも増えている。彼らが就きたいと思う高いレベルの仕事が、すでに削減されてしまっているのだ。一九九〇年代に高速のデータネットワークが実現したことにより、企業は製造現場の仕事だけでなく、知識労働も海外移転できるようになった。会計から顧客サポート、エンジニアリング、財務分析、建築まで[13]、すべてが約一〇分の一の人件費で、インドやスリランカ、フィリピン、ロシア、ポーランド、中国などで行えるようになった[14]。ソフトウエア開発やチップの設計、航空工学といった、以前は西側企業が絶対的な優位を誇っていた（したがって、雇用も確保されていると考えられていた）分野でさえも、仕事は海外に移っている。

こうした「イノベーション」により企業は素早くコストを削減できるため——その結果、利益と株価も向上するため——企業のCEOはそれを熱烈に受け入れる。ちょうど、昔のCEOが組み立てラインや電話など、当時のイノベーションを熱烈に受け入れたように。

これこそが、インパルス・ソサエティの下での、本当のイノベーションの危機である。以前は、イノベーションは経済全体——企業、労働者、資本、労働——の生産性を向上するためのツールであった。しかし、いまではずっと排他的になっている。イノベーションは、迅速なリターンを通じて資本の生産性をどんどん高めているが、一方で、労働の生産性はほぼ変わらず、むしろ低下している場合もある。

たとえば、かつての工場のオートメーション化は一般に労働の生産性を高めた。つまり、工場労働者一人の一時間当たりの生産量が拡大し、その結果、労働者はより高い賃金を得られるようになった。一方で、海外移転という「イノベーション」は労働者の生産性低下につながる場合が多い。

一九九〇年代の中国の工場労働者の生産性は、アメリカのそれと比べると著しく低かった。[15] したがって、企業はより多くの労働者を雇うことで埋め合わせなければならなかった。

知的労働の海外移転にも、隠れた非効率が多数あることが分かった。「海外移転を決める際に約束されたこと、またそのときのアメリカ企業幹部への売り文句は、ただＩＴの仕事を切り分けて、壁の向こうに放り投げるだけでよい、ということでした。壁の向こうでは中国やインドの優秀なエンジニアが一時間五ドルで働く。こちら側では一時間五〇ドルなのに。だから、これはすごいぞ、となります」[16]。ＩＴ業務を海外移転し、移転先のアジアのチームを管理した元企業幹部はこう話す。「ですが、決して単純に、壁の向こうに放り投げれば済むことではありませんでした。工学分野では、製品を開発している人と、その製品の事業面での責任者との間で熱心なやり取りが行われます。それが最も上手くいくのは、全員が同じビルにいて、毎日顔を合わせることができ、廊下で気軽に話ができるときです。一二時間の時差があるところに離れていたら、そんなふうに上手くはいかない――ときには、まったくダメなこともあります」。

つまり、コストを改善するために職場のコミュニティをバラバラにしてしまった。そして、良くない製品ができあがって苦しむのだ。しかし、全体的なコストは下がるので、海外移転の効率は非常に大きいと受け止められる――少なくとも幹部と投資家には。

しかし、他の選択肢はなかったのだろうか。ビジネスリーダーの間では、グローバル化がビジネスのルールを変えたというのが定説だ。海外の人件費が一〇分の一であった場合、それを活用する以外の選択肢はあまりない。しかし、だからと言って、アメリカ企業のやり方がすべてだとは決して言えない。グローバル化への対応をアメリカとヨーロッパで比べてみると、イノベーションとグローバル化による労働者への影響を、別の方法でマネージできることが明らかになる。

ヨーロッパはアメリカに比べて労働組合が強く、また労働法規が厳しく企業文化も異なるため、企業の多くは従業員のトレーニングに大きく投資をし続け、再度のトレーニングにも資金を使う。多くのEU諸国では、自分の仕事が永久的に海外に移転された従業員は、新しい仕事を担当できるよう訓練される[17]。経済学者のウィリアム・ラゾニックは言う。「ドイツ人が海外移転を行わないとか、スウェーデン人が海外移転をやらないというわけではありません。しかし、企業のガバナンスの仕組みのおかげで、海外移転を行った企業が本拠地を置く国でも再投資が行われるのです。それによって、ずっと良い結果が得られます[18]」。

投資を行ったからこそ得られる、良い結果である。オートメーションや海外移転などのイノベーションによって生じる破壊から従業員を守るには、より多くのコストがかかるのである。だが、インパルス・ソサエティでは、そうしたコストは単純に受け入れられない。反対に、企業戦略の目的はグローバル化の利益だけを享受し、一方でグローバル化のコストはすべて、あるいは他のどんなイノベーションのコストも、しっかりと労働者に押し付けることである。

ただし、アメリカ企業の方針が過去から常にこうだったわけではなかった。一九七三年のリセッションでアメリカ経済が収縮したとき、失われた富のうち賃金の削減が占めた割合は、わずか三分の一だった。残りの損失部分は企業の中で吸収された。生産量や株主への還元を減らすことで賄われたのだ。言い換えると、企業は経済低迷の痛みから、意図的に従業員を守ろうとしたのである。痛みは事業の他の部分や他の利害関係者に分散された。

しかし、株主革命が根を下ろし、新しいテクノロジーでマネジャーがより正確にコスト削減の的を絞れるようになり、さらに、労働組合が徐々に政府の後ろ盾を失っていくと、昔の方針も変わっていった。コンサルティング会社のデロイトが最近行った調査によると、一九八一年のリセッションでは、全体的な経済産出量の減少分のうち、約半分が労働者の賃金減少分だった。そして、一九九〇年のリセッションでは、縮小分全体の四分の三を労働者が吸収した。リセッションのたびに、投資家がコスト削減による利益をより多く手にするようになり、一方で労働者は痛みの大部分を吸収するようになったのである。

この傾向は鮮明になる一方だ。二〇〇一年と二〇〇七年に起こった最近の二回のリセッションでは、労働者が縮小分の九八％を吸収した。デロイトの調査は次のように述べる。「以前は企業が従業員を守り、損失を吸収していたものだが、この地球規模で競争が行われる経済の下では、企業は雇用を犠牲にしながら利益を確保しようとしている[19]」。

この変化の重大さは、いくら言葉を尽くしても語り切れない。過去二回のリセッションの後、企業の利益と株価が非常に早く回復したのは、海外移転による大幅なコスト削減があったからだ[20]。また、この二回のリセッションの後で「雇用なき」景気回復が起こったのも、過去二〇年間におよぶ海外移転で説明ができる。ここに、インパルス・ソサエティとともに現れたイノベーション・モデルの本質的な不条理がある――このモデルは、賃金を減らしながら利益を増やすイノベーションに、何ら矛盾を感じないのである。

一世紀ほど前にヘンリー・フォードは、活気のある消費者経済に高賃金は不可欠だと述べた。高い賃金を得れば、労働者は自らが生産したものを買えるからだ[21]。「商品の大半を消費するのは、それをつくっている人々だ」とフォードは言い切った。「この事実を決して忘れてはならない。これが私たちの繁栄の秘密なのである」[22]。ところが、二〇世紀が終わる頃には、この考え方は投げ捨てられた。もちろん企業は分厚い財布を持つ顧客を歓迎した（別の企業がその顧客に賃金を払っている限り）。しかし、イノベーションにより消費者が自らの利益を社会から独立して追求できるようになったように、企業もまた自社の利益を従業員から切り離すために、イノベーションを利用する方法を発見したのである。

アメリカ企業が戦後時代に信奉していた共通目的や社会的義務――それがどんな意味であったにしろ、現在ではそのほとんどが消えてしまった。それからというもの、企業はその巨大な効率とイノベーションの力を、自らの狭量な利益のためだけに用いることになるのである。

「持続不可能なものは持続しない」

経済学者のハーブ・スタインがかつて論じたように、「持続不可能なものは持続しない」。スタインはアメリカの貿易赤字についてこう言っていたのだが、これは今日のイノベーションへのアプローチにも当てはめることができる。遅かれ早かれ、市場は自ら修正を行う。たとえば、本当のイノベーションへの投資が少な過ぎた企業は、やがて売るものがなくなる。従業員の士気を低下させてきた企業は、仕事のパフォーマンスの停滞を目にする。海外の労働力の安さにあまりにも依存していた企業は、やがて品質の問題で揺り戻しを受ける。

実際に、大不況のあと、ビジネス界のなかにはこれまでのやり方を良いとは思わない人もでてきた。海外移転という魔法は輝きを失い始めていた。品質とコミュニケーションには依然として問題があった。また、海外の労働者は高額な賃金を要求するようになった。一部の西側企業は、海外移転した仕事を少しずつ国内に戻し始めた。この動きは「リショアリング」と呼ばれるようになり、その頃からアメリカ製造業の復興について多くの議論が行われるようになっている。

同時に、労働者が持っているスキルと職務に求められる要件の差が非常に大きくなっており、教育界には改革が求められるようになった。なかでも特筆すべきは、デジタル技術を用いて教育をレベルアップする努力が行われるようになったことだ。近年では、ハーバードやMITなどの大学が「MOOCs」を中心に野心的なプログラムを展開している。MOOCsとは大規模公開オンライン講座（massive open online courses）の略称で、映像による講義、オンラインでのやり取り、オートメーションなどを組み合わせたものだ。理論的には、MOOCsにより有名大学がレベルの高い教育を大量生産できるようになり、その結果、それが手頃な価格になって、手に入れやすいものになる。

MOOCsモデルは国際的にも広がっているが、教育改革はほかにも広がりを見せそうだ。たとえば、ビッグデータを用いると、大学での活動全体、つまり入学から授業の選択、学習、就職までが定量化でき、大きく改善できる可能性がある。教授陣も学生も、カウンセラーも保護者も、どんな教え方や教材や寮や課外活動が最速の学びにつながるのか、データで見られるようになる。

ハーバードの定量社会科学研究所ディレクターであるゲイリー・キングは、二〇一三年にニューヨーカー誌のネイサン・ヘラーに次のように話した。「学生全員、全教室、全事務室、すべての寮、すべての課外活動、警備員全員、とにかくすべてのものに情報収集のための機器を取り付けることが考えられます。大学内で起こっていることすべてに関する情報を入手し、それを学生のために利用するのです(23)」。

こうした取り組みの周りで高まっている興奮を、感じ取ることができるのではないだろうか。賛同者は、「このような教育改革が根付いたら、それが雇用や繁栄に与えるインパクトは、過去二世紀のどんなものにも負けないだろう」と言う。なによりも、この改革がきっかけとなって、イノベーションがより進歩的で未来志向のものに戻る可能性がある。低いところにある実はすべて収穫されてしまったのかもしれない。しかし、レベルアップした教育システムで今日の技術を身に付けた生徒が増えていったら、加えて、企業や政府がエネルギーやバイオテクノロジーなどの戦略分野への投資を増やしたら、ブレークスルーを見られるようになる可能性は高い。そのブレークスルーがまったく新たな業界を生み出し、そしてまったく新たな仕事を生み出すのである。

仮に、真に新しいエネルギー技術——二酸化炭素が出ず、採算が合い、分散して生産できる——を開発できれば、さまざまな変化が起こるだろう。また、バイオテクノロジーは何十年も期待を裏切り続けているが、同業界でもまったく新たな経済分野を創造するようなブレークスルーに向けて、態勢が整いつつあると言われている。

シンクタンクのプログレッシブ・ポリシー・インスティテュートの経済学者、マイケル・マンデルは、最近のバイオテクノロジーには進歩が見られると話す。そうした進歩により、じきに移植用の臓器を商業的に「育てる」ことができるようになるという。すでに、工場でつくられた皮膚は買うことができ、気管などの単純な臓器は研究室で育てられ、移植手術に用いられている。

マンデルによると、このプロセスがもっと複雑な臓器にまで拡張されたら、まったく新たな、非常に規模の大きい業界が、信じ難いほどのスピードで誕生するという。独自の製造拠点や配送システム、輸出市場を持つ業界だ。そうなると、大量の新たな雇用が生まれ、その多くで非常に高い賃金が得られるだろう――臓器の品質管理ができるようトレーニングされた人材の需要を考えてみるとよい。マンデルは言う。「この種のイノベーションが目に見えて近づいており、それが雇用の創出に結びつきやすいことが分かっています。単なる当て推量ですが、いまから一〇年後には就職口の不足ではなく、労働力の不足が起こる可能性があるのではないでしょうか[24]」。

マンデルの見方では、「イノベーションと雇用」のマシンはまだ失速していない。単に、今日の技術課題の複雑さや不要な政府規制により遅れているだけで、いまは突然の出現に向けて身構えている状態なのだ。

市場による修正を妨げる展開

しかし、「イノベーションと雇用」マシンの出現までには相当に時間がかかることは明らかだろう。一方で、リショアリングやバイオテク革命などの明るい潮流も、現在のイノベーションへのアプローチが大きく変化しなければ、いま動いているもっと大きな潮流に苦しめられることになるだろう。もう一人、別の経済学者の言葉を引用しよう。ジョン・メイナード・ケインズは言う。「市場は不合理な状態が長く続くので、その間にみな資金を失ってしまう」。私たちの新興の衝動的な経済においては、近視眼的なイノベーション戦略を、市場が修正しようとするのを妨げる多くの展開が起こっている。

そうした展開の一つは、今日の大規模なテクノロジー企業が、金融工学を用いて市場による修正を鈍らせようとしているということだ。マイクロソフトの例で見てみよう。他の成熟したテクノロジー企業と同様に、マイクロソフトもウィンドウズＯＳという初期のブレークスルーを基盤に、大きな市場シェアを獲得した。そして、同社はこの市場シェアを用いて、巨額のキャッシュを積み上げた。となると、このキャッシュの大部分を次世代技術の開発に注ぎ込むことが、合理的な戦略となるはずだ。マイクロソフトはたしかに毎年数十億ドルを研究開発に使う。しかし、ラゾニックによると、同社は従業員が研究開発投資を十分に活用できるよう組織の動き方を改善するという部分には、十分に投資していないという。

組織の改善に使えたかもしれないキャッシュは、株式の買い戻しに「投資」された。二〇〇三年から二〇一二年の間に、マイクロソフトは一一四〇億ドルを自社株買いに使った。この金額は同社が研究開発に使った金額の一・五倍近い。その結果は、典型的なインパルス・ソサエティだ。マイクロソフトはウィンドウズ製品に平凡でバグの多いアップグレードを施しておカネを稼ぎ、一方で真に新しい製品を創造しようとする努力はほとんど失敗している。それでも、大量の自社株を買い戻したので、株価は高く維持され、投資家はなだめられている。したがって、効率的な市場の規律に責められずに済んでいるのである。ラゾニックは言う。マイクロソフトは「従業員を仕事に熱中させせるのではなく、株価を高く維持するために運営されている会社だ[25]」と。

この近視眼的な、金融化されたイノベーション戦略は、アメリカの企業文化全体にまん延している。研究開発費とそのリターンに関して、アメリカの大手テクノロジー企業が気づいたのは、過去のイノベーションで生計を立て、将来のイノベーションのための組織能力（従業員のスキル開発も含めて）への投資は削減し、その「貯金」を自社の株式に使ったほうが資本効率がよいということだ。

インターネット関連業界は典型的な例だ。インターネットがあれほど早期に、かつ華々しく誕生したのは[26]、ＩＢＭやヒューレット・パッカード（ＨＰ）、ゼロックスなどが何十年にもわたる大規模な投資を行い、加えて大規模な公共投資もあったからだ。しかし、まさにこの業界が、ウォール街からのプレッシャーの下、研究開発費を自社株買いに回す傾向が強くなっている。ラゾニックによると、マイクロプロセッサーを発明したインテルは、二〇〇三年から二〇一二年までの間に、五九七億ドルを自社株買いに使った。この金額は、同社が研究開発に投資した金額より、わずかに数十億ドル少ないだけだという。また、初期のインターネット・アーキテクチャの創造に貢献したシスコは、七五〇億ドル近くを自社株買いに使った。研究開発予算の一・五倍以上である。このように、アメリカ産業界の創造力のある企業は、経済に真の価値を付加する新製品や新技術の発見や創造ではなく、真の発見や創造の不在を埋め合わせることに、より一層集中するようになっている。

ラゾニックによると、問題は株主革命の中核に存在する誤解にあるという――つまり、株主は企業のイノベーションも含めた業績に責任があり、それに基づいて報酬を受ける、という誤解だ。企業が創業資金を集めているときや、事業拡大の資金を得るため新株を発行したときなどを除いて、株主は企業のイノベーションの能力にほとんど関与しない。ラゾニックは言う。「利益は従業員が創造します。株主はそれに関われません[27]」。

抵抗しなくなった労働者

率直に言えば、産業界が労働力に投資を行わないのは、労働者への冷談さが反映されている。三〇年前であれば、これも市場による修正が行われたはずだ。たとえば、一九五〇年代や一九六〇年代に、従業員を現在のように冷たく、使い捨てのように扱ったら、従業員から反発が起こっただろう。しかし、企業の経営陣が金融工学を用いて、自社の戦略的誤りを市場が修正しないようにしているのと同様に、彼らは労働者による反発も鈍らせることができる。事実としてあるのは、容赦のないレイオフや海外移転や他の「リストラ」が何十年も行われてきた結果、労働者はあまり抵抗をしなくなった、ということだ。アメリカでは、ストライキなどの争議行為は史上最低となっている。この背景には、労働組合員の減少や、組合が雇用確保のために妥協をするようになったことなどがある。

数年前、かつては全米で最大かつ最も攻撃的な労働組合だった自動車労働組合（UAW）が、新規採用の工場労働者の賃金を、ベテラン従業員の半分とすることに合意した。(28) 二〇一三年には、ボーイングが年金と医療給付の減額を受け入れるよう、シアトル工場の機械工を事実上脅迫した。さもなければ、工場を組合がないサウスカロライナ州に移転するとしたのだ（州政府からは、およそ八〇億ドルの税額控除を提示されていた）。この頃、同社の株価は史上最高値を更新していた。

そしてもちろん、賃金・手当の減額や雇用なき景気回復が起こるたびに、労働者の交渉力は弱まっていく。一九六〇年代に、経済学者のハーシェル・カスパーは、人は職がない期間が長くなるほど、ただ職を得るためだけに低賃金を受け入れやすくなると述べた――経営陣が熱心に活用したくなるパターンだ（反対に、かつて景気がよく、まだ海外移転が行われていないときには、労働組合は同様に熱心に賃上げを要求していた）。もっと最近の研究では、失業状態が一年長引くたびに、いわゆる留保賃金（訳註：その賃金以上であれば就職するという金額）は三％から七％低くなることが示された。労働者が新しい仕事を見つけても平均所得が二〇％低くなるのは、これが一因である。(29)

こうした統計を見ると、長期的な失業における新たな現実が分かってくる――また、職場に広がる恐怖感も見えてくる。労働市場全体で、「過去最高の効率を達成するのに必要なコストを吸収するために、経営陣は労働者を道具のように扱っても構わないと考えている」という思いが、どんどん広がっているのである。たとえ、それが社会的に大きな害をもたらすとしても、である。

二〇〇一年のリセッションの後で、多くの西側企業が、賃金の引き下げや従業員の大幅な削減、あるいは海外移転の加速を正当化する理由（あるいはチャンス）として、このリセッションを利用していたことが見えてきた。さらに、経済が回復しても卑劣かつ尊大に削減は続けられた。――まるで、経営側はその地位に確固たる自信があり、労働者からの反発などまったく心配していないかのようだった。二〇〇〇年代初めの海外移転のなかには、ほぼ計算ずくの冷淡さで行われたものもあった。ある企業は、海外移転で仕事を失う従業員に対して、最後の数週間は代替となる海外の従業員のトレーニングに当たるよう命じ、さもなければ解雇手当を支給しないと脅したのである。

企業内では士気に明らかなダメージが生じ、生産性が落ちているにもかかわらず、こうした戦略が進められた。これは大きな皮肉であった。というのも、一九八〇年代と一九九〇年代には、多くの企業がチームビルディングや思いやりのある企業文化を重視するようになっていたからだ。突然、チームや思いやりどころではなくなった。

あるIT企業の元幹部は話す。「従業員全員にこう言うよう、上級マネジャーに命じました。『無駄をなくし、節約しなければならない。だから海外移転だ』と。それが会社を疲弊させ、全員のやる気をなくすことになっても、言わなければなりませんでした。しかも、その前一〇年間は、『従業員は我が社の最高の経営資源だ』と言い続けていたのに。知識労働産業ではそれは本当に真実なのです。それなのに、いまになってコスト削減と四半期ごとのボーナスのために、その人たちを追い払えというのでしょうか」。

これも単に行き過ぎた労働運動の修正にすぎない、という議論もできる。労働運動の最盛期となった一九六〇年代には、経済のグローバル化のなかで経営陣が直面していた課題に、労働者はほとんど同情を示さなかった。しかし、修正は行き過ぎている。私たちがいま目にしているのは、労働者と経営者の運命は結びついているという信念の終焉である。加えて、仕事とは、人々が共通目的のために集まって、一緒に行うものだという考え方の終焉でもある。この考え方が失われたことは、労働組合の減少に最もよく表れている。労働組合があったために、労働者はより良い賃金や条件を求めて、集団で交渉をすることができた。

さらに、職場とはコミュニティである、あるいはコミュニティであったという感覚も、明らかに失われている。コミュニティとは、安全性や永続性、共通の規範や価値観などを適度に期待できる場所であり、友情や指導なども期待できる。職場は、他のもっと私的なコミュニティと同様に、重要なコミュニティである。しかし、インパルス・ソサエティの効率的市場の下で、コミュニティは徐々に破壊されてきた。その代わりに、バラバラで、人間味のない、効率的な環境が出現している。そこでは永久的なものは何もなく、共通目的の感覚は進化論的な生存競争に代わっている。

生産者経済の最後のあえぎも消えた。生産者経済では、労働者は「生産者」として自分に誇りを持ち、何か価値のあるものを創造することを通じて、喜びやアイデンティティや意味を手に入れていた。その後、社会学者のリチャード・セネットが示唆するように、労働者は職場の恒常的な変動や不確実性に対処するため、より消費者に似た存在になっていく。「新しいものに貪欲で、完璧に使えるものでも古ければ捨てていく。すでに所有しているものを守ろうと、隙を見せない人ではない[30]」。

言い換えると、戦後時代の従業員が、同僚たちによる安定したコミュニティの一部として自分を見ていたのに対し、その後の従業員は、自分をフリーエージェントのように考えた。過去を断ち切るため、また、すべての状況を一時的なものと見なして、何よりも自分自身が生き残ることにフォーカスするため、簡単に他人とのつながりをつくっては壊す。これは自己陶酔と自己愛の職場版だ。自己陶酔や自己愛は、すでに生活の他の部分にはかなり入り込んでいる――しかし、産業の復興の最前線にはそぐわない姿勢である。

雇用市場の回復を阻むのは何か

現在の雇用市場の空洞化がすぐには回復しにくいと考える理由としては、もっと根本的なものもある。現在のイノベーションへの投資の大半が、実際は回復を阻むためのものなのだ。たとえ、リショアリングの動きが勢いを増したとしても、戻ってくる仕事は出ていった仕事と比べるとはるかに少ないだろう。その理由は、海外移転の潮流が始まって以来二〇年間、何世代ものオートメーション技術が、労働者の需要を減らし続けていることにある。消費者向け製品のメーカーは、完全に自動化された密室の組み立てラインを試験している。そこでは、人間は監視と修理を行うだけだ。工場用のロボットはどんどん洗練され、価格も下がっている。

コンサルティング会社のマッキンゼー・アンド・カンパニーによると、一九九〇年代以来、工場用ロボット一台分のコストは人間の労働力のコストと比べると、最大で五〇％下がっているという。中国でさえも、工場労働者の一部がロボットに置き換えられた。日本などのもっと先進的な国では、無人の工場はもはやＳＦの世界だけのものではない。製造業向けロボットのメーカーである日本のファナックは、製品であるロボットをロボットでつくっている。二四時間で五〇体つくるスピードだ。ファナックの施設は、人間の監視なしで何日間も稼働し続けられる。止まるのは、出荷を担当する人々が完成したロボットを運び出すときだけだ[31]。

一方でアメリカでは、新たなロボット技術が市場に出るや否や、企業がそれに飛びついている。ロボット工学の草分け的存在であるロドニー・ブルックスは、最近「バクスター」というモデルを発表した。組み立てラインで仕事をするロボットだ。バクスターの価格は約二万二〇〇〇ドル[32]。工場労働者の平均年収よりも少ない金額である。プログラムするのも簡単なので、組み立てラインで働く人がバクスターに仕事の仕方を「教える」ことができるという。バクスターは人間と一緒に仕事をすることが想定されているが、ブルックスによると、一部の企業は単に人間の仕事を補完するだけではなく、人間をすべて排除するためのロボットとして、バクスターを捉えているという。

ボストンで最近開かれたロボット工学のシンポジウムで、ブルックスはこう述べた。企業によってはバクスターを、人員追加のコストや事務作業の手間なしに、生産量を拡大するための方法であると考えており、特に、低賃金の労働者を増やさずに済む方法と考えているという。「これまでに話を聞いた多くの中小企業が、もっと入札したい仕事はあるが、夜間に二回目のシフトは組みたくないと言っていました。というのは、そんな時間帯に働くような人を自分の工場で雇いたくないからです。だから、バクスターに二回目のシフトで働いてもらうというアイデアを、彼らは気に入りました。……そうすれば、人員を追加で雇うよりも競争力が高まり、契約をもっと獲得できる。これは興味深い見方です。彼らはより多くの人間を雇いたくない。なぜなら、信頼できる人を雇うのは、本当に大変だからです」[33]。インパルス・ソサエティでは、未来の製造業で働くのはブルーカラーの人々ではない。ノーカラー（ロボット）だ。

ロボットが狙っているのは工場の仕事だけではない。本章の冒頭で弁護士の例を挙げたように、コンピューターは複雑で「クリエイティブ」な仕事でさえ、人間から引き離そうとしている。新聞などに載る短いスポーツ記事は、現在ではその大半をコンピューターが書いている。人工知能やビッグデータなどが進化するにつれ、人間が何年もかけて学んでいる「確率をベースとした」仕事も、人工知能やビッグデータが代替するようになるだろう。それでも非常に多くのプロフェッショナルは必要になるが、職務要件は大きく変わってくる。

先にも登場したロンドンの弁護士でハイレベルのオートメーションに詳しいマーク・スミスは、人工知能とオートメーションにより、法律の仕事は二つの全く異なる分野に分かれるだろうと話す。一つは非常に狭い分野で、大変に優秀な賃金の高いスーパー弁護士が、その知性と管理能力とネットワーク力ゆえに雇われる——コンピューターがまだしばらくは、できないような仕事だ。もう一つの大きな分野は、一種の大量生産の、ウォルマート的な仕事だ。協議離婚や不動産ローンの契約などの単純な案件を、デジタルで何十万件も処理する。

経済学者のなかには、こうした二層の市場のパターンがやがては雇用市場全体に広がると見ている人もいる。経済学者のタイラー・コーエンは、著書の『大格差』（エヌティティ出版、2014年）で、このシナリオをまざまざと描いている。コーエンが考える未来では、労働人口の上位一五％が彼の言う「超生産者」を構成する。非常に聡明で、最新技術の使い方を知っている、あるいは他の超生産者のマネジメントの仕方を知っている人たちだ。その人々は、企業の効率が次の段階に進むたびに、より大きな利益の取り分を確保できることになる。このすぐ下にくるのが「サービス提供者」である。超生産者に対して、たいていは大きく儲けの出る金額でサービスを提供する。マッサージ師やトレーナー、室内装飾家、個人的なアシスタント、家庭教師、職人、芸人などだ。

しかし、この下になると問題は難しくなる。自動化できる仕事、海外移転できる仕事が体系的に、かつ効率的に取り除かれた雇用市場では、残りの労働者の選択肢は本当に少なくなるのだ。おもにスキルの低いサービス分野の仕事で、飲食店や警備、清掃、芝生や庭の手入れ、美容院、介護などである。こうした職業のプラス面は、おそらく海外移転も自動化もされないという点だ。「なぜなら、人の手で行う必要のある作業が含まれるためだ」。こう説明するのはMIT教授で雇用市場の専門家であるデービッド・オーターである。彼の研究はコーエンの著書でも参考にされている。オーターによると、こうした職業のマイナス面は、常に低賃金であることだ。「というのも、彼らが用いる能力は一般的なもので、誰でも数日間のうちに習得できるからです[34]」。

実はこれらの仕事では、労働者にとって都合の良い点より悪い点のほうがずっと多くなる。たとえば、ビッグデータにより、企業はもっと簡単かつ正確に従業員の生産性を測定できるようになる。その結果、従業員は常に決められた業績指標を満たさなければならないというプレッシャーを受け、現在のレストランやオンライン製品のように、常にレーティングされるようになる。

企業は、従業員の業績に影響するすべてのデータを調べ、仕事への応募から実際の業務成績まで、雇用のすべての側面をより細かく評価する。「ちょうど信用度の点数のような感じです」と、コーエンはアメリカの公共ラジオネットワーク、NPRで話した[35]。「すでに、それに近いものが存在しています。あなたはどの程度信頼できますか。何回転職しましたか。訴えられたことはありますか。何回交通違反をしましたかなどと問われるのです」。

コーエンによると、こうした評価は、すべてをより正確に測ろうとする大きな流れの一部分だという。「しかし、個人としての私たちは、これには圧迫感を持ちます[36]」。ここに、個人と市場の融合の闇の部分がある。労働者は調べられ、評価され、分析されて、歯車のように効率的に、マシンにぴったり合うようにされるのだ（すでに、バンク・オブ・アメリカなどの企業はデジタルバッジの実験を行っている。このバッジは従業員の生産性を測るため、その動きや人とのやり取りを、声のトーンに至るまで追跡する[37]）。

しかし、最も圧迫感があるのは、この大きな下半分の人々の経済状況だ。コーエンは、もし最上位一五％の人々が今日よりもずっと豊かだとすると、それ以外の人々は今よりずっと貧しいだろうと言う。中間層となるような人たちは存在しない。所得の中間値は現在よりもはるかに低く、貧しい人々は基本的な公共サービスも受けられない。その一因は、豊かな人々が増税に反対することだ。「増税か社会保障の削減で予算をバランスさせずに、多くの労働者の賃金が下がるのを容認し、それによって新たに底辺層ができるのを容認するのです」。

このような暗黒郷のような未来予測は、あまりにも厳しすぎると言う批評家もいる。しかし、こうした未来の兆候はあちこちに表れている。すでに、企業はビッグデータを使った業績指標を利用して、誰を解雇するかを決めている――つまり、雇用できない人物であるとハンコを押されて、レイオフされるということだ。イノベーションの究極的な腐敗のなかで、労働者が自分のスキルを向上させて、安定を得るために使えたかもしれないテクノロジーが、彼らを苦しめるために使われているのである。

たしかに、ビッグデータはもっとメリットのある使い方もできる。たとえば、デジタル技術は教育を提供する方法を変える。しかし、インパルス・ソサエティの下で、社会全体のほころびはすでにかなり明確になっている。したがって、事態を変えるには新たな教育システム以上のもの、あるいは新しい経済セクターさえもが必要になる。

大不況以来の職の大量喪失、および失業期間の長期化は、労働者全体を下りのエスカレーターに押し込むような、社会をむしばむ変化を次々と引き起こしてきた。製造業の労働者の多くは、中間レベルの賃金を稼いではいたものの、特別にスキルが高いわけではなかった。したがって、製造業の崩壊により、スキルのない労働者が多数残された。その大半が男性で、彼らはそのまま失業状態でいるか、潜在失業状態にとどまる可能性が非常に高い。そうなると、家族も不安定な状況に置かれ、子どもたちは通常より高い確率でドラッグを使用し、一〇代での妊娠や学校中退が起こる可能性も高くなる。すると、さらに下層のクラスから抜け出せる可能性が下がり、デジタル技術でどんなに力を伸ばしたとしても、大学に受け入れられる確率は低くなる。

そして、中間クラスが沈んでいる間にも、上のクラスは上昇していく。レベルの高いスキルにどんどん報いるようになる経済では、安定した家庭生活と良い教育の優位性は増幅する一方だ。良い仕事が得られる可能性が高まるだけでなく、成功した人たちの社交サークルに参加でき、ステータスの高いパートナーと巡り合って、ステータスの高い子どもを育てるのである。

実際に、現在の状況を見てみると、それほど想像力を働かせなくても、コーエンが描くのとよく似た世界に近づいていることが分かる。それに加えて、コーエンの希望のない世界がどのようにして生じるかも見えるだろう。それは、再度のリセッションや、たとえば中国との貿易戦争など、大きな事件によって生じるのではない。多数の企業が多数のアップグレードを少しずつ、段階的に行う結果として生じる。企業はコスト削減やリターン向上につながる新世代の効率が登場すると、反射的にそれを活用するのだ。コーエンは言う。「この流れをどのようにすれば止められるのかは、なかなか分からないでしょう。さほど遠くないある日、私たちは振り返って、二つの国をつくったことを知るのです。技術的に活力に満ちた分野で仕事をする、夢のように成功した国と、それ以外の人たちの国です[38]」。

もはやイノベーションは復活をもたらさない

しかし、昔から使われているさまざまな指標で判断すると、「こんなシナリオが起こっているはずがない」と感じられる。全体としての経済は、毎年より効率的に、より生産的になっている。GDPの金額は上昇し、その一ドル当たりのコストも下がっている。

ウォール街や他の株式市場も活況だ。その要因の一つとして、新しいテクノロジー企業があちこちで設立されていることが挙げられる。新規株式公開（IPO）を行う企業の数は、二〇一三年には四〇％増加した[39]。金融危機以前のピークだった年以降では、最高値となっている[40]。そして、最大規模のIPOは、おそらく必然的に、テクノロジー業界の企業によるものだ。

しかし、今日追求されているイノベーションの多くは、明らかに私たちが本当に必要としている形の経済の復活をもたらしそうにない。二〇一三年の終盤に株式を公開した、ツイッターについて考えてみよう。ツイッターは自社のサービスを「自己表現のための最高のプラットフォーム」と宣伝した。その理由の一つは、ツイートするのは非常に簡単で効率的なので、多くの人がほぼ衝動的にツイートするからだ。人々は、中東の独裁者を倒しながらツイートし、素晴らしい英雄的な行為を目撃しながらツイートする。あるいは、渋滞にはまりながら、デートしながら、テレビを見ながらツイートする。その結果生じているのは、ほぼ絶え間のない自己表現の流れだ（現在では、世界中で一分間に三四万七〇〇〇ものツイートが行われている）。

ツイッターは誰でも見られるので、広告主はすべてのツイートをふるいにかけて、いわば、誰かの自己表現という行為が消費という行為に具体化する瞬間に立ち会える。ツイッターCEOのディック・コストロはその例として、投資家向けのプレゼンテーションで次のような状況を見せた。ツイッターユーザーのグループが、夜遅くに不眠についてツイートし合っている。医薬品メーカーがこの会話を察知したら、たとえば、それぞれのユーザー宛てに睡眠薬の割引をつけて、ツイートすることができる。

「この種の会話はツイッターでは普通に起こります」とコストロは約束する。それにより広告主は、「ユーザーの状況に合わせてユーザーとつながる」ほぼ無限の機会を得ることができるという。ツイッターのIPOは大成功だった。投資家は同社の株に群がり、その日の終わりには同社の企業価値は約三一〇億ドルとなった。ここ数年間で最も成功したIPOだった。しかも、このとき同社はまだ利益を出していなかった。

コストロやツイッターを、IPOで儲けたとして怒るわけにもいかない。しかし、彼らの成功やその周囲の大変な興奮状態は、インパルス・ソサエティにおいて、イノベーションと雇用市場の関係にますます大きな欠陥が生じていることをはっきりと示している。二〇世紀に賃金の安定的な上昇をもたらしたようなイノベーションは、現代の効率的な市場で人気を得るものではない。私たちが興味を持つのは、ツイッターのようなクイックヒット（すなわち、投機的な動きを引き起こして、投資家がすぐに利益を得られるが、新たな雇用を多数創造することはないもの）、あるいは積極的に賃金と雇用を減らすものである。

労働力の節約に結び付く省力化技術が非常に効果を発揮するので、企業はますます労働力よりもテクノロジーに投資するようになっている。簡単に言うと、ロボットやサーバーファーム（訳註：サーバーが大量に設置されている場所）やセマンティック・センシティブなアルゴリズムへの投資のほうが、同じ金額を労働者の採用やトレーニングに投資するよりもリターンが大きい、ということだ。さらに、経済学者のローレンス・サマーズが指摘したように、このパターンはすぐに雪だるま式に膨らむ。企業が省力化の技術により多くの金額を投資すると、労働者に賃金として支払う金額が減るだけでなく、新たに配備された省力化技術が、大量の失業者や潜在失業者をつくりだす。そして、その失業者の賃金交渉力は失業に伴って低くなる。

結局のところ、リターンの高さによりテクノロジーにはより多くの資金が集まり、労働者への資金は減って、経済全体に占めるのシェアは労働者から離れていく。それほど昔ではない一九七〇年代、アメリカの経済生産量のうち、労働者に賃金や年金や給付金などの形で提供された割合は約四一％だった。その残りが投資家に渡ったり、税金として政府に渡ったりした。これが二〇〇七年になると、労働者の取り分は三一％に減少。この一因は労働組合の力の低下だった。しかし、主な原因は別にある。企業はオートメーションや外注化に大規模な投資を行い、その結果コストと売価を下げられたため、売上げを伸ばした。にもかかわらず、生じた利益の大半を投資家に渡して、賃金はまったく上げなかったから労働者の取り分が減ったのである。それどころか、実は、賃金は下げられていた[41]。

そして、サマーズや他の論者も指摘するように、新たな省力化技術が産業のアウトプットを増やし、一方で労働力に対する需要は減らすということを考えると、リセッション以降、企業の利益と株主へのリターンが急増する半面、世帯所得の中間値が伸びていないという状況も理解しやすくなる。ゆっくりと、だが確実に、生産性や効率やイノベーションの報酬は、労働者から離れて資本家に傾いているのである。

インパルス・ソサエティの下でのアメリカの姿は、世界の先進国のそれではなく、二流の国の姿にどんどん似ていく。金持ちとそれ以外の人々が、別の星で暮らしているような国である。「一世代前のアメリカは、いく分不平等だったとしても、混合経済（訳註：資本主義でありながら、政府が積極的な介入を行う経済）として知られる、豊かな民主主義のグループの一員だった。そこでは、急速な成長が幅広い人々に共有された」。こう述べるのは、政治学者のジェイコブ・ハッカーとポール・ピアソンだ。「いまはそうではない。一九八〇年頃から、アメリカは混合経済のグループから離れ、長い距離を漂流して別の場所に行きついた。資本主義的な寡占（少数独裁制）だ。ブラジルやメキシコやロシアのように、経済からの恵みが一部に大きく集中している[42]」。

こうした変化がインパルス・ソサエティの大枠のパターンにぴったりと当てはまっていることを考えると、これはおそらく今後も続いていくと考えられる。過去三〇年間、雇用者側は、技術やグローバル化、労働組合の衰退、効率的市場の文化への受け入れなどにより、従業員により余裕をもって対処できるようになり、力を拡大してきた。そして、自らが大きな力を持っていることを認識した他のグループと同様に、雇用者たちはその力を利用した。

しかし、これは単に力の問題ではない。以前は、マネジャーたちは意図的に、自らの取り分を少なくした。それは労働者や政府の人々との間の平和を維持するためだった。また、もう一つの理由は、労働者の賃金が上がれば、企業が売りたいものを買える中間クラスが形成されると認識していたことだ。この全体をとらえた長期的な視点は、インパルス・ソサエティのビジネス文化ではほぼ存在しなくなった。その代わりに、企業は人件費を下げざるを得ないという議論が、依然として暗黙のうちに存在する。それは、グローバル化やデジタル化、リセッション、ウォルマートなど、次から次にやってくる危機を生き延びるためだという。

しかし現在では、企業利益が国のGDPの一一%を占め、大恐慌以降では見られなかった高い水準となっている[43]。そのような状況では、そうした言い訳は空々しく聞こえるどころではない。プリンストン大学の経済学者で、オバマ大統領の経済諮問委員会の元委員長であるアラン・クルーガーは言う。「経済に占める企業利益の割合は、史上最高のレベルに近づいています。したがって、企業が賃上げを行う力がないとは言い難いのです[44]」。

しかし、インパルス・ソサエティの文化は「さまざまな危機が存在するために、人件費を下げざるを得ない」と言い続ける——時に、非常に正々堂々と。リセッションの間、多くの製造業者が賃金に関して従業員から大幅な譲歩を引き出した。企業が生き残るためには、賃金削減が必要だという理屈だった。しかし、企業の利益が回復したにもかかわらず、それらの企業の多くは賃金を以前の水準に戻すのを拒否している。

建設機械メーカーのキャタピラーの従業員が、同社が過去最高の利益を上げているにもかかわらず、以前行われた賃金凍結を解除しないため、その理由を教えるよう求めた。すると、CEOのダグラス・オーバーヘルマンは、競争力を保つためには引き続き賃金凍結が必要だと主張した（彼自身の報酬は二〇一〇年から二倍近くになっている）。「我が社はまったく十分に稼げていないと、私は常に従業員に伝えようとしています」。オーバーヘルマンは、ブルームバーグ・ビジネスウィーク誌にこう語った。[45]「十分な利益を稼げていないのです」。

同様の恥知らずな態度は、コスト削減にも表れている。二〇一三年末にワシントン・ポスト紙が報じたところによると、アメリカ産業界が過去最高に近い利益と株主へのリターンを上げているなか、米商工会議所は法人メンバーに次の点についてアドバイスを提供していた。「賃金の低い従業員が、住宅補助の受給券や食料配給券といった公的援助プログラムを受けられるよう手を貸し、コストをかけずに離職率の高さというビジネス上の問題を解決する[46]」。

このような状況への対応として現実的なのは、こうした倫理的な過ちを無視することなのだろう。力を持つ人々は、自分の取り分をさらに大きくするため、イノベーションを利用し続けるはずだ。全体としてのパイが大きくなり続ける限り、それ以外の人々は不平等の倫理性について心配するのをおそらく止めるべきなのだ。

ただ問題は、インパルス・ソサエティの特徴でありエンジンでもあるこの自己中心的な経済において、パイが大きくなり続ける保証はまったくない、ということだ。たとえ、持てる者と持たざる者との間での社会的な分裂は何とか防いだとしても（なぜなら、持たざる者たちは朝食の写真を投稿するのに忙しくて、バリケードを築くことなどできないから）、自己中心的な経済の特徴は、長期的な持続性につながるものとは言い難い。特に、もっと速く、もっと自分のためだけになる利益を求める傾向は、イノベーションという巨大な力を間違った目標に向かわせる。だから、テクノロジー企業は、自社株買いなどの「投機」にキャッシュをつぎ込む。あるいは、数十億ドルを使って技術の特許を買い占め、その特許を使って、わずかに似た点がある技術を持つ競合企業を訴える。一方で、潜在的な発明家（学校を卒業したばかりの、賢く野心的な若者たち）は、最も手っ取り早くおカネを稼げるイノベーションに熱中し続ける。それは経済や社会を前進させはしないイノベーションだ。

人工知能調査研究所の研究員、エリエザー・ユカウスキーは冗談めかして言う。「目玉になるようなアプリをつくって、二〇〇〇万ドルで会社と人間ごとグーグルに売れるなら、わざわざ新しいT型フォードをつくろうと思いますか[47]」。これほど非生産的な仕事にばかり熱中しているのだから、「ハイテク」業界の多くが、真に革新的、あるいはブレークスルーとなる製品やアイデアを生み出すのに苦労するのも当然だ。彼らはその代わりに、既存のテクノロジーで力のない派生商品をつくって、利益を絞り取って生きている。こうしたやり方では、真のブレークスルー（パイを拡大し続けるようなもの）をつくりだせる可能性は、どんどん小さくなっていく。

新たなテクノロジーが短期的な利益をもたらすのであれば、別のテクノロジーを開発する理由はない――。こうした短期主義は、真に効率的な市場であれば発見され、罰を受ける。しかし、自己中心的な経済では、市場はだまされている。したがって、マイクロソフトやアップルやインテルが何百億ドルも使って自社株買いをすると、株主ははやしたてる。

こんな事例がある。二〇一三年八月、カール・アイカーン（企業乗っ取り屋から、物言う株主に転じた）は、「アップルの株式を一〇億ドル分取得し、アップルに一五〇〇億ドルの自社株買いを行うよう要求している」と発表した(もちろん、ツイッターで)。アイカーンは、この自社株買いによりアップルの株価は四八七ドルから六二五ドルに上昇するはずだと主張した（そして、アイカーンのキャピタルゲインは二億八〇〇〇万ドルとなる）[48]。

これは、インパルス・ソサエティにおける典型的な展開だ。アイカーンはコンピューター技術や組織構造などに関して、何の専門知識も持っていない。彼が唯一知っているのは、金融テクノロジーを使って自分の大量のキャッシュをもっと大量にする方法だけだ。

現実的な見方をする人は、アップルのキャッシュは、同社のイノベーション・プロセスをよみがえらせるのに使うべきではないかと論じた。つまり、少なくとも、アイフォーン５ｃより多少は革新的なものを考え出すのに使うのである。しかし、市場は大喜びだった。自社株買いは資金をより効率的に使うことになるからだ。実際、その日の終わりまでに、アップルの株価は三・八％上昇した。アイカーンはアップルの時価総額を二〇〇億ドル増加させた。それも、ただ一回のツイートで。

医師のアンソニー・ザイトマンは、少なくとも週に一度は、自己中心的な経済の実態と向き合っている。ザイトマンは、ボストンにあるマサチューセッツ総合病院の放射線腫瘍医であり、前立腺がんを患う患者と治療方法について日常的に話し合っているが、患者の変化を感じると言う。昔は、患者は医師が勧める方法を素直に椅子に座って聞いていた。しかし昨今では、「患者がインターネットのページの束をどさっと置いて、『これをお願いします』と言うことも珍しくない」というのだ。

多くの場合、「これ」とは陽子線治療だ。細い粒子線（訳註：放射線の一種）を使う最先端の治療法で、周囲の組織にダメージを与えずに届きにくい場所にある腫瘍を攻撃する。患者がこの正確な治療方法を希望するのは、従来からの他の治療方法だとインポテンスや失禁などが起きるようになる可能性があるからだ。しかし、ザイトマンが患者一人ひとりに丁寧に説明するように、陽子線治療のメリットは実際にはほとんど存在しない。

この技術の圧倒的な正確さがメリットとなるのは、目や脊椎など、わずかなズレでも悲惨な結果を招くような、本当にリスクの高い場所にある腫瘍だけだ。前立腺がんの場合は、陽子線治療は一般的な治療方法と比較して、効果が高いわけでも、重大な副作用を起こす可能性が少ないわけでもない。それでも、通常の治療法よりもずっと費用が高く、二倍から五倍かかるという。

その理由は、陽子線をつくるには粒子加速器という体育館並みの大きさの機械が必要で、その機械は高いものでは一億五〇〇〇万ドルもするからだ。[1] したがって、その分のおカネは「本当に価値のあるもの、たとえば、かかりつけ医や、新しい外来病院、新しい手術センターなどには使われなくなる」と、ザイトマンは指摘する。

陽子線治療は、真に効率的な市場であれば削減される、あるいは抹消さえされてしまうような「製品」だ。しかし、機器メーカーや病院による強力なマーケティング、そしてコストにはほぼ無頓着な歪んだ保険制度のおかげで、この治療法は急速に拡大している。二〇二〇年までには、アメリカには三一カ所の陽子線治療施設ができる――これは実際に必要な数の約三倍だ。そして、アメリカの医療システムは完全な崩壊に向かって、数百億ドルの規模で近づくことになる。

「そんな余裕はない」とザイトマンは言う。「誰もが陽子線治療を、それが優れているという理由からではなく、ただ最新だから、目立つから、センセーショナルだからという理由で受けようとするなら、それは社会を破産させることになる」。医療は、個人と市場の新たな出会いの場のようだ。そこでは、私たちの恐れや不安が、短期的なリターンとして収穫されるのだ。

実際、アメリカの医療制度は加速するインパルス・ソサエティの一例であると考えられる。つまり、医療制度は自己中心的な経済の縮図であり、足踏み水車によって動かされ、短期的な自己本位の行動を生み出す。これは結局のところ、五〇〇〇万人が基本的な医療保険にすら入っていないのに、不必要な治療に何億ドルをも無邪気に使う「医療文化」である。この文化は、いますぐの満足感をすぐに手に入れたがる。したがって、私たちの世代による積み重なった医療費の負債を払うため、孫の世代は三倍の税金を負担することになるかもしれない。

またこの文化では、いまやどんな病気も個人の権利の侵害と見なされ、治療に関してひどく膨らんだ自己愛的ともいえる期待を持つ（少なくとも、医療保険に入れる人は）。そして何よりも、この文化は人間の有限性や非永久性を認識できないようだ。毎年、「老い」や「死」という受け入れざるを得ないものを拒むために、私たちは何十億ドルをも使っている（美容整形に年間一一〇億ドル、テストステロン・ジェルに二〇億ドル）。そして、そこから完全に逃れようとさえする。

二〇一三年には、グーグルはカリフォルニア・ライフ・カンパニー（カリコ）というベンチャーを立ち上げた。そのミッションは、人間の寿命を二〇年から一〇〇年延ばせるような治療方法を探すことだ。[2] ピュー・リサーチセンターによれば、そのような治療方法があればアメリカ人の一〇人に四人が利用するだろうという。

言い換えると、アメリカの医療システムは、ポスト物質主義の理想を制度化することにどんなリスクがあるか、それを具体的に示している。理論的には、医療は、市民を物質的存在のリスクから守る社会システムだ。ここでいう物質的存在とは、病気やそれに伴う金銭的な問題である。このように社会システムに守られているから、市民は理想をもって自らの可能性を追求できるし、より市民的で社会に関わる生活を送ろうとするのである。

しかし、その制度化に欠陥があった場合、アメリカの医療制度は明らかにその一例だが、その反対の結果が生じる。医療を消費する私たち市民があまりにも利己的になったので、社会を脱線させる危険を生じさせているのだ。別の言葉で言うならば、崩壊しつつある医療制度のなかに、私たちはポスト物質主義の理想と、個人や市場が抱える衝動との間にある対立を見ることができる。そして、この対立が、インパルス・ソサエティ全体を好ましくない方向に動かしている。

しかし一方では、医療システムを立て直そうとする努力のなかに、この対立に立ち向かおうとする初めての真の試みが見られる。また、インパルス・ソサエティの周囲を取り囲む、経済的・政治的・心理的な障壁にメスを入れようとする試みも見られるのである。

だからこそ、オバマケア(3)（オバマ大統領による医療保険制度改革）が重要な意味を持つ。医療保険制度改革法には内容や実行面でさまざまな欠陥があった。しかし、同法はポスト物質主義が行き過ぎた結果を修正しようとする最初の総合的な試みなのである。医療を巡る議論は、根本的には、インパルス・ソサエティが持続的で人間的な何かに変われるかを巡る議論である。医療制度の改革において私たちが直面する困難は、この先に控えるずっと大きな困難の前触れである。もし、私たちの究極の目標が、より大きな目標と長期的な視点を備えた社会を育てることであるならば、アメリカの医療文化から、私たちは何かを学ぶことができるかもしれない。

アメリカの医療を破壊するもの

ジョン・ノウルズは、このジレンマを知っているはずだ。一九六〇年代終盤から一九七〇年代にかけて、ハーバードで教育を受けたこの医師は、アメリカの医療を破壊しつつあると見られた過剰な治療について声を上げた。医者というよりも宣教師のように、ノウルズは仲間の医師が何万もの不要な処置を行って過剰な料金を請求していると、記事や講演などで訴えた。たとえば、一部の医師は「家を建てているから、あるいは妻が新しい車を欲しがっているから」、そうした行為を行っているのだと、彼はピープル誌に話している[4]。

ノウルズは医療を消費する患者に対しても批判的だった。「食べ過ぎ、飲み過ぎ、ピルの摂取、夜更かし、乱交、スピードの出し過ぎ、喫煙[5]」といったその生活習慣も、医療費を増加させているとしたのだ。

ノウルズは、こうした悪習慣を引き起こした責任の一端は、甘い「クレジット思考の文化」にあるとした。「飲食でも、住宅や車の購入でも、すぐ手に入れて後で払う」文化だ。しかし、より大きな責任は、消費者が自分の健康に責任を持つ気持ちを失わせた、組織的、構造的な力にあると考えていた。アメリカ人は何十年間も、世界で最も寛大で成功した医療制度の下にあった。その結果、個人の医療の選択において「縛られない自由[6]」を求めたときでも、その自由を行使した結果起こることから、自分たちは完全に守ってもらえるものと期待したのだ。ノウルズはこう記す。「個人の責任という概念が、個人の権利の陰に隠れてしまった——その権利、あるいは要求は、政府によって保障され、公的な組織や民間組織が提供するのである[7]」。

欠陥のある社会組織や経済組織が、人々に問題のある行動を取らせるようになるという考え方は、新しくもないし、医療に限定されるものでもない。事実、それは国家と市民の最適な関係についての議論で、長い間中心となっているテーマである。しかし、医療に関しては、国家と市民との間で正しいバランスを取ることは本当に難しく、さらに、明らかにバランスが取れていないときに、状況を改善するのも難しい。

ここで中心となる問題は、そもそもアメリカの医療制度は、国家と市民とがバランスするようにつくられたのではない、ということだ。実際はその正反対であり、アメリカの医療のゴールはずっとささやかなものだったのだ。

ヨーロッパ諸国の大半が全国民をカバーする医療を明示的に追求したのに対し、アメリカ政府の方式、すなわち一九六五年に制定されたメディケア（訳註：政府による高齢者向けの医療保障）とメディケイド（訳註：政府による低所得者向けの医療扶助）は、主に民間の健康保険ビジネスのすき間を埋めるためのものだった。国民皆保険を推奨する人々にしてみれば、この民間と公共が入り交じった仕組みは、悲しいほど不十分なものだった。

しかし、この仕組みを支持する人は、これが民間と公共それぞれの最高の部分を提供できることを望んだ。つまり、社会的なセーフティネットと、民間のイノベーションの力と規律の組み合わせである。彼らは半分正しかった。メディケアとメディケイドが影響し、民間の医療市場は狂ったようにイノベーションを進めた。メディケアもメディケイドも、市場で求められる値段の通りに医師や病院に報酬を支払ったため（また、大半の州が民間の保険会社にもこれを求めたため）、医療に対する新たな大量の需要が創造されたのだ。しかし、後述するようにそれに加えて、その医療を提供する市場は規律の大半を失ったことも忘れてはならない。

医療のイノベーションの期間は短縮された。補償が気前よく提供されたため、医療の需要は伸び、それが治療や技術の進歩に拍車をかけ、患者にはよい結果をもたらした。一九六〇年には、心臓発作を起こすと五人に三人は亡くなっていた。これが二〇〇〇年には四人に一人までに減少した。[8] ベータ遮断薬や、心疾患集中治療室、抗凝血剤、ステントなどの開発が進んだおかげである。

同様のことが医療分野全体で起こり、二〇〇〇年までにアメリカ人の寿命はさらに四年延びた。[9]

しかし、新しいシステムはあまり望ましくない結果ももたらした。補償の拡大により、患者の側も医療提供者の側も、医療資源を大切に使おうという意欲が弱まったのである。

患者は必要以上の医療サービスを利用し、また非効率な使い方をした。一方で、予防や検査といった積極的な手段は取らず、その結果、健康を害して、選べる医療の選択肢がより少なく高価になって、より高額な費用を発生させた。さらに、コストを気にせずに医療を消費するため、常により先進的な治療を要求し、医療分野のイノベーションを歪めていった。つまり、イノベーションは予防からは遠ざかり、複雑で利益の大きい治療法へと向かったのである。製品開発費も上がっていた。その背景には規制もあったが、さらに、簡単な治療法はすでに開発済みで、その次の世代の医療イノベーションにはコストがかかったという状況もあった。

医療イノベーションのコストの上昇は、これまでの章で見てきた金融化を、さらに感染力の高い形で発生させることになった。今日の医療技術は非常に高価なので、新しい機器を購入する医師や病院は、なるべく頻繁に使って投資の元を取らなければならないという大きなプレッシャーを受ける。たとえば最も頻繁に使われる二つの医療用画像技術を見てみよう。ＣＴスキャン（コンピューター断層撮影）とＭＲＩ（磁気共鳴画像法）だ。この二つの技術ががんや他の病気を探し出し、何十万人もの命を救ったことは誰も否定できない。しかし、両技術の金融面での特徴、つまり初期費用が五〇〇万ドルから三〇〇〇万ドルくらいと高く使用時のコストは比較的低いという特徴により、投資を行った医師は自然に、なるべく頻繁に使おうという気持ちになる。

ハーバード大学の経済学者で、医療政策と意思決定について研究を行っているアミターブ・チャンドラーは言う。「技術を導入し、その固定費を負担してしまったら、それを患者全員に使いたいという気持ちになります」。そして、ＣＴスキャンやＭＲＩなど用途の広い診断用の機器は、理論的には医学上のどんな状況にも使えるので、自然に過剰に処方されるようになる。「問題は、全国民に対してでも、ＭＲＩやＣＴを使えることです[10]」とチャンドラーは話す。

次第に、医療が資本集約的な産業に類似するようになってきた。「ジェット旅客機のようなものです」とチャンドラーは言う。「仮に、ユナイテッド航空が新しいボーイング７７７を買ったとしたら、それをただ置いておきたくはないはずです。７７７を常に飛ばしておかなければなりません」。そしてもちろん、医師や病院が費用のかかる技術を使えば使うほど、多くの患者がその技術を試しに来るようになり、そうした日常的な利用が医療に不可欠なものとなっていく。

その結果、典型的なインパルス・ソサエティのパラドックスが生じる。すなわち、イノベーションと治療と患者の大きな期待が雪だるま式に膨らみ、その一方で医療費が全体的な経済成長の三倍もの速さで増加する――。その結果、医療費赤字は拡大し、アメリカ経済で持続不可能なほどの割合となっている。一九六〇年にはＧＤＰのわずか五％だったアメリカの医療費は、経済が大きく拡大したなかで、それ以上に拡大して現在では約一七％を占めるまでになった（アメリカ以外では、医療費がＧＤＰの一二％を超える国はない[11]）。

さらに、この割合は二〇二〇年までに二〇％になると予想されている。医療の進歩はいまやアップルやＧＭのアップグレードの足踏み水車のようだ。ただし、その規模は格段に大きい。医療費の研究に取り組むヘースティング・センターの医学倫理学者で、史学者でもあるダニエル・キャラハンは言う。「まるで宇宙開発のようです。どこまで行っても、まだ先に進めるのです。まさに無限の医療です[12]」。

莫大な費用がかかる抗がん剤

このように、保険の仕組みがイノベーションを生み、それが消費者の期待につながるという医療モデルにより、アメリカの医療文化では不合理なことさえも普通に感じられるようになっている。

二〇一二年に、がん治療専門の医療機関として名高い、ニューヨークのメモリアル・スローン・ケタリングがんセンターが、「ザルトラップ」の投与を拒んだとして話題になった。ザルトラップは末期の結腸直腸がんのための新薬だ。このスローン・ケタリングの決定は称賛すべきものだった。ザルトラップは一カ月当たりの費用が一万一〇〇〇ドルで、既存の抗がん剤の一つ「アバスチン」の二倍以上の値段だが、アバスチンと比べて目立った利点はない。

アバスチン自体も決して安い薬ではなく、典型的な末期の結腸直腸がんの患者の場合、アバスチンで一通りの治療をするのに約八万ドルがかかる。その一方で出血などのひどい副作用もあり、それでも延ばせる寿命はわずか六週間余りだ。こうした話は、いまは当たり前のようにある。前立腺がんの新薬「プロベンジ」は、患者個人の体の化学反応に合わせて調整されるが、それを使った治療には九万三〇〇〇ドルがかかる。これは、一一億ドルの開発費を回収するためだ[13]。そして、この薬で延ばせる寿命は四カ月だという。

今日では、患者にはこのような選択肢があると喜ぶこともできる。しかし同時に、病気で不安定な状況にいる患者は、その高額な医療費をどうやって負担すべきか大変なジレンマに対峙しているに違いないと懸念される。これもバランスを崩した医療セクターの財務的な要因のためだ。キャラハンは言う。「医薬品メーカーは、どんなに非常識な価格でも、その金額を出そうという人が必ずいることを知っているのです。その高額な薬の費用のうち、保険会社も一部は支払うかもしれませんが、全額は支払いません。だから、患者は自宅を担保に入れます——あるいは、患者の子どもたちが自分たちの家を担保に入れます。そして彼らは、その薬のために破産してしまうのです」。

アメリカ以外の国では、こうした状況はそれほど起こらない。その理由の一つは、政府が運営する医療制度は、そのようなコストが高く価値の低い治療に通常はおカネを出さないからだ。その結果、患者の期待もそれに比例して低くなる。

イギリスでは、ある一定の水準よりもがんが進行したと診断された患者には、自動的に緩和ケアとホスピスが紹介される。イギリス出身のザイトマンは言う。「それはひどく冷酷なのでは、と思われるかもしれませんが、それが現実なのです。薬を追加すれば治せるという振りをすることはできるかもしれない。ですが本当は、それは不合理な偽りなのです」。

しかしアメリカでは、末期的な病でさえもしばしば市場機会とみなされ、緩和ケアは付け足しのようなものとなっている。アメリカでのホスピス平均滞在期間（中間値）は三週間を下回り、ホスピス患者の三分の一が入所から七日以内に亡くなっている。その代わりアメリカで重点が置かれているのが、最終段階での壮大な、費用の高い治療である。そうした傾向が強いため、政府や保険会社が患者に対して、そんな費用のかかる治療はやめるよう説得しても抵抗され訴えられる。

キャラハンは言う。「保守派の見方では、そのような選択は常に個人に任されるべきだとなります。しかし問題は、病気の人は通常そうした決定をするのにふさわしい状態でない、ということです……そして、よく間違った選択をします。よいシステムの要件の一つは、程度の差はあれ、そうした人々を間違った選択から守ること、特におカネの絡む選択で人々を守ることです」。しかし、アメリカの医療システムは人々を間違った選択から守ろうとはしない。むしろ、間違った選択を推奨し、利益を得るためにそうした選択を要求するようになっている。

高額な医療費が生み出す低いリターン

医療システムが利益を上げながら生産できるものと、医療を消費する私たちが本当に必要なものとの間での格差が拡大する――これは典型的なインパルス・ソサエティの症状だ。その格差は、生死が絡むものでなければ滑稽とも言えるほどだ。

アメリカは国民一人当たりの医療費が、どの先進工業国よりも高い。その一方で、その投資に対する健康上の「リターン」は驚くほど低い。重要な項目、たとえば寿命や乳児死亡率、患者満足度などのほぼすべてで、アメリカは他の先進国に後れをとっている。[14]

なかでも目立つのが、医療保険に加入していない何千万人ものアメリカ人だ。その統計があまりにも頻繁に示されているので、もはやほとんどインパクトはない。しかし、歴史上最も豊かな国で、国民の七分の一が最低限の保険さえも持っていないことが許容されている、その意味を考えてみよう。他のどの先進国もこのような格差を受け入れない。それらの国々は、インパルス・ソサエティを定義する近視眼や自分のための利益にそれほど完全に降伏してはいないのだ。一方で、保険未加入者が多いアメリカの現状は、この国が近視眼と自分の利益に屈した結果である。

なお、アメリカで保険未加入者層が膨らみ始めたのは一九七〇年代の経済混乱が発端で、一九八〇年代に始まった、狂ったような企業のコスト削減も増大の要因となった。多くの企業が低賃金の労働者に、健康保険を提供するのを止めたからだ。こうした変化があまりにも急速で劇的だったので、一九九〇年代の終わり頃には、経済が好況であるにもかかわらず、健康保険未加入の低賃金労働者の割合は、一九八〇年代よりも高くなった。

医療が専門のジョージタウン大学のジュディス・フェーダーはこう指摘する。「一九九〇年代から得られる教訓は、危機を目前にした経済では医療保険が削減されるということだけではなく、繁栄した経済も健康保険を保証するものではない、ということです」。

仮に医療のイノベーションが次々にもたらされることを繁栄と言うのであれば、その「繁栄」により医療はより手の届きにくいものになる。第一に、私たちが高価な新技術に大きく依存すると、医療の値段は上がり、貧しい人々にとって医療保険はより遠いものとなる。第二に、リターンにこだわる医療のビジネスモデルが好む技術は、多くの資本を吸い上げる一方で、それに不釣り合いな小さな社会的価値しかもたらさない。

ハーバード大学のチャンドラーによると、陽子線治療一回に使っている費用で、三人の未加入者を医療保険に加入させることができるという。チャンドラーは言う。「私たちはこの選択をしています。この分配の形を選ぶと決めたのです。つまり、陽子線治療を一部の人に提供し、他の人たちには保険を分配しないということです。しかし、私にとっては、この件について二分以上考えた人が『ノー』とも『ばかげた選択だ』とも言わないのは信じ難いことです」。

これも、インパルス・ソサエティにおける医療のあり方だ。ここでの目標は「健康」ではなく「医療」なのである。つまり、病気に対する治療だ。

合理的な医療のモデルの下では、ダイエットや運動や予防医学など、人々を健康に保つために必要なあらゆることに関心が持たれ、また非常に高価な治療が必要になる前に、病気を見つけようとするだろう。しかし、現代版の消費者資本主義の下では、迅速なリターンが優先され、どんな支出も前向きな経済活動として評価されるので、費用のかかる医療はある意味でより価値がある。医療において、治療は――うがった見方をすればその治療が必要な病気も――健康と同様に、経済成長に不可欠なものとなりつつあるのだ。

ジャーナリストで公共政策のアナリストであるジョナサン・ロウは、数年前にこう記した。「(医療システムが)目指すのは健康な人々であるべきで、医療サービスや医薬品を余計に売ることではないはずだ。しかし、現在私たちは、医療システムの経済的な貢献を、その結果よりも治療で評価している。……やがて、『病気主導の経済回復』という言葉が聞かれるようになるだろう。経済を刺激するためには、人々が病気になることを推奨しなければならない。それによって、経済を良くするためである(15)」

望ましい医療システムとはどんなものか

ここから、なぜ医療制度改革がこれほど困難なのかが見えてくるはずだ。まず、私たちが改革しようとしているのは、自分たちの健康管理の方法に影響する行動様式や組織であり、それは簡単なことではない。もちろん、純粋に技術的な観点からいえば、アメリカのものよりもずっと合理的な医療システムの例には事欠かない。カナダや台湾などが実施している、政府による「単一支払者制度」(訳註:政府が保険料を徴収し、政府が支払いを行う制度)から、スイスやシンガポールで実施されている市場ベースのモデルまでさまざまなものがある。

しかし、さまざまな理由から、どの方式がアメリカに最も適しているかに関しては明確なコンセンサスはない。その一因は、医療のような重要なものを管理することにおいて、政府と市場のどちらが優れているか、あるいはよりダメージを及ぼさないか、いまだに意見が分かれているからだ。

単一支払者制度の推進者たちに言わせると、答えは明確だ。医療の提供者としては、政府が最も合理的だという。なぜなら、政府はその巨大な規模を活用して医療を低価格で購入できるし、また規制を行う権限を利用して、個人がどの程度の医療を利用できるかを管理できる（無遠慮に言えば、医療を配給できる）からだ。

このトップ・ダウンの方式は、理想的に進められれば、個人と市場の行き過ぎを抑える。そして、それによって入手しにくいものであった医療を、基本的な社会サービスに変えられるのである。また、こうした効率化により生じた節約分は、保険未加入者のための医療の資金とすることもできる。

一方で市場をベースとした方式を推奨する人たちは、政府がすべきなのは、全市民が最低限の保険を買うのに必要な資金を持てるようにすることぐらいだという。すると、消費者の資金は限られるが、それをコントロールする自由は大きくなるので、医療をどの程度利用するかに慎重になるだけでなく、どう使うかにも注意深くなる。そして、この新しい自己規律により、病院や医師や技術の提供者もコストを意識するようになる。

しかし、これはただ単に最も効率的なシステムを選ぶという問題ではない。医療に関する議論は、市場か国かの議論として位置づけられることが多いが、そこにはもっと深い問題がある。すなわち、消費者と市場の関係、そして市民と社会との関係（両者はまったく別のものだ）についての問題である。特に、医療に関する議論が展開されるようになって以来、社会は市民に何を負い、市民は社会に何を負うと考えるのかを明らかにするよう迫られている。

「そもそもの問題は、他の多くの国々が受け入れている前提をアメリカも受け入れたいと思うかということです。つまり、人々の健康は基本的には国の責任であるという前提です」。ハーバード大学グローバルヘルス・人口学部の医学倫理学者、ダニエル・ウィクラーはこう話す。「人々を健康に保つこと、また特に、医者にかかる必要があるときに、それができるようにすることは国の政府の仕事なのかどうか」[16]。これはまず、コンセンサスを形成し、それを実現するために必要な資金とプログラムを確保できるかという政治的な問題である。そして、同時にそれは道徳的な問題でもあるとウィクラーは言う。「あなたが病気になったとして、そのひどい健康状態を解決するうえで医療費の問題が妨げになっており、あなたがその医療費を払えないとしたら、あなたの隣人は協力してくれるかどうか、ということです」。

ウィクラーが挙げた二番目の問題は、合意を得るにはほど遠い。オバマケアが実現するまで、多数のアメリカ人が医療制度改革に賛成していた（反対三三％に対して、賛成五一％）。しかし、半数以上がそのゴールはコスト削減であり、保険の拡大ではないと感じていた[17]。これは政府の役割と社会のセーフティネットを分けて考えるイデオロギーを反映している。また、ジョージタウン大学のフェーダーが指摘するように、これは非常に根本的な医療業界の力学をも反映している。つまり、彼らは現状を維持したいのだ。

実は、アメリカの医療システムにさまざまな問題があるにもかかわらず、大半のアメリカ人はいまの状況にまあ満足している。なぜなら、アメリカ人の大半は医療保険に加入しており、悪くない医療サービスを受けられるからだ。この大半の人々は、医療保険に加入していない人がいることは残念だと考え、何らかの解決策を見つけるのに反対ではない——ただし、それが自分の医療を妨げない限りにおいて、である。

「全員加入の障壁となっているのは、アメリカ人の大半が保険に入っているということです。その人たちはそれを邪魔されたくないと考えており、その結果、少数の人々が取り残されているのです」。こう話すのはジョージタウン大学のフェーダーだ。彼女はクリントン政権で医療に関する取り組みを行ったが、上手くいかなかった。彼女によると、このような邪魔されたくないという気持ちが人々にあるために、かつて単一支払者制度を推奨していた民主党議員も、いまではそれをほとんど口にしなくなった。フェーダーは言う。「消費者はそれを求めていません。既得権益を獲得している人は、いまいる場所にとどまっていたいのです」。

オバマケアより前の医療政策のほとんどが、何かを改革するものではなく、何かを追加するものであった大きな理由はここにある。追加されたものの一例には、二〇〇三年に制定された、処方薬に対するメディケアの給付金がある。これは非常に人気があり、また、非常におカネがかかるものだった。

こうした人々の自己防衛が集結し、オバマ大統領の医療保険制度改革法（ＡＣＡ）は感情的な反応を引き起こした。それは、この改革における実務面での失策への反感だけではなかった。ＡＣＡは官・民で構成されるアメリカの医療制度の基本的な仕組みは変えなかったが、よくない医療慣行を可能にしていた要因には手を加えたのである。

たとえば、メディケアの費用支払いの仕組みでは、医療サービスの提供者はもはや提供した個々のサービスに基づいて支払いを受けることはなく、実現した結果に基づいて支払いを受ける。この変更によりすでにメディケアのコストは下がっている。また、最近では数十年ぶりに医療費の値上がりのペースが遅くなっているが、これにもメディケアの変更が影響していると思われる。

同様に、「相対的有効性評価（comparative effectiveness review）」[18]として知られる政策では、メリットと比較してそのコストが高すぎると思われる医療技術や処置についての支払いを、保険会社は拒否することができる（これはイギリスなどの単一支払者制度では標準的な仕組みである）。

ＡＣＡは雇用主が提供する医療保険や個人で加入する医療保険の価格を引き上げるが、それにより、より現実に近い医療費を消費者に実感させ、市場を自制させるのだ。

一方で、「個人強制保険」は、まだ若く健康であるなどの理由で現在は保険に加入していない人に、将来必要になったときに備えて、おカネを払い始めさせるものだ。この強制保険は、理論的には、よくありがちな近視眼を治して、社会に大きなコストを負担させないようにする。

こうした変更は真の変革とは言えないかもしれない。なぜなら、アメリカの医療システムの厄介な官民の混合状態には変化がなかったからだ。しかし、それでも医療の現状と、個人と社会の関係についての議論の両方に、大きな変化をもたらした。全面的な効果を測定するには何年もかかるだろう。しかし、政府の保険支出の人口一人当たりのコストは大幅に下がる可能性が高い。支払い方法の変更により、病院や医師の治療方針が変わるからだ。加えて、アメリカを陽子線国家のようにしている、衝動的な技術の減少も見られるだろう。

しかし、同時に、あまり望ましくない結果がもたらされる可能性もある。たとえば、余計な技術に支払いを行わないことは、医学の進歩のペースを遅らせることにならないだろうか。イギリスやフランスなどは、自国の医師が費用の高い治療を行うのを認めない。しかしその患者たちは、アメリカの非常に活発なイノベーションによって生み出された多くの先進医学の恩恵を受けている。

もっと根本的なところでは、この改革が政治面でどのような抵抗を生み出すか、という問題がある。議会が一九六五年にメディケアとメディケイドを創設したときも、保守派からの反対はあった。しかし、議会で民主党が優勢だったこと、そして急速に年老いていく国民がそれらの制度を支持するだろうということから、反対意見は押し切られた。

また当時は、高齢者を支援できるくらいに、社会が十分に豊かだった。いまは、人々はそれほど豊かさを感じていない。その結果、多くのグループがより多くを支払うか、受け取り分を少なくするよう求められている。当初起こった否定的な反応は、実施上の問題や政策の中止などに対するものだった。しかし、既得権を持つ人は、現状に対して長期的な変更が求められていることを感じ始めて、もっと大きな怒りを抱いた。

重要な点として挙げられるのは、保険未加入の人を保険に入れる資金の大半は、メディケア支出の削減から得られるということだ。政府の政策を長期にわたり研究してきたトーマス・エドサルによると、保険の拡大により恩恵を受ける人は、ほとんどが貧しいマイノリティだろうという。一方で、メディケアの対象となっている人は、大半が中流クラスの白人だ。したがって、ＡＣＡは公的なおカネの分配先を変えることを意味し、ある社会グループをまったく異なる別のグループと競わせることになる。

この争いは政治や選挙に大きく影響する可能性があると、エドサルは警告する。「税金や他の資源を中流クラスから貧しいマイノリティに移すことへの抵抗感がある。白人有権者が持つであろうこの抵抗感が、選挙での勝利に影響するほどのものではないと考える人たちは、二〇一〇年の選挙結果を見てみなければならない。この選挙では、この抵抗感がいかに選挙に利用されやすいかが示された」。

エドサルは二〇一三年一一月のニューヨーク・タイムズ紙の論説記事でこう書いた。「二〇一〇年のACAの可決により、この問題は前面に押し出され、共和党が下院や国中の州議会で圧勝した。このプログラムの現時点での展開により、二〇一〇年の状況は二〇一四年にも、おそらくは二〇一六年にも繰り返される可能性が十分にある」[19]。

言い換えると、近視眼や自分の利益を重視するといったインパルス・ソサエティならではの思考様式を国家権力で抑えられると考えるならば（それが医療の問題でも金融でも、個人の行動でも）、大きな反動が起こったとしても驚くべきではない。インパルス・ソサエティは、自分の身を守るのである。

医療のイノベーションも富裕層向けに

同政策が引き起こすであろう影響の大きさを考えると、オバマケアに対する反対は比較的穏やかなものだった。リベラル派は、ACAが長年夢見ていたヨーロッパ型の単一支払者制度には遠く及ばないとして文句を言うかもしれない。しかし、多くの保守派にとっては、オバマケアは何十年かぶりにアメリカを経済管理のニューディール・プログラムに引き戻す大きな変革だった。一九八〇年代に抹殺されたはずのプログラムへの逆戻りである。

一方で、オバマケアへの反応を見ると、「アメリカ人は広範な社会問題の解決のためには個人を犠牲にする」という昔ながらの概念を見直す必要が出てくるかもしれない。むしろ、数十年の間、どんどん自己中心的になるイデオロギーと、消費者の欲求に敏感に反応する経済が続いた後では、個人を犠牲にして社会正義を守るなど考えられないと言う人もいるだろう。

しかし、これは近年になって形成された考え方である。言うまでもなく、過去の世代は大きな社会的善のためには進んで犠牲を払った。残念なことに、インパルス・ソサエティの他の部分と同様に、アメリカの医療文化も、雪だるま式に無限に膨らんでいくイノベーションと期待のサイクルにより、権利意識と自分の利益のために行動する姿勢を育てた。だから、たとえば保険会社が「高額で実験的な治療は保険でカバーされない」と言えば、患者は保険会社を訴える。それだけでなく、臓器移植の優先順位を覆すためにも患者は法廷を利用する。事実上、希少な医療資源を平等に分配するために設けられた規範や組織を、だましてすり抜けようとしているのである。

こうした行為はアメリカではどんどん一般的になっているが、イギリスなど他の国々では稀である。イギリスでは政府の医療政策がずっと厳しく、また、市民が規則や制約をアメリカよりはるかに受け入れているからである。

「イギリス人は列に並ぶのがずっと上手です。列のなかで自分の場所に立ち、順番を待つのです」。こう話すのはケビン・ドノバンだ。ジョージタウン大学メディカルセンターの医師で、生命倫理学の専門家である。「一方でアメリカ人の態度はこうです。『制約があるのには理由があって、それには従わなければならない。ただし、自分だけは例外だ[20]』」。

実際、アメリカの医療には特有の不平等主義的な傾向があり、それは政府による改革だけでは消せそうにない。また、この傾向はインパルス・ソサエティ全体に対処するうえでも、大きな課題の一つとなる。

この不平等な状況もまた、医療技術に強くフォーカスしたために生じている。画期的な医療イノベーションの多くは、高価なものになりがちだ。その例となるのが、有望視されている遺伝子ターゲティング療法だ。これは、バイオテクノロジー企業が、特定かつ非常にわずかな人々の、特定の病気に合わせて医薬品を調整するものである。

ハーバード大学のチャンドラーによると、この非常に高い開発費を投資家が素早く回収するためには、バイオテクノロジー企業は富裕層を悩ませている病気にフォーカスせざるを得ないという。これはすなわち、豊かな国に焦点を絞るだけではなく、その国のなかでも最も豊かな人々に焦点を絞るということだ。

チャンドラーは言う。「たとえば、アフガニスタンではなくアメリカ市場をターゲットとした薬が開発される可能性が高いのと同様に、アメリカのなかでも、アーカンソー州やケンタッキー州の貧しい人たちではなく、ボストンやマンハッタンの人々を苦しめている病気がターゲットとされる可能性がずっと高いのです」。

そして、遺伝子科学が、知性や野心など金銭的な豊かさにつながりそうな遺伝子成分を認識できるようになったら、そうした遺伝子はさらにスキャンされて、治療できそうな病気の可能性が調べられるだろう。金持ちがかかりそうな病気を特定するためである。

このような医療技術の莫大な開発費を考えると、また産業界がこれまで以上に迅速なリターンを求めることを考えると、未来の医療は現在の傾向を強めたものになると想像できる。つまり、真に人生を変えるようなイノベーションは、ますます市場の一部だけに、それを買える人たちのところに流れていくのである。

たとえ、アメリカが単一支払者制度を導入できたとしても、医療文化はタイラー・コーエンの言う二つに分かれた社会、つまり、平均の終焉のような社会になるだろう。そこでは、豊かな人々は優れた医療を受けられるだけでなく、寿命を劇的に延ばすようなイノベーションを手に入れられるのである。三〇年後、コーエンの言う超富裕層が誰よりも豊かになり、誰よりも長生きするようになったとしたら、社会はどのようになるのだろうか。

医療が際立たせる不平等とアンバランス

何度も繰り返し、医療文化はインパルス・ソサエティ特有の不平等とアンバランスを浮き彫りにする。また、私たちの意思決定の基になる思考様式も浮き彫りにする。さまざまな技術やテクニックで、私たちは最終的に望んでいる場所に行き着けるのか、あるいはそれと引き換えに何を失うのか、立ち止まって考えることはめったにない。私たちが気にかけるのは、それで前に進めるのか、すぐにリターンが得られるのかということだけだ。

以前は寿命を縮める原因となっていた病気が、科学により撲滅されたことを悲しむ人はほとんどいないだろう。しかし、その延びた分の寿命を生きる頃、われわれは長生きすると大きなコストが生じることに気づく——そして、その点については、医療の概念の中ではほとんど考えられていない。

長生きすると、がんや心臓発作やアルツハイマーなど、重篤で、お金のかかる病気にかかりやすくなる。たまたま運がよかったか、特別の治療を受けるかして、比較的病気をせずに晩年を過ごす人でも、年齢を重ね、老いて衰弱するという現実からは逃れられない。そうなると、晩年は肉体的にも精神的にも厳しいものとなる可能性がある。

ワシントンDCを拠点とする老年学者で、医療制度改革を推進するジョアンヌ・リンは、これを

「日々の生活が次第に困難になり、少しずつ傷を負い続けて死んでいく」(21)と表現する。

国全体が高齢化するに伴い、衰弱や慢性的な病気は、脱工業化・ポスト物質主義の社会で大きな現実となるだろう。しかし、これは私たちが計画していた医療の未来ではなかった。もしこれを見通していたならば、もうずっと早い段階から、高齢者が暮らしやすいよう、資源を留保し始めていたことだろう。つまり、最新の治療法よりも、たとえば病院への交通手段の確保や、適切な栄養、看護師による自宅訪問などにより、高齢者に力を貸すのである。

しかし、現実のアメリカの医療システムは、そうした根本的な需要をほぼ無視していた。それよりも、寿命を延ばす最新のイノベーションを提供するのに必死だったのだ。そのほうがはるかに利益が大きいというのが、まったく小さくはない理由だった。

そのペナルティは、人間の限界や自分自身の非永久性を受け入れる力、あるいは考える能力さえもが低下するという形で表れている。具体的には、医療イノベーションを大きく成功させたおかげで、その成功をもってしても太刀打ちできない死という瞬間に向き合うことが、困難になっていった。

医療の足踏み水車から絶えずプレッシャーを受けるなかで、加齢と、最終的には死に対処する私たちの戦略は、ますます曖昧で無計画なものになってきた。また、個人の信念や、文化的な伝統に導かれることも次第に少なくなっている。むしろ、死に近づけば近づくほど、私たちは医療市場の「本能」や、さまざまな資本のサイクルや、そこで動いている足踏み水車に従うようになっている。

それはまるで、人生の過程における避けることのできない加齢や死が、単なる消費者の満たされていない需要、実現されていない消費者の欲求、そして個人の優秀さや永続性を認められなかった市場の「失敗」として扱われているかのようである。

これもまた、インパルス・ソサエティの一部分である。心理学者によると、特に自己愛的な人格は死を見つめることには適していないという。その理由の一つは、自己があまりにも膨張したため、自分が存在しないという概念にすら向き合えず、死に対して深い恐怖を感じ、これを必死になって否定して回避しようとするからだ。社会として、私たちは死を同様の理由で恐れる。そして、寿命を延ばす進歩が起こるたび、恐怖は深まり、身がすくむように感じる。

この点において、医療に関する議論はインパルス・ソサエティの未来をはっきりと描き出す。今後数十年間、私たちはさまざまな危機に対峙しなければならない。医療や金融の危機から、構造的な失業、生態系の衰退、社会機構のほころびまで、あらゆる種類の危機である。

しかし、私たちが直面するのは、単にそうした危機の複雑さだけではない。インパルス・ソサエティの下で、危機に向き合う私たちの能力自体が低下してきている、という事実にも直面することになる。

個人のレベルでは、「自分化」された経済で長年過ごしてきたことにより、私たちは満足感を得るのを遅らせる、あるいは自分が安心できる領域から抜け出すのを嫌うようになっている。しかし、さらに深刻なのは、かつてそうした個人の不足部分を補っていた公的機関、とりわけメディアと政治システムが、自己中心的な経済のプレッシャーの下であまりにも弱くなっているため、事実上、身動きが取れなくなっていることだ。

第8章　ブランド化、マーケティング化する政治

二〇〇九年一月二〇日の夜、バラク・オバマがアメリカ史上最多の聴衆の前で大統領就任の宣誓をしたわずか数時間後のこと。ワシントンDCのレストラン、コーカス・ルームには、共和党のリーダー十数人が緊急戦略会議を開くために集まった。

下院議員のエリック・カンター、ポール・ライアン、上院議員のジム・デミント、ジョン・カイル、元下院議長のニュート・ギングリッチら共和党の重鎮たちは、三時間にわたり、夕食を囲んで何本ものワインを飲みながら、選挙での敗北について詳細な分析を行い、反撃のための計画を叩き出した。参加者の一人はのちにそれを「反乱」の計画だと言った。その言葉どおりオバマ政権の第一日目から、共和党はオバマの計画を狂わせるべく、あらゆる努力をするつもりだった。

たとえば、上院での指名承認公聴会では、オバマが財務長官に選んだティモシー・ガイトナーを彼個人の資金状況に関して攻撃する。下院では、オバマの経済刺激策を妨害する(1)。全国レベルでは、選挙運動スタイルの広告を展開し、叩けることならどんなことでも叩いて民主党議員を攻撃する——。この反乱は、大統領のハネムーン期間（訳註：大統領就任から一〇〇日間）の伝統、つまり、少なくとも一時的には、負けた党は勝利した党に敬意を表するという伝統を破るものだった。コーカ

ス・ルームに集まった戦略家たちは、伝統にしたがい、民主党に敬意を表するつもりなどなかったのだ。「少数派のように振る舞ったら、そのまま少数派に留まることになる」。こう言い切ったのは下院議員のケビン・マッカーシーだ。[2]「法案一つひとつで奴らに挑み、キャンペーン一つひとつで奴らに挑む」。[3]

後は知っての通りだ。その後数年間、反乱の精神は全国に広がり、ティーパーティ（茶会党）と呼ばれる有名な運動に結実した。茶会党のメンバーは、積極的な介入を行う政治全般、特にオバマ政権に公然と反対した。二〇一〇年の中間選挙では、共和党の候補者が精力的な活動家や金持ちの超保守派の資金提供者らに支援され、下院で過半数を獲得し、上院でも議席を得た。これ以降、テレビのトーク番組では保守派の司会者に応援されて、反乱者たちは大統領の政策のほとんど、特に医療政策に執拗に反対を唱えた。

無情な戦いは四年半続き、アメリカの国内・外交政策を妨害した。二〇一三年には一六日間という非現実的な長さで政府機関が閉鎖され、すでに危うくなっていた経済回復をさらに脅かしたことは記憶に新しい。アメリカの政治システムにおいて、これは南北戦争以降で最大規模の機能停止だった。保守派のアメリカ人でさえも、反乱者たちが視野の狭い計画を進め、それが及ぼす結果を無視していることに茫然とした。二〇一三年一〇月に、共和党のリーダーが茶会党に反対してようやく閉鎖が終了したとき、国全体が安堵のため息をついたのが聞こえてくるようだった。

しかし、二〇〇九年の反乱の中心にあった力が、非常に近い将来、別の形で復活しないとはまったく言えない。反乱を勢いづけた政治問題、たとえばオバマケアや移民の問題などは、どれもまだ存在している。茶会党を支援した裕福なビジネスリーダーは、いまでも大きな政府や規制や、税金を嫌っている。さらに重要な点として、経済は引き続き停滞しており、自分たちが政治や社会から疎外されたと感じて憤慨している人も相当数いる。彼らは、自分たちを虐げ裏切った政府に、いまにも反旗を翻そうとしているのだ。

皮肉なことに、多くの共和党員が強固に反対するのは、医療制度改革や金融規制など経済を実際に良くするかもしれない政策である。彼らは経済的な不安定さに異を唱えるが、彼らが政策に反対することによって、かえって経済的な不安定さが長期化する可能性があるのだ。言い換えると、すでに社会のほとんどを支配している短期主義と自己利益の追求が引き起こす悪循環が、いまや政治システムにも全面的に表れてきているということだ。いわばインパルス・ポリティクスの到来である。

この状況の一部には、保守派による長期的な活動も影響している。具体的に言うと、社会を自由市場に基づいたものに変えようとし、それを妨げる政府の介入的な動きには強く反対するという活動である。この明らかにイデオロギー的な動きは、保守派とリベラル派の戦いにつながり、戦いはどんどん厳しい消耗戦の様相を呈していった。その結果、アメリカの政治文化は全国でも地方でもバラバラになってしまった。しかし、この派閥対立の背後にあるのは、イデオロギー的なものというよりも、容赦のない足踏み水車に歩調を合わせるインパルス・ソサエティ特有の動きである。

過去三〇年間、政治システムはその全体が自己中心的な経済に事実上乗っ取られてきた。共和党は以前からビジネス界寄りの党と見なされていたが、いまでは民主党やリベラルな政治組織さえも、産業界、なかでも金融セクターからの支持は政治活動に不可欠だと考えている。

実際、政治は選挙のたびに、費用のかかる、テクノロジーに依存した、ビジネスライクなものになっている。いまや、民主党も共和党も、金融セクターからの資金提供（大統領選挙では一〇億ドル）に大きく依存しているため、ともに金融市場の付属物のようになっており、金融市場と同じサイクルを経験し、市場と同じ優先課題を持つようになっている。

これは単純に、政治家の腐敗という問題ではない。多くの有権者は政治の進行を妨げる政治家の極端な行動を苛立たしく思っているが、有権者自身も政治との関わりにおいて、個人的で極端な形に陥っているのである。もはや圧倒的多数の人にとって、政治参加とはコンセンサスや妥協案のために努力することではなく、また、自分よりも大きな存在に関わることでもなくなっている。むしろ、政治参加は個人化された消費の場の一つとなっており、政党が注意深くまとめた、他との対立が生ずるようなメッセージを用いて、自分のアイデンティティを築くのである。

その結果、政治システムと政治文化は、金融セクターや消費者経済と同様に近視眼的なものになっている。すなわち、たとえば選挙資金の確保や、一五秒で有権者を刺激するテレビCMの放送といった短期的な政治目標を効率的に達成することには長けているが、その一方で、政治のプロセスを用いて複雑で長期的な課題を解決する能力は、むしろ衰退しているのである。そうして生じたのが、自らの永続化に注力し、他のことは何も実現できない政治システムだ。

私たちは選挙運動を軍事侵略のように精緻にかつ攻撃的に、またIPOのような資金力で展開することができる。さらに、細かく内密な支援のネットワークを築き、地位のあるエリートに短期的な利益を提供することができる。しかし、その同じ政治システムが、たとえば、雇用市場の空洞化、医療システムの破綻、インフラの崩壊、次の暴落に向かっている自滅的な金融市場など、安定した持続的な繁栄を脅かす複雑で長期的な問題に直面すると、それに対処しようと行動する能力も意思も、ほとんど失ってしまっているのである。

ここにインパルス・ソサエティの究極の悲劇がある。つまり、近視眼的で自己中心的な社会の方向性を変えられるはずの政治の仕組み自体が、短期主義や狭量な自己利益のウイルスにひどく感染してしまっているため、いったいどこから始めればいいのか分からないのだ。

かつてほとんどのアメリカ人は中道派だった

公正を期すために言うと、アメリカの政治システムの機能不全は、すべて政治システムそのものに責任があるというわけではない。二〇世紀の最初の三分の二にあたる長い期間は、政治はうまく機能していた。戦争に勝とうという思いを喚起し、将来に投資し、産業モデルの行き過ぎた部分は抑制していた。

ただし、この期間は歴史のなかで例外的な状況だった。大恐慌と第二次世界大戦から抜け出したアメリカは、豊かで力があっただけでなく、目的に向けて比較的団結していたし、右でも左でも、極端であることを嫌っていた。社会的な緊張感は重く残っていたが、目に見える政治文化に関して言うと、ほとんどのアメリカ人は非常に穏やかで中道派であり、有権者はよく「半分ずつに分けた」――つまり、ある党の候補を大統領に選んだら、議員にはもう一方の党の候補を選ぶという具合だ。超党派的な法律が成立することも一般的であり、一九六五年には、メディケアのプログラムは社会主義的だという意見があったにもかかわらず、共和党の半数近くがそれに賛成票を投じた。[4]

しかし、こうした結束やコンセンサスの一部が失われることは避けられず、一九六〇年代と一九七〇年代初めには、すでにそれが始まっていた。戦後の好況が終わり、政府の失敗やスキャンダルも続いた。たとえば、ベトナム戦争、人種暴動、制御不能な財政赤字、ウォーターゲート事件などだ。これらがポスト物質主義の理想と、問題解決者としての大きな政府への信頼を切り崩していった。そして皮肉なことに、初期の政治的な成果、特に公民権の確立が保守派の反動を引き起こし、さらに戦後のコンセンサスを崩壊させていったのだ。

これまでに見てきたように、政治の崩壊の背後にある大きな要因の一つは意図的なものだった。一九七〇年代半ばに効率的市場のイデオロギーに身を委ねたときに、私たちは故意にコミュニティや集団性を隅に追いやり、昔の厳しい弱肉強食の経済と社会秩序を復活させた。企業は自由に株主価値を追求するようになり、他の社会的価値、たとえば従業員の幸福やコミュニティの活気などへの敬意は捨て去った。こうした新たな企業の性格により、経済の不平等がよみがえり、まだ残っていた戦後時代の団結力も崩れた。一方で政府も、企業と労働者、市場とコミュニティの間の審判としての役割を放棄した。こうして社会的な結束を生み出していた強い力が失われてしまったのだ。

さらに重要な点は、人々が自分の喜びと利益を最大化するよう促されたことだ。力を与えられて社会から離れ、自制心を失い、コミュニティのために自分を犠牲にするといった伝統的な規範からも離れていった。また、昔の非効率な経済システムが人々に求めた公的・集団的な生活からも離れ、より「自分化」されてはいるが、それぞれに別個の、引きこもるような生活を追求するようになった。第5章でも触れたように多くのアメリカ人が、自分の文化的・政治的な好みに合ったコミュニティに分かれて住むようになったのだ。

一九九〇年代には、このような地域の「自分化」は政治地図を変える一因となった。以前は共和党支持者と民主党支持者とが均衡していた州や選挙区でも、多くが完全な赤（共和党支持）か青（民主党支持）に変わっていった。[5] そしてこの政治的な住み分けは、単に地域の問題に留まらなかった。トークラジオ（訳註：ラジオのトーク番組。聴取者が参加して意見を言うことも多い）やケーブルテレビのニュース、インターネットのサイトなど、新しいメディアが多数登場するなかで、各自がそれぞれ自分の政治的な好みに合ったメディアを選ぶようになったのである。

しかし、自己中心的な経済の他の部分と同様に、こうした「自分化」は私たち自身の衝動だけによって促進されるのではない。その衝動を市場がより効率的に満たせるようになっているから、促進されているのである。有権者が政治的に自分と相性がいい環境を探している間、政治的な環境のほうも有権者を探しているということだ。

たとえばメディアは、細分化した政治文化に合わせ、その細分化をさらに進めるためにあらゆることを行った。なぜなら、分裂したところにおカネがあるからだ。広告主は政治的な好みで分かれた視聴者に宣伝するため、高いおカネを出す。なぜならリベラル派と保守派では買うものも違うからだ。したがって、政治色のはっきりしたニュースは、好みの似通った視聴者を刈り取るための効率的で利益の出る媒体となった。

一九九〇年代の終盤には、イデオロギー的な色合いを出したニュースの先駆けであるフォックスニュース・チャンネルが、保守派の視聴者を開拓して大儲けした。その方法を、共和党系のメディア専門家であるデービッド・フラムは、単純な二段階の戦略だという。「視聴者に番組を見続けさせるために熱い憤りを感じさせ、そして決してチャンネルを変えさせないために、フォックス以外の情報源を信頼しないよう扇動する」[6]。

保守派はこのやり方が得意だ。一方でリベラル派のメインのチャンネルであるMSNBCは、視聴者数がフォックスニュース・チャンネルの半分にも満たない。(7) そして、さらに大規模なトークラジオの世界は、ほぼ全体が右に傾いている。なおトークラジオは、政治的になったニュース環境のなかでも飛び抜けて大きな存在だが、そのようなメディアが実現できたのは、レーガン時代に電波の規制緩和が行われたからだ。それまでは、大恐慌時代の「公平の原則」により、放送局は二大政党の両方に同じ時間を割くよう要求されていた。

しかし、どんな党派寄りの政治ニュースも、消費者が「熱い憤り」に慣れるにつれ視聴者を惹きつける力は失われつつあり、放送局はよりクリエイティブに熱い憤りをかき立てるようになっている。イデオロギーに関して中立的なCNNが、ゴールデンタイムでの視聴者維持に苦労しているのは象徴的だ。ピュー・リサーチセンターが言うように、新しいメディア市場では「リベラルか保守か、立場を表明しないメディアは、視聴率の戦いで勝てる見込みがない」のだ。

たしかに、そんな憤りは作り物かもしれない。一般的な有権者は、一部の政治家や専門家やメディアの評論家が言うほど過激ではないかもしれない。怒りをかき立てるような表現やキャッチフレーズは、大半の人々の政治問題の見方とは異なるかもしれない。しかしここでも、効率には勝てない。多くの人にとって、熱い憤りの論調に身を任せるほうが、一つひとつの政治問題について慎重に考えるよりも簡単で、精神的に満たされるからだ。つまり、インパルス・ソサエティの他の部分と同様に、政治文化においても最終的にはこの最も簡単な方法が選ばれたのである。

言い換えると、政治はいまやブランドになっているということだ。消費者経済の初期にマーケターが気づいたのは、消費者は強力な「有名ブランド」を歓迎するということだ。なぜなら、それがあれば買い物をするたびに、主張の食い違うメーカーのなかから選択する必要がなくなるからだ。

同様に、インパルス・ソサエティの下では、かつては複雑だった「保守」や「リベラル」などの政治的コンセプトが、シンプルだが強力なブランドにまとめられた。有権者からすると、これらのブランドがあると、難しい政治問題に素早く簡単に対処でき、加えて道徳的・感情的な確信を持って対応できる。すなわち「私たちの側が正しく、もう一方の側は間違っている」と。

政党やメディア企業からすると、ブランドがあるお陰で、非常に効率的に有権者の感情を汲み取り、それを票や視聴率に変えることができる。政治はもはや、マーケティングとほぼ区別がつかなくなった。政党は豊富な資金をもったPR会社のように動き、有権者は政治を自己表現やアイデンティティの創造、感情的な満足感を得るための一つの手段として使うよう促されている。

このどれもが、民主主義にとってあまり健全なものではない。政治をまるで消費者経済の一部分であるかのように進め、資本と効率に重点を置けば、政治文化を最悪の状況に向かわせることになる。政治問題の意思決定は、消費者の選択の一つとして扱うべきではない。むしろ、反消費者的に考えなければならないものだ。つまり、少なくとも短期や個人を超えた先を見て、特に「熱い憤り」に抵抗して、私たちの政治的情熱が過激な思考に凝り固まらないようにする必要がある。

しかし、消費者経済の一部になってしまったかのような政治においては、熱さと過激な思考が主要通貨のようになっている。なぜなら、憤りをかき立てることで、手っ取り早く政治的なリターンを得られるからだ。そして、現代の政党は現代の企業と同じく、いくらリターンを稼いでも満足しないからだ。

ゆっくりと、だが確実に、私たちは新しいタイプの足踏み水車を創造してきた。それが生み出すのはコンセンサスや進歩ではなく、不和や停滞だ。したがって、左と右の間にある溝が広がる一方であるのも当然のことなのだ。

有権者の姿勢についての研究では、平均的な共和党支持者と民主党支持者の間のイデオロギー的な距離が、重要な政治論点に関して七段階の尺度で測定される。それによると、両者の距離は一九七二年から二〇〇八年までに二倍近くに広がった[8]。エモリー大学の政治学者、アラン・アブラモウィッツが指摘するように、「この三六年の間に、民主党支持者は、中道からわずかに左寄りだったのが、大幅に左寄りになった。一方で、共和党支持者は、すでに大幅に右寄りだったのがさらに右寄りになった[9]」。

つまり、共和党がさらに右に移動したことに加えて——おそらくは、ニューディール的な現状への不満から——、両党は互いとの距離を広げ、中道との距離を広げた。この距離は重大だ。なぜなら、従来の中道的な立場から離れていくほど、重要な問題に関してお互いに妥協をしなくなり、妥協的な政治家を許さなくなるからだ。

こうした両者の分断はさまざまなレベルで見られる。純粋に文化的なレベルでは、左右への両極化は南北戦争以降で最大となっている。『反対側』の人たちと関わることに、みな関心を持っていません」。アメリカ政治の様相の変化に詳しい、アブラモウィッツはこう話す。「異なる人々との会話を避け、交流を避けます。なぜならば、それは不快で、怒りを感じるものだからです[10]」。

一つ例を挙げよう。一九六〇年代には、自分の子どもが「もう一方の」政党の人と結婚することを嫌がる人の割合は、二〇人に一人を下回っていた。今日では民主党支持者では三人に一人、共和党支持者では二人に一人が、「異なる政党間での結婚」をタブーと考えている[11]。

この政治文化における分裂は非常に深くなっている。ごく一般的な概念についても合意ができないほどで、普遍の真理が存在するという考え方すらも、論争を呼んでいる。「いまや価値観や事実を巡って意見の相違が見られるだけでなく、どのように事実を認識するか、どの知識を事実と考えるかについても意見が異なります」。こう話すのは、第5章で紹介したコネチカット大学の哲学者、マイケル・リンチだ。彼によると、いったんこうした状態に陥ると民主主義が脅かされるという。「なぜなら、知識に関する共通の基準がないのであれば、どんな共通の基準も存在し得ないからです。互いの相違について議論するための、共通の言葉さえなくなります」。

アブラモウィッツや他の識者によれば、このモンタギュー家とキャピュレット家（訳註：ロミオとジュリエットの双方の家）のような争いは、ほぼそのまま国の政治文化に移行されているという。そして、人々の記憶にある限り最もイデオロギー的に極端で、立法的には機能しない議員の一群を生み出している。もはや過去のものとなったのは、保守的な民主党員よりも左寄りの共和党員や、各党で中立的な立場に立つ人々だ。

さらに、アメリカが赤い州と青い州に均等に分かれているため、また、選挙ごとに議会の力のバランスが変わる可能性があるため、すべての法案の採決が、妥協を許さない自党の有権者をなだめる戦略的なチャンスとなると同時に、一方で他党からそのチャンスを奪うための貴重な機会となっているのだ。

一つの例として、上院で議事進行妨害が急増していることが挙げられる。これは他党の法案を阻止するため、あるいは裁判官の任命を妨げるために行われるものだが、一九七〇年代には年間で一〇回ほどだった議事進行妨害の回数は、二〇一三年にはその七倍になった。

アブラモウィッツは言う。「すべてに対して議事進行妨害を行うところまで来ました。もはや反対のための反対になっています。必ずしも、何かに同意できないとか、候補者を支持しないとか、特定の政策に反対であるとかではないのです。他党に打撃を与えることだけを狙いとした政治的な駆け引きでしかありません」。

その代償は大きく、単純な政策さえも施行できなくなっている。ましてや、債務削減、移民、クリーンエネルギー、気候変動など本質的に論争の多い課題、政府が立ち向かうべきでありながら、そうできていない課題はなおさらである。

マーケティング化する選挙運動

民主主義がうまく機能していれば、政界のリーダーがこうした不和を和らげ、バラバラになった有権者をまとめるため、辛抱強くクリエイティブに取り組む。あるいは、少なくとも有権者を中道に呼び戻して過半数を形成する努力をする。そのために彼らは、自分自身の政治目標に関して妥協するだけでなく、戦争や経済不振の時期のように、人々に対し、個々人の利益を超越し、より大きな国全体のコミュニティを考えるよう説得するだろう。

しかし、消費者市場の価値観や戦略が政治プロセスを乗っ取ったことが影響し、現代の政治家は両極化した陣営に国民を留めておいてもよいと考える。それどころか、国民がより両極化し、そこに引きこもることを積極的に勧めたほうが、便利であり利益も大きいと気づいている。

選挙運動を見てみよう。「自分たち対あの人たち」を強調する敵対的な選挙戦術は特に新しいものではなく、たとえば一九六〇年代に保守派の政治家は、保守的な南部の人々を民主党から切り離す手段として狡猾にも人種問題を利用した。しかし、現代の選挙運動は分裂を科学的なプロセスに変えた。消費者向けのマーケティング・キャンペーンと同様の効率で有権者の分裂を追求したのだ。実際、選挙に関わる技術や専門家が、マーケティング・キャンペーンと同じ場合も多かった。一九八〇年代には、両党の政治マーケターは特定の人口統計学上のグループ（サッカーママや福音主義者、メディケアを受けるシニア世代など）をターゲットとし、彼らが情熱を燃やしそうな問題について刺激するため、消費者心理学を用いていたのだ。

選挙運動が複雑さを増すなか、選挙コンサルタントなど政治のプロの組織が必要となった。コンサルタントたちは素早く勝利を勝ち取る必要があったため、選挙運動にはさらに効率の要素が持ち込まれた。すなわち、候補者は対立候補よりもっと右寄り、あるいは左寄りになるようアドバイスされた（対立候補も自分のコンサルタントから同じアドバイスを受けていた）。それが勝利を確実にするうえで得策だとされたのだ。

一方で、政党が気づいたのは、支持基盤を動かし選挙献金を集めるうえで最も効率的なのは、扇動的かつ敵対的な表現や、相手を否定する広告であるということだ。政治コラムニストのスティーブン・パールスタインが指摘するように、選挙献金は「投票を勧める選挙当日の呼びかけに使われるだけでなく、もっと否定的な広告に注ぎ込まれる。こうして自分のイメージを強めることにより、政治家は中立を放棄し、イデオロギー的に極端な立場を永久に取ることになる。中庸や妥協では、支持基盤は動かせないのだ[12]」。

そして二〇〇〇年代には、ビッグデータの出現により有権者を個々人の単位で分類し、心を射止めることが可能になった。大手消費者向け製品メーカーから借用したテクニックを用いて、政党は有権者をそれまでのように年齢や支持政党、投票歴などで分類するだけでなく、宗教や信用履歴、車の好み、購読雑誌、テレビ番組、洋服のカタログ、ニュースの入手先、飲酒、銃の所有など、何百もの変数で分類するようになった。

こうした豊富なプロフィールを掘り起こすことにより、選挙陣営は気が滅入るほどの正確さで、争点となっているあらゆる政治問題についての人々の反応を予測することができる。そして、有権者を最高の確率で動かせる個々人向けのメッセージを創作できるのだ。これはまったく新しいレベルに到達した小売業のような政治だった。また、政治市場によるまったく新しいレベルでの個人への侵入だった。

二〇〇四年のジョージ・ブッシュ対ジョン・ケリーの大統領選挙では、ブッシュ側の戦略を担当したカール・ローブが「マイクロ・ターゲティング」のテクニックを用いた。選挙で最もカギを握ると判明した、社会的保守派（訳注：伝統的な価値観を維持しようとする人々）と福音主義者のうち、二〇〇〇年に投票を行わなかった数百万人の票を確保するためだ。

ブッシュ陣営は、これらのグループの個々人に向けて、同性婚や中絶など、その人を最も動かすとデータで示されたトピックに関してメッセージを送った。ブッシュ大統領の二〇〇四年の再選勝利に関わったある担当者は、のちに次のように自慢した。「我々は国民がどのように投票するかを予測するために、実業界が毎日用いている消費者モデルのより正確なタイプを開発することができた――これは、有権者がどこに暮らしているかではなく、どのように暮らしているかを基に予測を行うものだ」。

一方で、ビッグデータの武装競争に後れをとった民主党は、即座に数百万ドルを投資して後れを取り戻そうとした。二〇〇八年と二〇一二年の大統領選挙戦では、オバマ陣営はグーグルやフェイスブック、ツイッター、クレイグリストなどの企業から専門家を雇い[13]、彼らのアドバイスを受けて、考え得る限りの情報源から入手したテラバイト単位の個人データをふるいにかけた。考え得る限りのオバマ支持者を探し出し、その人々に投票してもらうための最も効率的な方法をはじき出すためだ。

合言葉は「測定」だった。資金集めのためのメールでは、どんなタイトルをつけたら最もおカネが集まるか、何千もの異なるタイトルが試された。有権者登録を促すには、どのようなセリフが最も効果的か、フェイスブックの友だちに頼まれたら、どのくらいの確率で投票するか（五人に一人という結果が出た[14]）、すべてが調べ尽くされた。さらに、オバマ陣営はケーブルテレビ会社の請求記録を使って有権者リストをまとめあげ、民主党に傾いている世帯はどの番組を見ているかを調べることさえした。こうすることで、選挙用の宣伝を前代未聞の正確さとコスト効率で流すことができたのだ[15]。

しかし、インパルス・ソサエティの他の部分で起こっているのと同様に、個々人を細かくターゲットできるこの効率の高さゆえに、マイクロ・ターゲティングは民主主義のプロセスやコミュニティにとって有害なものとなっている。

実は、マイクロ・ターゲティングよりも、大きな市場全体に向けた伝統的な政治運動のほうが、政治のプロセスに安定と抑制をもたらす。候補者は可能な限り多くの人にアプローチするため、幅広く包括的な公約を掲げざるを得ず、穏健ではない立場も穏健なものにしなければならないからだ。こうした「非効率」が選挙運動に穏やかさと統一をもたらすのである。

反対にマイクロ・ターゲティングは、穏健さの基盤となる非効率を最小化する。似たような考え方を持つ有権者ごとに公約を掲げ、単純に「もう一方」の有権者は無視するからだ。広範で包括的な公約を掲げたり、幅広い人にアピールする壮大な計画や、穏健で中立的なメッセージを考えたりするプレッシャーは小さくなっている。選挙の専門家であるマイケル・カンが言うように、マイクロ・ターゲティングを使った選挙運動では「多数を惹きつけるために自分の立場を穏健なものにする必要はない」のである。

また、マイクロ・ターゲティングは有権者に求めるものもずっと少ない。事実上、政治のファストフードなのである。伝統的な全体に向けた選挙運動では、有権者も努力を求められる。自分自身の環境から外へ踏み出し、混乱した競争の激しい政治という市場に入らなければならない。一方でマイクロ・ターゲティングでは、政治市場のほうが有権者のところにやって来る。まるで、ピザの配達のように。

消費者市場と同様に、こうしたテクニックは政治と個人との間の距離を前例がないほどに縮める。マイクロ・ターゲティングの対象となった有権者は、知的な努力や市民としての努力をあまり求められない。つまり、壮大な計画や複雑な概念、あるいは熟考や妥協が必要なことについて、一切考える必要がないのである。

実際のところ、マイクロ・ターゲティングによる選挙運動の特徴は、壮大な計画が認識されないことだ。ニューヨークのマーケティング会社に勤めるキャンペーンのスペシャリストは、「私たちの多くは、マイクロ・ターゲティングを『サイレント』マーケティングと呼んでいる」と記す。「というのは、マイクロ・ターゲティングの選挙運動や消費者向けのキャンペーンが効果を発揮すると、その最中、あるいは終了後のアンケート調査で、有権者や消費者は大きな発表をなかなか思い出せないからだ。覚えやすい宣伝文句も壮大な計画もあまり記憶していない。思い出すのは、なぜ自分がその候補者（あるいは製品）に魅力を感じたかである。正しく行われたマイクロ・ターゲティングは個人個人を対象とした内密なものだ。レーダーの下を飛行するように、世間の目をかいくぐって行われるのである(16)」。いまや、政治と他のマーケティングにほとんど差はなくなった。すべてがより一層、世間を欺くために設計されている。

こうした内密さは、個々の選挙陣営からすれば素晴らしいものだ。対立候補が自分のメッセージの全体像を見ることはないからだ。ただし、集団的で、熟考を要する公的なプロセスにとっては、やはり決して良いものではない。ごく小さなテーマを継続的にアップグレードし続けて、それを用いて共感する有権者にアプローチする選挙運動では、強力で桁外れな計画を創造できる可能性は低い。大きな計画を提示して、それを用いて選挙後に有権者をまとめ、選挙から現実の政治への移行をスムーズにすることができないのである。

また、有権者は両極化した考えにとらわれ、かつ感情をかき立てられた状態で投票日を迎える。そのために選挙モードから抜け出して、前に進むのに必要な妥協を受け入れにくくなる。言い換えると、たとえ自分の支持する候補者が負けても、政治システムは機能するのだということをなかなか信じられない。妥協と信頼の精神がなくては、市民が他党の人の隣に住むのを拒むような政治文化を乗り越えて、どうすれば先に進めるのかは見えにくい。また、議員が立法などもはや気に掛けず、他党が政治的に復活するのを阻むことだけを考えているような政治文化も、どうすれば乗り越えられるのか見えてこない。

そして、最近の選挙の後に続いている雰囲気もたしかにこれである。有権者だけでなく議員も、選挙から現実の政治に切り替えられないのだ。「両党の姿勢は次のようなものです。『我々は彼らと一緒に仕事をする必要はない。我々が彼らに協力しなければ、我々は次の選挙で勝利する。圧倒的多数で勝利するので、すべてを自分たちのやり方でやれるようになる』」。こう話すのは、財政赤字削減に向けてロビー活動を行う、コンコード連合のエグゼクティブ・ディレクター、ロバート・ビクスビーだ。「目標は常に選挙での勝利で、政策や立法ではありません」[17]。

自己中心的な経済と同様に、政治市場も即時のリターンにどんどん夢中になり、長期的な社会価値を創出しなくなっていく。実際、哲学者のトマス・ホッブズの言う「万人の万人に対する闘争」のなかで人々がバラバラにならないよう救うべき制度が、ビジネスの原則によってプログラムし直され、闘争を永久的なものにするのである。

しかし、留意すべきなのは、これは単に関係する人々の情念や仲たがいの問題ではないということだ。むしろ、情念や仲たがいを利用するために台頭してきた「システム」の勢いや効率の問題なのである。候補者に対し、左右に極端に寄った戦術を用いるようアドバイスしているのはコンサルタントだ。なぜなら、それが最も効率的に勝てる方法であり、新規のクライアントを獲得できる方法だからだ。また、メディアの論調を和らげることに乗り気でないのは、各メディア企業の幹部たちだ。なぜなら、視聴者や広告収入を失いたくないからだ。さらに、相手を否定するような広告にはまっているのは政党である。寄付を集めて、さらに否定的な広告を展開するためだ。

こうした仕組みはいまや機械のように止まることなく動いており、その中にいる人々すらも気を揉んでいる。近年では、共和党のリーダーが苦労している様子が見られる。二〇一〇年には非常に役に立った保守派メディアが、突然大きな負担になったのだ。なぜなら、保守派メディアは共和党が論調を弱めることを許さず、現実的な立法戦略を採用しないようにしているからだ。

保守派コラムニストのフランは、二〇一一年に下院共和党が債務上限問題を妨害すると脅した直後にこう論じた。「商売としては、この（保守派ニュースビジネスの）モデルは、オバマ政権の間はとてもうまく機能する。しかし、ジャーナリズムとしてはそうではない。政治的に人々を動かすツールとして、保守派メディアは思わぬ事態を招く。支持者を煽りたてて、全員が敗者となるような対立にリーダーを向かわせるのだ。ちょうど、債務上限問題の土壇場のように」。

しかし、この関係から身を引くのは非常に難しい。フランはこの前年にニュース番組のナイトラインでこう語った。「共和党は当初、フォックスは共和党のために働いてくれるだろうと考えていました。しかし、いまでは共和党がフォックスのために働いているのです。バランスは完全に逆転しました。強力なフォックスのネットワークを支えているものが、いまでは強力な共和党を弱体化させています[18]」。

しかし、両党とも自分たちがつくった政治マシンの優れた効率を、手放そうとはしていないようだ。最近では、超党派的な兆しが見えてきてはいるものの、主だった人々の多くは次の戦いに備えて少し休んでいるだけのようだ。

二〇一二年にオバマ陣営のビッグデータで手痛い打撃を受けた共和党は、二〇一四年と二〇一六年の選挙に向けて、自党のビッグデータのために数千万ドルを注ぎ込んでいる。これを支援しているのが、大富豪のチャールズ・コッチとデービッド・コッチのコッチ兄弟だ。民主党もさらなる効率を追求したいとして、自党のパトロンに資金をねだっている。

二〇一三年終盤にワシントンDCで開かれたリベラル派の献金者の集会では、引退したヘッジファンド長者のジョージ・ソロスが、二五〇万ドルを提供することを発表した。ニューヨーク・タイムズ紙によると、「次のラウンドに向けて、早くから取り組んでいくサイン」[19]であるという。

衝動的な政治マシン

コッチやソロスといった名前から、ここで真に衝動的なのは、国民が妥協を拒むことではなく、最新の技術でもないことが分かる。むしろ、真に衝動的なのは政治マシンである。それは非常に巨大かつビジネスライクになり、また大規模投資に大きく依存しているため、政治組織というよりも金融機関のように動いている。選挙運動自体も巨大な新興ハイテク企業のように運営され、「投資家」を大量に求める。データ武装競争は急速にエスカレートしており、またマイクロ・ターゲティングや他の手法は非常に高価なので、選挙運動の費用は医療費よりも速く上昇している。

二〇〇〇年から二〇一二年の間で、大統領選挙に使われたおカネは実質ベースで四倍以上に増え、[20]二〇億ドルを超えた。国会議員になるのも非常におカネがかかるようになった。二〇一二年に上院の議席を獲得するのにかかった費用は平均で一〇五〇万ドル、下院の議席では一七〇万ドルだった。[21]ともに、一九八六年の費用の約二倍である。[22]合計で、二〇一二年の選挙の費用は六三億ドルだった。[23]このようなシステムでは、おカネは票と同じくらい、もしかすると票よりも、重要なものとなる。

おカネがたくさん使われるようになると、インパルス・ポリティクスの傾向はますます強くなり、固定化する。選挙戦が高価になると、寄付を行う人たちは現職議員でない候補者にはだんだんおカネを出さなくなり、現職の議員ばかりを支援するようになる。すると、既存の党派的な構造はより一層強くなる。エモリー大学の調査によると、一九九〇年代初めと二〇〇〇年代初めを比較すると、下院の現職議員が選挙に使った（つまりは寄付された）金額は五〇%増えた。一方で、現職でない候補者が使った金額は一三%減ったという[24]。

資金の需要が増えたため、資金集めはいまでは年間を通じて行われる継続的な活動となっている。平均的な下院議員は毎日四時間、寄付をしてくれそうな人に電話をかけている。さらに、多額の資金を集めなければならないため、議員は自然にまとまった額を寄付してくれる人や業界に引き寄せられる。たとえ、そのおカネとともにやって来る政治課題に対処することになっても、である。

これは特に民主党議員にとっては厄介な問題だ。民主党は伝統的に、たとえば、労働や環境問題、マイノリティの権利など、一般大衆に関わる問題に重点を置いてきた。しかし、いまや一般大衆の問題どころか、進歩的な課題にさえ関心のない人々に資金を求めなければならないからだ。

各種のアンケート調査によると、裕福な有権者は財政赤字の削減や政府支出の問題を、失業問題よりもはるかに重視している。なぜならば、赤字は利率に影響し、利率は投資に莫大な影響を及ぼすからだ。また、富裕層は「政府は完全雇用を優先課題とすべきだ」という考え方を支持する割合が一般の人々の三分の一程度で、また「アメリカの世帯を貧困ライン以上に保てるレベルの最低賃金」を支持する割合は約半分である[25]。

元民主党議員のトム・ペリエロはニューヨーク・タイムズ紙に、民主党への大口の寄付者は「失業問題よりも財政赤字のほうを、より大きな問題だと考える傾向がある[26]」と話した。現在は左派のシンクタンク、センター・フォー・アメリカン・プログレスのために資金を集めるペリエロ[27]によると、このように資金提供者の優先課題が変化しているため、民主党の政治と政策策定に「反一般大衆的な要素が大きく」持ち込まれるという。

ディーン・ベイカーも同様の懸念を口にする。ベイカーは経済学者で、リベラル派の経済政策研究センターの共同創設者だ。「選挙運動におカネを出す人々、つまり株式をたくさん持っている人や企業の幹部などは、現在とても調子が良いです。彼らは完全に復活しました。株式市場はリセッション以前の水準を上回っています。企業の利益も過去最高レベルです。彼らは失業問題など目に入らないのです」。

もし、民主党議員が政府による失業対策プログラムを提案したいと思っても、いま大口の資金提供者から受けているような支援は受けられないだろう、とベイカーは言う。「資金提供者のところに行ってこう言ったとします。『経済を押し上げるいい方法があります。失業率を二ポイントから三ポイント引き下げるのです』。すると彼らは言うでしょう。『なぜ、そんなことをしたいと思うんだい。赤字が増えるだけじゃないか。機が熟すのを待って、経済が自然に元に戻るに任せたらどうかな』」[28]。今日の資本集約的な政治では、一般大衆に関わる政策は、それ自体が政治マシンから締め出されるべき非効率になるのだ。

事実、選挙資金が急速に拡大するにつれ、民主党やリベラル派がかつて擁護していたグループにとって重要な問題が政治の中に入る余地が少なくなり、またそれへの対応も鈍っている。今日、最も多くの資金を提供しているグループの一つは金融サービス業界だ。同業界は最大の余剰利益を上げている業界であり、近年では、その余剰分をワシントン周辺にばらまきたいと思う大きな動機もある。

一九九二年から二〇一二年までの間で、金融業界が寄付した金額は実質ベースで約七倍となり、六億六五〇〇万ドルに達した。[29]この金額はどの業界よりも大きく、[30]選挙費用全体のうちの一一・五％を占めるまでになっている。この比率も一九九二年の四％からの上昇だ。[31]加えて、同業界は議員や規制当局へのロビー活動のために、二〇一二年には五億ドル近くを使った。[32]

いまや、金融業界の影響力は、さまざまな場所で目立っている。それが最も明らかな場所の一つは、下院の金融サービス委員会だ。同委員会は金融業界の規制などを担当し、そのメンバーは文字通りシャワーのように、金融業界から選挙資金を寄付される。この「キャッシュ委員会」とも呼ばれる金融サービス委員会の席は非常に魅力的で、一九八一年以降メンバーの定数が一七増やされ、現在の定数は六一となっている。[33]そして、新人の下院議員がこの委員会の席を勝ち取ると、その人物は金融業界のロビイストによって精査される。その様子は、まるでプロの野球チームが大学の選手を見に来ているようだ。

あるロビイストはニューヨーク・タイムズ紙のキャッシュ委員会についての記事[34]のなかで、記者のエリック・リプトンにこう語った。「それはほとんど、NBA（プロバスケットボール協会）かNFL（プロフットボールリーグ）が、ドラフト一位の選手に投資するようなものです。彼らにはポテンシャルがある。だから投資します。そして、投資からリターンが得られることを願うのです」。

金融業界はリターンにほぼ満足している。下院金融サービス委員会は、議会の他の議員やホワイトハウスすらも巻き込んで、金融危機の後に約束された改革の多くを鈍らせるか、完全に消し去ったのである。

金融業界は常に、ある程度のリターンが稼げる資産としてアメリカ政府を見てきた。しかし、ここ数十年は、こうしたアメリカ政治の金融化は新たな水準に達している。あるいは、大恐慌以前の水準に戻ったと表現する人もいるかもしれない。戦後の政権が金融業界を短い鎖につなぎ、敵対的なことも多かったのに対し、現在の姿勢はずっと友好的なものだ。

この新たな、金融に優しいスタンスは、共和党のニクソン政権とレーガン政権の下で始まったものだが、いまでは金融業界の最大の支援者は民主党である場合が多い。事実、大恐慌時代の規制から金融業界を解放したのは、ほぼ一九九〇年代の民主党である。

ビル・クリントン政権の財務長官だったロバート・ルービンは、元ゴールドマン・サックスの幹部で、彼が一九三三年のグラス・スティーガル法を撃退するキャンペーンを率いた。同法は銀行業務と証券業務の分離などを定めたものだった。また、ルービンはクレジット・スワップや他のデリバティブを規制しようとする動きも制した。この二つの規制緩和が、ウォール街に巨大な収入と利益を新たにもたらすようになり、民主党の新たな選挙用の資金源ともなったのだ。

しかし、この規制緩和は二〇〇七年の金融危機にも大きく影響した。相場に手を出した「潰すには大きすぎる」銀行が、規制されていないデリバティブで何千億ドルもの損失を出し、世界の金融市場を破壊しかけたのである。

しかし、それでも民主党と金融業界の協力関係は強いまま維持されてきた。バラク・オバマは多くの分野、特に医療分野ではあからさまに進歩的な政策を追求したが、金融に関するスタンスは昔ながらのものだった。二〇〇八年の選挙戦では金融業界を厳しく批判したものの、大統領に就任すると素早く金融業界と関係を築いた。なかでも、ルービンの子分ともいえるティモシー・ガイトナーを財務長官に選んだことに、それが表れていた。

ガイトナーは金融危機の悪化を食い止めた点では評価されるべきだが、彼はウォール街への忠誠を決して忘れなかった。何よりも、多くの金融問題の専門家が「金融改革において決定的に重要」だと主張したことを阻むのに力を尽くした。それはすなわち、巨大化し、あまりにも大きくなり過ぎたために、そのギャンブルが経済全体を危険にさらすほどになっていた銀行の分割である。

また、オバマ政権は、金融危機でウォール街最大のプレーヤーたちが果たした役割について、不正の証拠が豊富にあったにもかかわらず、刑事告発を求めなかった。さらには、ウォール街で巨額のボーナスや給与、投資家的な近視眼による企業戦略への影響といった過剰ぶりが復活してきても、それを進んで追及しようとはしていない。ここでもまたインパルス・ソサエティの勝利が見られる。つまり、金融セクターは政治文化を過剰な利益、すなわち「レント」の保証人に変え、そのレントが新たなレントを得るための機会に投資されていくのだ。

悲しいことに、完全に金融化された政治文化の前に立ちはだかる唯一の公的組織だった裁判所も、最近ではインパルス・ソサエティの前に屈服している。二〇一〇年の「シチズンズ・ユナイテッド対連邦選挙委員会」の裁判で、最高裁は企業による政治活動委員会（ＰＡＣ）への選挙献金の制限を撤廃した。ＰＡＣはそうして集まったおカネを候補者の宣伝のために用いるが、それよりも頻繁に、相手候補を攻撃するために用いている。この判決後の最初の選挙で、「スーパーＰＡＣ」（訳註：多くの資金が集まるようになったため、こう呼ばれるようになった）には企業が多額の献金を行い、三億ドルが集まった。[35] そして、二〇一二年の選挙では、この金額は二倍になった。

シチズンズ・ユナイテッドの裁判が示しているのは、金融市場の規範や効率市場のイデオロギーが、政治文化に深く浸透し、政治文化を植民地化しているということだ。判決で裁判官のアンソニー・ケネディは、ワシントンに閉じこもっている人しか言わないような議論を展開し、この判決の影響はほとんど害のないものだろうと論じた。ケネディは、たとえこの判決により企業が一見、政治のプロセスに「影響を及ぼす、またはアクセスできそうに見える」ようになったとしても、「選挙民は民主主義の信念を失わないであろう[36]」と述べた。

しかし、ケネディはこのうえなく間違っていた。この判決は、選挙への献金は憲法で保護される表現の一形態である、という認識をつくり出したのだ。さらに、この議論はもっと大きな動きの一部となることも多い。すなわち、企業弁護士が企業に人と同じ権利を与えようとする動きである。これは事実上、企業がおカネを出して政治的に望ましい結果を買い、即時の満足を得ようとするものだ。しかし、この考え方は企業弁護士やロビイスト以外の多くのアメリカ人をひどく怒らせる。特に、企業の自己満足によって自分の人生がひっくり返された人たちを。

金融危機は主に企業が短期のリターンを追求した結果、引き起こされたもので（そのうえ、彼らは公的資金を使った救済を要求した）、この金融危機の直後に行われたシチズンズ・ユナイテッドの裁判は、人々の我慢の限界を超えて何らかの行動を起こさせる可能性があった。多くの一般的なアメリカ人には、政治システムは金融セクターの一部門に毛が生えたようなもの、あるいは金融市場の延長にしか見えなかった。現在、政治システムはたしかに市場のように動く。市場と同じように近視眼的で、同じように勝者独占の思考を持ち、同じように自己利益を目標としているからだ。そして何よりも、人間よりも資産を崇拝しているからだ。しかし、これは当然のことでもある。アメリカ上院議員の三人に二人が、また下院議員の五人に二人が、一〇〇万ドル以上の資産を持っているのである。

部外者には、アメリカの政治は腐敗した日々に戻りつつあるように見えた。つまり、進歩党の改革者であったセオドア・ルーズベルトや、ウィリアム・タフトら以前の時代である。その頃は、議員の買収が堂々と行われ、公的財源は略奪され、一般的な市民は無視されるか、何かの餌として利用されるかのどちらかだった。

そのような陰鬱な状況では、真に怒ったポピュリズムが台頭してきても不思議ではない。たとえば、二〇〇九年の茶会党だ。しかし、それ以上に怒っていたのが、二年後の「ウォール街を占拠せよ」運動である。二〇一一年九月、デモをする人たちがマンハッタンのズコッティ公園になだれ込み、腐敗した金融システムや同様に腐敗した政治システムに抗議を行った。そのとき、私たちの多くが感じた驚きは、それが起こっていることに対してではなく、起こるのに非常に時間がかかったことであった。

表舞台に立てなかった「占拠せよ」運動

では、なぜこうした怒りが全面的な革命に変わらなかったのだろうか。それは、金融化され、効率に動かされ、自分のことしか考えないインパルス・ポリティクスが生み出したものから考えると、抵抗運動を続けても状況が好転するとは想像できなかったからだ。インパルス・ポリティクスの中では、金融危機だけではなく、中間層を骨抜きにしたことや、立法プロセスの停滞などが生じた。そして、「ウォール街を占拠せよ」運動はそれらの問題にフォーカスしたものでありながら、表舞台には立てなかった。

一方で、アメリカのもう一つの抵抗運動である茶会党のほうは、これらの問題を解決するための有効な改革はすべて妨げることを基本としていたが、こちらは非常に影響力を発揮した。そのため、共和党は乗っ取られ、政府機関の閉鎖まで行われることになった。残念なことに、真の政治変化への欲求だけでなく、個人のブランディングとアイデンティティの創造によっても動かされる政治文化は、こうした結末を見るのである。

「占拠せよ」運動に対するリベラル派の反応を見てみよう。「占拠せよ」運動は主流のリベラル派の大まかなコンセンサスを反映したものではあった。すなわち、金融業界も政府の規制当局も腐敗しており、本気で改革を進める必要があるという見方である。しかし、同運動は主流のリベラル派を動かすことはできなかった。

実は、彼らはリベラル派にアピールすることはほとんどしなかった。たとえば、メディアと話したり、労働者など一緒に組めそうな人たちと協力したりすることには、意固地なほど無関心だったのだ。また、自分たちの思いや検討課題を明確に示そうともしなかった。おそらくはその力もなかったのだろう。

事実上「占拠せよ」運動は、大きな流れになれるほどの討議の仕組みやプロセスを持たず、政治への怒りを衝動的に表しただけだった。彼らは「計画者」ではなく「実行者」だったのだ。ただし、仮に「占拠せよ」運動がもっと「プロフェッショナル」なものだったとしても、リベラル派の主流の人々が、ズコッティ公園や他の何百もの公共の場で行われた、集団的でリスクのある行動に参加する意向があったかは分からない。一九七〇年代以来、アメリカの左派は共同行動にはあまり馴染まなくなっていた。また、一九六〇年代に非常に強力だったカウンターカルチャーは、一九八〇年代までには消費者文化にほとんど吸収されてしまい、そこでは政治面での望みも製品やサービスという形に変換された。

一九九〇年代には、カウンターカルチャーの急進派の人々も、多くが消費者文化の代弁者となった。詩人のアレン・ギンスバーグはギャップのCMに出演してジーンズを売り、小説家のウィリアム・バロウズもナイキのCMに出演してエアマックスを売った。一般の人々は、抵抗や異議を表明したい場合、購買という形で消費者経済を通じて手軽に行った。消費者経済では、ショッピングモールに行くたびに（個人の）自由に向かって突き進むことができたのである。

同時に、新左翼の人々——市民権やベトナム戦争反対などのためにデモ行進を行った人々——は多くがアメリカの中間層に同化していき、政治的な望みよりも、物質的な望みを優先するようになった。一九六〇年代の終盤には、リベラル派の学生活動家は、リチャード・ニクソン大統領の保守政策に街頭での抗議運動で答えたが、二〇年後に同じリベラル派の人たちは、保守的なレーガノミクスに街頭演説で抗議することはしなかった。その代わりに、レーガン支持を示す看板が住宅の庭に掲げられていない地域に引っ越したのである。

この間、政治家は有権者に対して、個人的な利益よりも国全体の目標を考えるよう求めることはほとんど止めてしまった。ベビーブーム世代にとって、政治は自己表現やアイデンティティのようなものとなり、自分のスケジュールやライフスタイルに合うよう、あるいは自分のなかの空虚さを埋めるために取り組むためのものとなった。決して不快さを味わうことなく、満足感の後回しや難しい選択を求められることもなく、絶対に催涙ガスを浴びせられることなどないものになったのである。

では、高齢化しつつあるこれらの左派の人々が、リベラルな社会への望みを捨てたかというと、そうではない。デイリー・コス（訳註：アメリカの民主党支持者による政治ブログ）などのサイトの人気を見るだけでも、アメリカの左派が依然としていかに多く、熱心であるかが分かる。しかし同時に、デイリー・コスは、人々の政治面での望みがインパルス・ソサエティの下でどのように展開してきたか、あるいは退化してきたかを完璧に映し出している。人々は多くの点で、ソファに座ったままのリベラルになった。アメリカ政治に参加し、怒りも感じるが、それはリビングルームやオフィスの机の前など、安全で心地よい場所からなのである。

「エリザベス・ウォーレンに大統領選挙への出馬を勧めたいですか？　クリックしてください。ハリー・リードに共和党による議事進行妨害を止めてもらいたいですか？　クリックしてください（訳註：ウォーレンもリードも民主党の大物政治家）。『占拠せよ』運動を支持しますか？　クリックしてください――」。しかし、街頭に出ることや、「占拠せよ」運動の人々が経験したような不快さや心理的・肉体的リスクを背負おうとする人はほとんどいなかった。「占拠せよ」運動レベルの白人対白人警察の野蛮な行為を見たのは、いつ以来だっただろうか。また、工業化され、金融化され、ビジネス化された政治文化も、そのようなリスクを負うことを勧めていない。

その結果、いまではアメリカ政治には実質的な「左派」がいなくなった。少なくとも、一九三〇年代の労働運動の最盛期や、戦後時代の抵抗運動に存在したような形の左派はいなくなった。そして、それはアメリカの政治プロセスにとって悲惨な事態であると、政治アナリストのピーター・ベイナートは言う。なぜなら、以前は民主党の中心にあった見解を、私たちはいくつもあきらめざるを得なくなったからだ。

信頼できる左派が存在せず、街頭に出て現状を打破しようという活動家もいないため、ベイナートによると、民主党は保守派と交渉できないという。彼はこう記す。「ビル・クリントンやバラク・オバマは、フランクリン・ルーズベルトやリンドン・ジョンソンと違って、確実に保守派を脅すことはできない。リベラルな改革を認めなければ、左翼の過激派が社会秩序を乱すかもしれないとは言えないのだ」。

同時に、左派の人々の不在により、かつては右派的なものと見られていた手法を民主党は安心して実施できるようになった。たとえば、企業から選挙資金を汲み上げる、金融業界と仲良くするといったことだ。ベイナートは言う。「民主党は、大企業や多額の資金などの保守的な世界と関係を築きやすくなった。左派の独立した運動から、あまりプレッシャーを受けないからである[37]」。

ある意味で、金融の規制緩和とその後の混乱は、左派の自己中心的な政治が直接もたらしたものだと言える。自己表現と個人の満足感にあまりに熱中したために、左派はその昔からの機能を忘れた。すなわち、政府が市場の支配下に陥り、効率に向かってやみくもに進むのを防ぐ、という機能である。

保守派に歓迎された茶会党

これとは反対に、茶会党は支援者の不在に苦しめられることはなかった。この右派の革命はその立ち上がりから、保守派の政治マシンから暖かい歓迎を受けた。共和党は左派よりも行動志向で、資金的にもずっと豊かだった。「占拠せよ」運動がメディアへの対応を拒否した一方で、茶会党の活動家はメディア対応のトレーニングを受けていた。集会は慎重に計画され、メディアや地元の議員に合わせてスケジュールなどが調整された。議員らは集会に招かれただけでなく、茶会党の意見を支持しないと次の予備選挙で大変な目に遭うと警告された。

だからと言って、茶会党を勢いづけた怒りが、ズコッティ公園のものと比べて純粋でないことはない。あるいは、右派のロビイストや億万長者によってねつ造されたものでもない。茶会党運動や、共和党が強い州の「ブランド」の中心にあるのは、家族やコミュニティ、自立といった重要な社会的価値の喪失に対する、深く純粋な懸念である。

もちろん、茶会党の世界では、こうした価値が決して高潔と言えない価値、たとえば、人種差別的行為についての考え方などと一緒にされることもある。さらには、保守的な価値観は政治やビジネス界のエリートによって操作されやすい。元大統領のリチャード・ニクソンは、「サイレント・マジョリティ」（訳註：積極的に発言はしないが、大多数を占めると考えられる人たち。ベトナム戦争について意見は言わないが、反対ではない人が多数いるとの意味で使われた）の思いを利用したが、そのずっと前から操作は行われてきた。しかし、ニクソンや、それに続いたレーガンら保守派の人々が成功したのは、過激な保守派や自由主義者、サバイバリストだけでなく、多くのアメリカ人が戦後のリベラルな政府がつくり出す社会コストに純粋に不安を感じていたからだ。

保守派の観点からすると、行動主義的な大きな政府と広範な社会のセーフティネットは、国の資産を流出させていただけでなく、新たに魅力のない市民を生み出していた。それは、自分のことに夢中で、権利に酔い、本当の現実に触れず、またアメリカ社会を支えてきた伝統的な仕組みを重んじない人々である。これは単に、マリファナ中毒のヒッピーや生活保護の不正受給者に対する文句ではなかった。保守派が抱いていたのは、ますます多くの人々が、安定的で生産的で幸せな文化に不可欠な社会の仕組みや規範を支持しなくなっている、あるいは信頼しなくなっているのではないかという、まっとうな不安だったのだ。

こうした新種のリベラルな市民は、「アメリカの過去を拒絶し、コミュニティと自分との関係を否定する」。こう嘆くのは、保守派の歴史家、ダニエル・ブアスティンだ。この「新たな蛮行が継続すると、アメリカは生き延びられない[38]」。それはまるで、保守派のアメリカ人が、イングルハートが言うポスト物質主義の人間の影の部分を発見したかのようだった。そのわがままさと短期的なものの見方が、アメリカ社会がこれほどまでに急激に衰退しているのはなぜか、その理由をすべて説明すると思われた。

しかし、多くの保守派が推進してきた解決策は、驚くほど逆効果だった。ジェリー・ファルエルら社会保守派による宗教的なモラル改革運動は、古めかしく非現実的だとして、有権者に見限られた。しかし、もっと問題があったのは、レーガンら自称「財政面で保守的」な人々が行った経済政策だった。すなわち、規制や制度などで調整せずに、過激な個人主義と熱狂的な自由市場を取り入れたのである。

結局はこうした政策が、保守派が守ろうとしていた社会的価値をさらに崩壊させることになった。だが、自由市場のイデオロギーが社会を引き裂き、雇用市場を叩きのめし、所得の不平等を拡大し、家族やコミュニティや自立を目指す人々の生活をひどく困難にしても、保守派は効率市場に対する信仰に近い忠誠を崩さず、自由市場によって起こる矛盾や巻き添え被害を無視するよう求めた。あるいは自然界の秩序なのだと、無理にでも正当化しようとした。左派が常に市場を疑いすぎると言うのなら、保守派はその正反対の間違いを犯していた。

現代の保守派のイデオロギーには「左派と同様の弱さがある。保守派は大きな政府を排除しようと非常にこだわるが、大企業からも大きな政府と同様の影響が生じていることは見えていない」。レーガン政権の改革の真っただ中でこう述べたのは、保守派の社会批評家、リチャード・ジョン・ノイハウスとピーター・バーガーだ。さらに、保守的な戦略国際問題研究所のエドワード・ルトワックによると、こうした「目の見えなさ」は「共和党のイデオロギーの中核部分と、はなはだしく矛盾する」[39]という。

なぜ保守派は、市場が対立や崩壊を生み出すことについて、検討するのをそれほど嫌うのだろうか。理由の一つは、政府が経済をコントロールしようとすると、ほぼ常に新たな問題が生じるという恐れだ。たとえば、政府の住宅市場への介入が、住宅バブルの一因となったようである。

しかし、保守派が自由市場の矛盾を理解しない真の理由を知るためには、政治ブランディングの台頭にまで戻って考える必要がある。

過去二〇年間で、政党やコンサルタントやメディアは、個人の政治参加を消費者向け製品とほぼ同じものにすることに成功した。つまり、ブランド化することで、有権者が努力や熟考や妥協などの手間をかけることなしに望みを満たし、アイデンティティを示せるようにしたのである。

だが、ブランディングにより、政党、特に近年では保守派に短期的なリターンがもたらされはしたものの、政策を進めたり重要な決定を行ったりすることのできない政治文化も築かれた。たとえば、現在の保守派のブランドの下では、妥協をする余地がほとんどない。その大きな理由は、妥協が「本物の」保守のアイデンティティとは両立しないと見なされるからだ。その結果、保守派の有権者と政治リーダーはイデオロギー的な選択肢がほとんどなくなり、中道から離れて、ますます右寄りになる以外に道はなくなる。

しかし、保守派ブランドの矛盾はいまや表面に浮上しつつある。たとえば、自由市場政策により雇用市場が破壊されている中では、保守派は自由市場のイデオロギーを堅持しながら、「個人の経済状況は全面的にその人に責任がある」と言い続けるのが難しくなってきた。今日の経済においては、自分で自分の面倒は見ようと心から努力しても、そうはいかない場合もある。実際のところ、過去一〇年間で、保守派のブランドはその存在意識を示す現実世界での基盤をかなり失った。

レーガン時代の保守派は、リベラル派のニューディール的な施策における明らかな欠陥に触発されていた。たとえば、「偉大な社会」プログラムの崩壊や、労働組合における腐敗や自己満足などだ。しかし、今日の保守派を支える現実における基盤はずっと弱い。金融危機による経済と社会の崩壊のあとでは、現実の問題を出発点として保守派の運動を展開するとしたならば、自由な金融市場についての考え方を検討し直さなければならなかったはずだ。

しかしながら、保守というブランド自体が広く支持されていたおかげで、多くの保守派は効率的な市場が失敗した可能性すら、認めることを拒否した。アンケート調査によると、保守派を自任する人たちは、金融危機の原因は政府保証の住宅ローンにあるとし、一方で、緩慢な雇用なき経済回復は政府による過剰な規制の結果だとした。効率的な市場自体が腐敗しているとか、中間層に対して非常に不公平であるということは、決して彼らの描く世界には入ってこないのだ。

ただし、ここでも保守派ブランドにはほころびが見られる。アンケート調査によると、若手の保守派、特に最近経済的に低迷している人たちは、市場を熱愛などしていない。また、市場における政府の役割についても、それほど反射的に否定はしない。それでも、保守派ブランドは共和党組織に大きく影響力を及ぼしており、特に、予備選挙期間中の候補者選びにおいて、このブランドはこれまでのように極端なままだ。

　こうした展開により、共和党は経済問題に対する真の政策提案ができなくなっている。例を挙げよう。多くの共和党議員は、現在のキャピタルゲイン税は持続不可能だと認識している。この税金は、億万長者に対する税率が中間層の賃金所得者よりも低く、市場において非常にたちの悪い短期主義を促進する。なぜなら、この税制のおかげで、株主は税金の支払いを最小限に抑えながら、頻繁に株式の売買ができるからだ。

　政治が上手く機能していれば、キャピタルゲインの税率次第で、投資家に株式を五年以上保持させることもできる。企業の短期主義に詳しい、米労働総同盟産業別組合会議（ＡＦＬ－ＣＩＯ）のデーモン・シルバースは言う。「短期的な売買に関してはキャピタルゲイン税の税率引き上げに前向きな、中道寄りの議員たちもいます。ただ、問題は企業というより茶会党にあります。増税について話すと、茶会党が賛成しないのです。実際のところ、茶会党の主な存在理由は、キャピタルゲイン税の増税に賛成しないことです」。

　政治文化とは複雑な生き物で、左派と右派のギャップが広がっている要因にはさまざまなものがある。たとえば、行動科学の研究によると、リベラル派と保守派では、不確実性や混乱への対応の仕方が異なるという。具体的には、保守派のほうが、経済的な逆境を個人に背負わせようとする傾向がずっと強い。また、保守派は権威に挑むことに不安を感じる傾向があることも調査で示されている。したがって、しっかりと根付いた現状に立ち向かうような改革には抵抗を示すことも多い。

　しかし、ここまでインパルス・ソサエティについて見てきた内容から、明らかに腐敗した市場に対し、保守派が奇妙な忠誠を見せる根本的な要因が分かる。彼らは、政治がビジネス化され個人化され、エゴが動かす超効率的なインパルス・ポリティクスに変わっていく中で、もはや妥協というものの必要性を認識すらしない右寄りに固定されたアイデンティティに、自らを追い込んだのである。彼らは、妥協という言葉を辞書に含めなくていいとすら考えている。だからと言って、民主党がアイデンティティを政治に利用していないとは言わない。しかし、この点において、左派は右派ほど迷走してはいないのである。

研究に次ぐ研究が示しているのは、中道からどんどん離れていくのは保守派であり、見解が最も硬化しているのは保守派であるということだ。ただし、これは単に、現代の世界では個人の尊重や自己実現が執拗に強調され、コミュニティや安定は重点を置かれなくなっており、そうした世界でより苦労しているのは保守派である、ということを示しているだけなのかもしれない。

理由はどうあれ、今日ではその結果、自由市場の矛盾に立ち向かおうとするときに、よりイデオロギー的に遠いところにいるのは保守派なのである。そして、保守派がそれに挑もうとするまでは、政治システム全体としては、自己中心的な経済のパラドックスを真の意味で克服できない。その自己中心的な経済は、即時の満足や自分のための利益を、熟考やコミュニティの利益よりもますます優先するようになっているのである。

政治勢力としてのアメリカの若者

しかし、アメリカ政治というひねくれた分野でも、希望の火はなかなか消えないものだ。たとえば、政治に関わらないとされるアメリカの若者が政治勢力としてよみがえる兆しが表れている。

アンケート調査では、新世紀世代（二〇〇〇年以降に成人する人たち）はその上の世代より投票に行く頻度は低いが、別の方法で積極的に政治に関わろうとしている。彼らはボランティアとして関わることが多く、自身の政治的な価値観を生活のさまざまな側面に組み込もうとすることも多い。そして、政治との関わりを選挙のときだけのものとは考えない。

さらには、旧世代ほどブランド化された政治を受け入れない。たとえば、保守派の新世紀世代は、年配の保守派よりもはるかに人種的多様性に寛容だ。また、同性婚に関してもさほど問題を感じない。さらに特徴的なのは、保守派の新世紀世代は大企業を疑い、また、経済的不均衡を修正するうえで、政府が役に立つ可能性があると考える。

こうした姿勢が生じたのは、多くの新世紀世代が成人を迎えた時期に、企業の腐敗が目立っていたからかもしれない。ピーター・ベイナートら政治評論家によると、新世紀世代の心に届く政治的・経済的メッセージを見つけられたら、強力な票田を獲得でき、政治や金融の改革に向けた強い力となるだろうという[40]。

この新たな票田は、従来の右派・左派、保守派・リベラル派のカテゴリーには当てはまらない可能性がある。というよりも、何年もの党の対立による行き詰まりやブランド化された政治を経て、私たちはいま、新たな中道のゆっくりとした出現を目撃しているのかもしれない。

最近のアンケート調査によると、大規模な有権者の集団として、共和党、民主党、そして無党派層があることが分かった。無党派層は、中絶の権利から身元調査、最低賃金、教会と州の分離まで、幅広い問題に関して合意する。この新たな中道派は一体となって投票をすることはないものの、ワシントン・ポスト紙の右寄りのコラムニスト、キャサリン・パーカーが言うように、「彼らが共有しているものは、右派と左派の合計よりも大きい。それはイデオロギー的な純粋さに対する軽蔑だ[41]」。

この無党派層は、二〇一二年の選挙でその存在を知られるようになった。茶会党の過激さへの反動もあって、共和党が明らかな敗北を喫した選挙だ。しかし、アメリカの中間派は、単に極度に右寄りなバランスの悪い政治を拒否しただけではなかった。昔ながらのよりバランスの取れたアメリカを支持したのだ。ワシントン・ポスト紙のリベラル派コラムニストで、『分裂した政治の心(Our Divided Political Heart：未訳)』の著者であるE・J・ディオン・ジュニアはこう指摘する。二〇一二年の選挙は「個人とコミュニティ、個人としての努力と公的な努力、市場の成果と市場が残した問題の始末という政府の役割[42]」の間の適切なバランスについて、戦後時代とほぼ同じ考え方を示すものだった。

保守派の政治家は、上記の言葉をそのまま使っているわけではない。しかし、二〇一二年の選挙の後には、共和党の主流の人々が、少なくとも党の「ブランド」を極端な右寄りから中央寄りに戻そうとしていることが明らかだった。二〇一三年終盤の茶会党への非難は、ワシントンという隔絶された政治の領域でも、現状ではもはや不十分だという認識があるということを明確に示している。皮肉な人は、茶会党の敗北は、ビジネス・コミュニティ、特に金融セクターの要請により起こったと言うかもしれない。彼らは、茶会党の過激さにより、共和党が規制改革を阻止しにくくなるのではないかと恐れたからだ。

しかし、茶会党への非難は、政治文化がついに転換点に達したことを反映してもいた。有権者はあきらかに、もう数十年になる政治の塹壕戦に嫌気がさしていた。またイデオロギー志向の強い議員も、率直なところ、茶会党の反逆が行き詰まってホッとしているようだった。

人間的な面でも、政府機関の閉鎖の余波は、ずっと必要だった休息をもたらした。何カ月も党派心がエスカレートし続けた後で、議員たちは短期間ではあったが一歩下がって考えることができたのだ。政治文化を断崖に向かわせていた足踏み水車から、距離を置くことができた。

この一歩下がって新たに開かれた場所こそ、議員たちが小さいが重要な妥協法案をつくることができた場所だった。この平和が長続きするとは誰も思っていない。しかし、たとえこれが一時的な小休止だったとしても、政治家に何よりも必要なのは、政治マシンから一歩退いて空間をつくる方法だと分かるうえでは十分だ。すなわち、政治マシンの勢いに、決断や戦略や運命をまかせてしまうのではなく、内省し、熟考し、行動のステップを選ぶための空間をつくるのである。

皮肉なことに、この短い小休止の期間に、インパルス・ソサエティの首都であるワシントンが、武装解除の方法を私たちに見せてくれたかのようだった。

第Ⅲ部　再びつながり合う社会へ

第9章 私たちはどこへ向かうのか

インパルス・ソサエティへの反乱は、あるレベルでは何十年も進められていた。効率や迅速なリターンがどんな価値よりも優先される社会経済システムとの間に、一生懸命に、また必死になって距離を置こうとしている人々がいるのだ。

そうした人たちを、あらゆるコミュニティで、毎日でも見つけることができる。それはこの通りの先に住む家族かもしれない。彼らはスマートフォンやソーシャル・ネットワークのスイッチを切って、家族としての仲の良さを取り戻そうとしている。また、それは働き過ぎのソフトウエア・エンジニアかもしれない。彼は上司に休暇を願い出ている。小学校に入る前の自分の子どもたちともっとよく知り合うためだ。

あるいは、それはオンラインやクレジットカードでの買い物をやめた女性である。彼女は見知らぬマーケターやロシアのサイバー泥棒に追跡されるのが嫌になったのだ。もしくは、フォックスやデイリー・コスを見るのはやめると宣言した政治マニアだ。彼は自分の民主主義への信念が壊されると感じたのだ。そしてもちろん、序章で紹介したブレット・ウォーカーもその一人である。彼はデジタルの地下世界から自分を解放しようとしている。

こうしたインパルス・ソサエティへの反乱は、宣言こそされないかもしれない。しかし、人々が何か大事なもの、かけがえのないものを失いそうだと気づいたときに反乱は起きる。ほぼ自動操縦で動いている社会経済の慣性や期待、価値観から距離を置こうと思ったとき、反乱はどこでも起こるのである。

不服従という行為は、絶望や怒りから生じる。しかしそれだけでなく、信頼ができなくなったときにも生じる。金融と政治の崩壊の後、私たちの多くは社会の基本的な構造や前提を信じなくなった。それは政治システムへの信頼が史上最低となっている、ということだけではない。私たちの多くは、経済システムが私たちに不利に働くという結論に達した。つまり、経済システムは迅速なリターンと勝者独占を求めたために完全に腐敗し、所得の不平等や企業の無慈悲な行為、定期的な市場の崩壊が新たな現実となったのだ。

私たちは別の種類の市場の失敗も目にしてきた。コスト削減への信仰が驚くほど激しくなり、極端な場合は破壊的になった。たとえば、バングラデシュの搾取工場は、コンクリートを節約したために崩壊した。また、石油会社の手抜きにより、何億ガロンもの原油がメキシコ湾に流出した。さらに、私たちはビッグデータや他のデジタル技術が大企業に提供され、国家安全組織のように密かに、私たちを追跡し操作するのを目にしてきた。

もっと根本的なところでは、私たちは効率的市場の崩壊だけでなく、「市場社会」の崩壊も見てきた。つまり、自分のための利益を自由に追求することを通じて全体が高まるはずだった社会が、実際には、即時の満足を追求したことで文化はバラバラになり、伝統と意味も失われた。そのため、私たちは、欲しいものを手にしても必ずしも必要なものは手に入らないと気づいたのである。

しかし、この言うことをきかないシステムに反抗しようとする私たちの努力は、停止しつつある。私たちは、もっと人間的な事項を優先すべきだということは認識しているかもしれない。しかし、インパルス・ソサエティを台頭させた構造的な力は依然として健在で、私たちが不満だからといって動かされることはない。また、グローバル化や技術の進歩といった経済の現実は、どんな形の非効率もすりつぶし続ける。投資家も利回り狩りに相変わらず熱心で、企業幹部の報酬と企業戦略は四半期ごとの利益と株価の支配下にある。政治家と政治マシンも、依然として左右への極端さと迅速な勝利で評価される。一方で消費者文化は、「自分」と「いま」で定義される生活は、適切であるだけでなく必要なのだと主張し続ける。そして、一歩退いて考えたり、スイッチを切ったりするための真剣な努力は、後れをとり、失敗するリスクになると言い張る。

ある意味で、消費者文化の主張は正しい。心理的には、私たちの多くはインパルス・ソサエティから絶え間なく働きかけられているために、自分と社会・経済との間に少しの距離を置くことすら、本当の亡命のように感じるだろう。また経済的には、たとえ偏執狂でなかったとしても、スイッチを切ると厳しく罰せられるのではないかと恐れるだろう。

いまの経済は、祖父母の時代のように、好景気に沸く、寛容で勇気を与えてくれる経済ではない。その頃は、前世代が繁栄したため、個人的にも社会としてもチャンスに賭けてみることができた。しかし、今日のムードはずっと用心深く控えめで、怯えてすらいるようだ。

現在の雇用市場では、一瞬でもスイッチを切れば、たとえば、毎日二四時間体制で待機していることを拒んだり、「率直に意見を言う」従業員として知られたりすると、雇用市場から永遠に消し去られるリスクが、本当に現実的なものとなる。その結果、社会・経済との間に距離を置こうとする努力、堂々とできるものではなくなり、日々の行動も、より自分を守ることに焦点を絞ったものになる。

こうした用心深さは、私たちの社会全体を苦しめる。心を潰されるような仕事から離れるのを恐れる孤独な労働者から、自分の組織の面倒を見たがらないCEOや政治家まで、全体が苦しむのだ。こうした用心深さは単純な現実主義であるとも言える。しかし、実際には、私たちがインパルス・ソサエティの前に降伏した結果に他ならない。まるで、今日起こっていること、すなわち、短期主義や経済的な不平等、個人の行き過ぎた行動や極度の自己陶酔、「『私』が『私たち』に勝る」文化などは、すべてが避けられないもので、効率的な社会経済の進化から当然生じてくるものだと考えるのである。簡単に言うと、インパルス・ソサエティとは、社会が進化してきた結果なのだと――。

しかし、この考え方は明らかに、また確実に間違っている。社会が進化した先に、経済面でインパルス・ソサエティとは異なる結果も生じ得るし、社会的・文化的にも異なる結果が存在し得る。実際、西ヨーロッパやアジアの一部には、そうした別の形のモデルがある。たとえば、ドイツやシンガポールなどがそうだ。それらの国々では、社会が経済システムに期待するものは大きく異なっている。そして、私たちが避けられないと考える行き過ぎた行為や、人々を冷遇することに対して、社会ははるかに不寛容だ。

この点に関しては、アメリカ人は自分たちの歴史を見てみればよい。人々がどのようにして、個人と社会全体にとって必要以上のものを生産することを選んだのか。しかし、保守派はそのようにして別のシナリオを考えることすらはねつけ、海外も過去も参考にしない。たとえば、海外などの例ではリベラル派がでしゃばり過ぎており、政府による市場への不当な侵入だとするのである。

たしかに、そうした言い分も、完全に不当なものだとは言えない。しかし、基本となる議論、すなわち「より持続的かつ公平で、人間的な経済成果をあげるために、段階を踏んで努力することは可能であるし必要である」という議論は間違ってもいないし、特に「リベラル」でもないものだ。

産業革命の一番最初から、アダム・スミスが資本主義と呼ぶ「商業社会」は、定期的に刺激し注意を促す必要があるとされていた。その高い効率が、可能な限り幅広く大衆に恩恵をもたらすようにするためだ。スミスが『国富論』[1]で書いたように、「どんな社会も、その成員の圧倒的大部分が貧しくみじめであるとき、その社会が隆盛で幸福であろうはずは決してない」のである。

今日、保守派は束縛のない自由な市場について論じるときに、よくスミスと「見えざる手」を引き合いに出す。しかし、実はスミスは、市場にもたまには束縛が必要だと認識していた。なかでも、スミスは富裕層に対する累進課税に賛成し、さらには金融に対する厳しい規制にも賛成していた。それは、経済的な力が集中し、少数の手に握られることがないようにするためである。

スミスは率直に、このような規制による介入は、銀行家など経済的に力がある人に対し「ある部分、『自然的自由』を侵害」することになると認識していた。しかし、それを分かったうえで一部の個人の自由を削減することは、もし国が真剣に「全社会の安全[2]」を守ろうとするのであれば、不可欠なことであるという。

オランダの経済エッセイスト、トマス・ウェルズは、「スミスにとって商業社会は倫理的なプロジェクトで、その潜在的恩恵を最大限得るべく、必死に努力すべきものである」と述べる。ウェルズによると、「このプロジェクトの成功は既定のものではなく、見つけ出していくものである[3]」という。ここで私たちが考えなければならないのは、「では、どんな目的に向かって、成功を見つけ出していくのか」である。インパルス・ソサエティ後の経済で、私たちが実現したいと望む「成果」は何だろうか。そこにたどり着くためには、何から始めればよいだろうか。

やっぱり多いほうがいい？

アダム・スミスはちょうどよい手がかりを提供してくれている。「全社会の安全」だ。インパルス・ソサエティの皮肉の一つは、効率的市場の価値観を自らの中に取り込み組織化することにより、私たちの文化がみじんに砕け、自分の利益を追求するバラバラな個人（消費者だけでなく、企業も、政党さえも）の集まりになったことだ。

このようにバラバラになったことは、個々人にとって、少なくとも一部の個人にとっては大きな成功だった。なぜなら、それが進歩を可能にし、促進したからだ。その結果、より多くの富、より多くの消費、より多くの満足と自己表現が実現された。しかし、これが同時に「全社会の安全」を弱めたことは見逃せない。その理由の一つは、個人の存在の意味が変わったことだ。私たちは「全社会」の一員から、個人の満足を競い合う競争相手になった。進化論的な、勝者独占の戦いが生じ、社会的な目標や、「コモンウェルス（共通する利害で結ばれたコミュニティ）」という概念さえも隅に追いやられた。なぜなら、もはや利益は共有されるものではなくなったからだ。

根強く存在する説に、社会の健全さは経済成長を見れば分かる、というものがある。経済がより多くを、たとえばより多くの工場や、生産量、リターンを、より低いコストで産出している限り、あるべき形ですべてが進んでいると納得するということだ。もはや、この説は作り話のように聞こえるが、それでも、事実に基づいた根拠がある。昔は、経済全体が大きくなれば、全員の分け前も大きくなったからだ。特に戦後時代には、急速で効率的な成長がより多くの富をもたらし、それに加えて、よりよい仕事や賃金、より革新的で便利な製品、より高い希望をもたらし、それが社会全体を持ち上げたのだ。

しかし、インパルス・ソサエティの誕生以来、こうした関係は衰えた。ここ数十年、GDPが伸びても社会は落ち込み得るということが示されてきた。それは単に、金融化や縁故資本主義により、成長が少数の受益者のみに分配されるようになっているということだけではない。それだけでなく、市場が価値を定める社会経済システムにおいては、経済の「成功」は必ずしも社会の成功とは一致しない、ということである。

実際、社会の失敗がGDP上昇の源となることも多い。それが、自己中心的な経済の邪悪な性質なのだ。企業およびその幹部を取り巻く環境は、手っ取り早い勝利や、四半期利益や株価に向かってどんどん歪められていく。そこでは、従業員や社会全体をひどく不安定にする戦略を採用することが成功につながり、GDPも高められる。たとえ、賃金が伸び悩み、従業員のトレーニングへの投資が減少し、企業の長期的な基礎研究への支出が激減していても、アメリカ企業は年間約五〇〇〇億ドルを自社株買いに使って、その見返りを得られる。

その一因が、社会と経済の分離なのである。経済モデルが、真に生産的な活動と、単に「資本効率がよい」だけの活動とを区別しないような状況では、人工的に高められた株価と、毎年マズローの欲求五段階を滑り落ちていく労働者の間に対立は生じないのである。

この経済成長と社会の落ち込みという異常な関係は、産業界に限られたものではない。インパルス・ソサエティ全体に特有のパターンなのである。たとえば、病気の患者は健康な人より価値がある。なぜなら、病気の患者からのほうが、はるかに多くの売上げが得られるからだ。また、シャッターの下りた小さな街は、活気のある街よりも価値がある。なぜなら、グローバルな大型チェーン店が非効率をまた一つ削減したということだからだ。

さらに、森林破壊や、限度額まで使い切ったクレジットカード、大気中の二酸化炭素の上昇、処方薬乱用の拡大など、そのすべてが成長としてカウントされる。なぜなら、短期の利益のみを記録し長期のコストを無視するシステムでは、これらはより多くの経済活動が行われたことを示しているからだ。

これと同様に邪悪なのは、経済が社会コストを適切に計算しないだけでなく、私たちが通常の経済の外側で創造する本当の富をほとんど無視するということだ。商業取引を含まない活動、たとえば、高齢者センターでボランティア活動をする、外食をせずに自宅で料理することを子どもに教える、そして夕食後は、子どもにゲーム機を与えて放っておかずに一緒に遊ぶ。こうしたどの活動も何かを買うのと同じくらい、間違いなく、経済の健全性には欠かせないはずだ。

しかし、このどれもがＧＤＰを増やすことはない。ジャーナリストで政策通のジョナサン・ロウは以前こんなジョークを言った。現在の経済的成功の基準の下では、「アメリカで最悪の家族とは、実際に家族として機能している人たちだ。つまり、自分たちの食事は自分たちで料理する、夕食後に散歩をする、子どもたちを商業文化に任せておかずに一緒に話をする家族である。自宅での料理や子どもとの会話、車に乗らずに歩くなどの行為は、もっと商業的な方法と比べて、おカネの支出はより少ない。また、安定した結婚であれば、カウンセリングや離婚などの支出も伴わない。したがって、このような家族は、ＧＤＰで表現される経済にとっては脅威なのである」。

何十年もの間、さまざまなグループの人たちが、成長への一点集中を改めて、新たな経済指標を導入するべきだと論じてきた。効率的市場が大きく誤解している社会的なコストと、現在は認識されていない効果を示すような指標である。一九八〇年代と一九九〇年代には、何人かの経済学者が、非金銭的な社会コストと効果を考慮した複雑な指標を、GDPのコンセプトの代わりにするという提案を行った。そうした新たな指標が採用されれば、国や企業はより幅広いアプローチで経済的成功を目指すことになる、そう願ってのことだった。

元世界銀行のエコノミストであるジョセフ・スティグリッツは、このような動きのいくつかに携わり、のちにこう述べている。「何を測定するかが行動に影響する。正しいものを測定しなければ、正しいことは行われない[4]」。

しかし、こうした初期の努力はあまり政界からは支持されなかった。実際に、一九九〇年には、新たなGDPのあり方を研究していた連邦政府機関に対し、議会は資金提供を停止すると脅しをかけた。だが、金融危機以降は、新たな経済指標の導入というアイデアはいくらか勢いを取り戻している。そして、私たちの経済はいったい何を生産すべきなのかという、広範でとても必要である議論も引き起こしている。同時に、新たな、真に生産的な経済はどのような姿なのかも議論されている。

現時点では、まだ単に話し合いが行われているだけだ。しかし、議論をすることは、運命を再び自分たちの手でコントロールするためには、不可欠な最初のステップである。

このような議論から生まれてきた提案の中には、気弱な人には不向きなものもある。やはり元世界銀行エコノミストで、環境経済学の創始者ともいえるハーマン・デイリーは、彼が「定常経済」

と呼ぶ考え方を提案する。定常経済の下では、社会は積極的かつ意図的に規制や税金や他の政策を用いて、すべての経済活動を「エコシステムの再生能力と同化能力の範囲内」に抑える[5]（訳註：資源を再生できる能力と廃棄物を地球に同化できる能力の範囲内でしか経済活動を行わない）という。

たとえば、持続不可能な成長への欲望を抑える方法としてデイリーが提唱するものとしては、果てしなく増え続けるスループットを制限するため原材料に重税をかけるという方法がある。また、莫大な所得の不平等を削減するため、税金や補助金を設けるというものもある。デイリーの見解では、最も富裕な人と平均的な人との所得の比率は、一〇〇対一を超えるべきではないという。デイリーによるとそもそもこのアイデアは、「特権を増やすのではなく、真の改革や貢献に報いる」経済モデルを創造することにあるということだ。

自然の限界の範囲内に経済成長を抑えるというこのコンセプトは、環境問題の専門家らがさらに発展させてきた。そのなかの一人がビル・マッキベンだ。彼の提唱する「ディープ・エコノミー」は、現在ＧＤＰには含まれていない三つのアウトプットを最大化させるよう、経済活動を形成していくというものだ。三つのアウトプットとは、長期的な環境持続性、所得の平等、人間の幸福である。マッキベンは数年前、ニュースサイトのサロン（Salon.com）でこう語った。このような経済は「量よりも質を重視する。人間に充足感を持たせることを目標とする。少なくとも規模の拡大と同程度、耐久性について検討する」[6]という

彼らのような提案は、程度の差はあれ、資本主義システムの完全な見直しを求めるもの、つまりは資本主義を完全に否定するものであり、主流の文化にはあまり受け入れられないだろう。特に、アメリカのように市場経済以外の選択肢を考えたことがない文化や、悲観的な見方が高まっている

にもかかわらず、現状はまだ修復可能だと考える文化では、なかなか受け入れられないだろう。もっと受け入れられやすいアイデアは、「リベラル」や「進歩主義」などのカテゴリーに入るもの、また、既存の社会経済システムを、より持続可能で人間的な軌道に乗せようとするものだ。具体的には、経済の前提条件や目標に関して、政治的に実現できそうな調整を行う。

たとえば、環境問題に傾倒する経済学者、あるいは、経済志向の環境問題専門家は、GDPに二酸化炭素の指標を加えることでGDPを強化しようとしている。具体的に言うと、アメリカ経済が一ドルの経済産出を行うために、どれだけの二酸化炭素を排出しているかという指標である。そして、この指標を二酸化炭素排出に関する税金に結び付けるのである。

理論的には、二酸化炭素の排出をより高価なものにすることで、市場は自動的に二酸化炭素を排出しない、あるいは低減する技術を探し始めることになる。たしかに、現在の政治状況を考えると、そのような税金はまだ手の届きにくいところにある。しかし、二酸化炭素の排出量を削減し、一方で次世代のエネルギー技術のブームを巻き起こすために、二酸化炭素税はじきに現実的な方法として浮上してきそうだ。

実際、多くの経済政策の専門家がそう表明しており、そのなかにはレーガン大統領の経済顧問を務めていたアーサー・ラッファーや、ミット・ロムニー（二〇一二年の共和党大統領候補）の経済顧問だったグレゴリー・マンキューといった有名な保守派の経済学者も含まれる。(7)

他の進歩主義的な考え方には、経済成長が提供すべき人間的なメリットを指標に含める、というものがある。たとえば、スティグリッツとアマルティア・セン（訳註：ともにノーベル経済学賞受賞者）が提案するのは、個人所得や、医療サービスの利用可能性、教育の質や教育を受けられる可能性など、実生活に関わる指標を含めることだ[8]。

ほかには、既存の政府の指標（ＦＲＢのインフレ目標など）を、より進歩主義的な新たな社会面での目標に合わせて調整することなどが提案されている。たとえば、ディーン・ベイカーやポール・クルーグマンといったリベラル派の経済学者は、「緊縮財政」により政府支出を削減することでインフレ率を抑えようとしていることが、失業率が高いままである一因だとする。ベイカーは言う。「自然に失業率が（高く）維持されているのではなく、財政政策のためにそうなっているのである」。

こうした考え方が示すのは、失業率や医療サービスへのアクセスといった経済的な状況に関して、メディアや自由市場の擁護者らが言う以上に、私たちは影響力を及ぼせるということだ。政府には、社会や政治の優先順位をもとに、税金、補助金、規制といった経済の社会的「アウトプット」を動かすためのレバーがある。

しかし、過去四〇年のうちのかなりの期間、私たちはそうしたレバーを選択的にしか用いてこなかった。これが間違いにつながった。最適な社会的アウトプットの組み合わせや、併存し得ない社会目標どうしの最適なバランスを市場に決めさせたのである。もはや、市場への一任は不可能だ。任された市場は腐敗していき、短期的で、不公正で、持続不可能な結果を求めるようになっていく。私たちが異なる結果を望むのであれば、自動操縦システムに任せるのは止めて、再び自分で操縦桿を握らなければならない。

もっと根本的なところでは、私たちは経済をどこに向かわせたいのか、経済的な優先事項や重視する価値は何なのか、真剣に議論する必要が出てくるだろう。

リターンが資本家に向かうという現在の傾向に満足なのか、あるいはもっと労働者のほうにバランスを戻すべきだと思うのか。技術開発が段階的なイノベーションと短期間での収益を目指すことに満足なのか、あるいは、新しい業界を生み出し、深刻な資源問題を解決できるような、思い切った技術開発を望むのか。さらには、ますます多くの人が本当に大切なものを守れなくなっているような経済秩序でいいのか、あるいは、労働者世帯に、その両親や祖父母の世代と同程度のチャンスと安心感と自信を与えようとする経済秩序が望ましいと思うのか——。

これらはまったく簡単な問いではない。複雑で、難しいトレードオフもある。そのトレードオフと向き合うには、忍耐力と、熟考し妥協する意思が必要である。そのどれをも、私たちの政治文化は、そしてインパルス・ソサエティは優先しておらず、むしろ、回避し消し去るべき非効率とみなしている。

それでも、GDPや企業の最終利益以外に視野を広げ、社会全体の健全性を測定する新たな指標を考案することは、インパルス・ソサエティの支配から離れるためには重要なステップである。そうすることで、私たちがどんな価値を重視し、その価値を支えるにはどんなトレードオフが必要になるのか、広範で、社会全体を巻き込んだ議論を行わざるを得なくなる。さらには、その価値を前面に押し出すための道筋を整えることになる。

そして、行動が重要である。なかには、そうした努力は結局のところ政治システムと民主主義のプロセスに頼ることになるから、最初のステップは政治の世界で行われなければならない、という人もいるだろう。しかしながら、インパルス・ソサエティを主に動かすのは経済であり、もっと特定すると企業である。したがって、ビジネス界で行える実際的なステップのいくつかをまずビジネス界に任せるのは論理的であり、実際、すでに議論が行われている。そうすることで、社会全体におけるビジネスの方向性を変え始めるのである。

市場に「引っ込んでいろ」と言おう

保守派は何十年もの間、政府が経済に深く関わりすぎた結果、生産者にも消費者にも影響を及ぼし過ぎており、そのため繁栄がもはや不可能になっていると不満を述べていた。今日、私たちは同様の不満を金融市場に対して言うことができる。金融市場が私たちの経済生活のあらゆる部分に入り込み過ぎており、それがインパルス・ソサエティの根幹になっていると。

消費者クレジットの拡大から「物言う」株主の台頭まで、金融セクターはすべてにおいて、高利回り、迅速なリターン、資本効率を、あらゆる商行為に対してはもちろん、それ以外の社会全体にも求めるようになった。

金融化の最も忌まわしい症状は、消費者によるクレジットの使い過ぎである。したがって、消費者に対して、未来から借り入れて現在を満足させるという習慣について、もう一度考え直すよう促すことができれば、私たちはインパルス・ソサエティに深刻な打撃を与えることができる。

しかし、もっと重大なのは、企業、特に大企業の行動に対する金融化の影響だ。大企業は雇用からイノベーション、公共政策まで、あらゆることにおいて特別大きな役割を果たす。したがって、ビジネス界で金融化の影響を削減すれば、インパルス・ソサエティの経済基盤を破壊するうえで重要なステップとなる。そして、もっと持続的で、かつ社会的に生産性の高い経済システムの再登場が可能になるのである。

企業運営における金融化による最も有害な影響は、短期的な利益のために長期的な安定を犠牲にする近視眼的な戦略に表れている。これまでに見てきたように、かつてはイノベーションと従業員に大規模な投資を行っていた業界が、大口投資家のやはり近視眼的な計画を満足させるため、両方への投資を減少させている。この傾向を抑えるためには、投資家と企業にとって短期主義が魅力となっている要因を取り除く必要がある。

そのための提案には事欠かない。多くの専門家が求めているのは、証券取引税の導入だ。投資家が証券やデリバティブや他の金融資産を売買するたびに、税金を課すのである。税金により、株価の段階的な変化を追いかけて売買するのにおカネがかかるようになるので、投資家はもっと長期間、株式を保持しようとするだろう。すると、企業幹部の側でも、四半期ごとに利益をあげるプレッシャーからいくぶん解放され、コスト削減や従業員、イノベーションへの投資に、もっと長期的なアプローチがとれる可能性がある。

別の提案には、企業幹部報酬をターゲットとしたものがある。たとえば、上級幹部に「制限株」で報酬を与え、その幹部が会社を離れてから五年、あるいは数年経つまでは株式を売れないようにする。これにより、短期的に利益を上昇させようという誘惑が取り除かれる。[9] ウォール・ストリート・ジャーナルによると、提案のなかには「短期主義とリスクの上に築かれた事業が破綻した」場合、企業は株式による報酬を取り戻せるというものもあるという。[10] また別の特に興味深い提案には、報酬をイノベーションとリンクさせるというものがある。この案では、企業の現在の利益のうちどの程度が、新たに開発された技術に基づいているかによって、幹部の報酬が左右される。[11]

企業幹部自身は、このような提案にあまり熱意を示さない。しかし、報酬と企業のガバナンスを研究する専門家らは、報酬をコントロールできるようになれば多くの企業が利己的な理由からそれを歓迎するだろうと言う。天井知らずの幹部報酬は従業員のやる気を損ない、メディアや政治家から常に批判され、加えて、企業の業績にはほとんど結びつかないからだ[12]。それどころか、ある研究によると、アメリカで最高レベルの報酬を得ているCEOのうち五人に二人が、救済を受けた企業か不正により破綻した企業に在籍していた、あるいは自ら退任した経験があるという。

同様の議論で、企業の非金融化を推進する人々は、自社株の買い戻しを厳しく制限するだろう。自社株買いは現在、金融的なテクニックで高い株価をでっちあげることにより、自分の報酬を増やしたいと考える企業幹部にとって大きすぎるほどの誘惑となっている。自社株買いに反対する人々は、アメリカ政府は非常に容易に自社株買いを禁止できるはずだという。レーガン政権の下で、一九八二年にアメリカ証券取引委員会が行った自社株買いに関する規則の変更を撤回すればよいのだ。規則の変更が行われる前までは、自社株買いはその実態の通りに認識されていた。そろそろ、ありのままに表現してもよいだろう。

こうしたすべての提案に共通するのは、企業の戦略を長期的なものに戻したいという、真剣な思いである。この点はイノベーションへの長期投資などの問題では非常に重要だ。加えて、将来の労働力にとってはさらに重要だ。私たちは世界との貿易をやめないのと同様に、オートメーション化を止めることはしない。しかし、企業はこのような潮流が労働者に及ぼす影響を大きく変えることができる。そのためには、「労働力は単に削減すべきコストではなく、むしろ貴重な資産であり、懸命に維持し、向上させていくものである」という考え方を取り戻せばよい。この考え方は株主革命の間にほとんど捨て去られた。このとき、四半期利益と株価を上昇させるコスト削減に執着するようになった経営陣が、労働者のトレーニングへの投資を徐々に減らしていった。そして、彼らが機械や安価な海外の労働力にはかなわないと分かると、その数を削減していったのだ。

この労働者の危機を悪化させたのは、企業が従業員を削減するなかで、急拡大する失業者層のスキルを維持するための施策がほとんど行われなかったことだ。これをヨーロッパで行われたことと比べてみると、ヨーロッパではレイオフされた労働者の専門性（これは人的資産である）が失われないようにしていたことが分かる。レイオフされた人々の再トレーニングで、企業が主導的な役割を果たすことが求められたのだ。こうした努力は実際に実を結んだ。リセッションが終わると、ヨーロッパの企業はいち早くレイオフした労働者を仕事に戻すことができたのである。

アメリカでは、再トレーニングはまったく包括的なものではなかった。それには、一九八〇年代の保守派による「少ない税金・小さな政府」的な政治も少なからず影響しており、長期的な失業に対するアメリカの政策は、その場しのぎで明らかに短期的なものだった。アメリカは失業給付の延長を自画自賛するが、たとえば、仕事を探したり再教育を受けたりするときのために、労働者個々人の記録を取っておくなどもっと根本的な問題をシステム的に解決しようという努力はほとんど行われない。

経済学者のウィリアム・ラゾニックは言う。「彼らが何者なのか、誰も分からないのです。アメリカでは莫大な人的資産が無駄にされています。アメリカには、多くの教育を受け、多くの経験を持つ人たちがいます。（製造業ルネサンスのために）必要となる経験、あるいは必要だと思われる経験です。しかし、彼らはただ仕事から放りだされ、その人的資産を維持するための仕組みは何も存在しません」。

今日のリベラル派にとって頼りになる解決策は、法人税を引き上げて、労働者の再トレーニングなど長い間軽視されてきた分野に、拡大する企業利益を利用することだ。リベラル派には言い分がある。二〇〇〇年以降、保守派は税金をあまりにも大幅に引き下げ過ぎ、拡大する政府支出、特に二つの戦争とリセッションからの回復のための施策をカバーできなくなった。

保守派が忘れていていいるといけないので書いておくと、彼らが税金を引き下げ過ぎたのはこれが初めてではなかった。一九八一年に、大統領になったばかりのレーガンは税金を大幅に引き下げ、アメリカの債務は四倍以上の三兆ドルとなった[13]。

ただ、当時と現在の違いは、レーガンは間違いに気づいて、その後の七年間に四回にわたって税金を引き上げたことである[14]。そのなかには、史上最高の上げ幅となった法人所得税の引き上げや、メディケアの資金を確保するための給与税の引き上げなどがあった。ニュースサイト「デイリー・ビースト」のピーター・ベイナートは、数年前に次のような皮肉を書いた。「茶会党のメンバーにも分かるように書こう。レーガンは政府が運営する医療制度のおカネをまかなうために、税金を引き上げたのだ」。

しかし、これとは対照的に、現在の保守派はあまりにも「少ない税金・小さな政府」のブランドが強くなっているため、増税について議論することができずにいる。たとえ、アメリカの労働人口のかなりの部分が能力面で他国に後れをとり、公的なインフラが老朽化していてもだ。

しかし、リベラル派が「増税して支出を増やそう」と主張し始める前に、認識しておくべきことがある。それは、企業がすでに投げ捨てた労働者を再トレーニングするために、企業に税金を課す不合理さだ。よりよいアプローチとして考えられるのは、その同じ堕落した企業が、彼らの人的「資産」をよりよく処遇するために税引き前利益の一部を使うよう、おそらくは税額控除などを通じて誘導することだろう。たとえば、ラゾニックはこう論じる。もし大企業が、現在自社株買いに使っているキャッシュのごく一部でも従業員の継続的なトレーニングに回せば、生産性とイノベーションを急拡大できるだろうと。すると、レイオフの必要性が減少する。最低限でも、レイオフされた労働者が他の企業で仕事を見つけやすくなる。

アップルを例に考えてみよう。アップルが自社株買いに使った一〇〇〇億ドルの五％で、同社は従業員向けの社内「大学」をつくることができる。アップル社内で求められる技術と、テクノロジー業界全般で必要な技術の両方に関して、一流の講師を招き、正式認可されたプログラムを提供できる。ラゾニックによると、そうしたプログラムは全従業員に無料で提供できるだろうという。もちろん、アップルの販売店に勤めている約四万人の従業員を含めてだ。そして、彼らを昇進に向けてトレーニングする、あるいは履歴書の内容とスキルを大幅に向上させて、雇用市場に送り出すことができる。

ラゾニックによると、こうした社内大学はインドなどの開発途上国では一般的だという。トレーニングされた人材を業界内で増やすことは、長期的には自社の利益になると企業が認識しているのだ。これをアメリカと比べてみよう。アメリカでは多くの企業が、典型的なインパルス・ソサエティ方式で可能な限り安くスキル不足に対処しようとしている。すなわち、ワシントンでロビー活動を行って、たとえば、インドのような国々からスキルのある移民をもっと受け入れさせようとしているのだ。

たしかに、おカネのある企業数社が社内大学を立ち上げたところで、戦後時代の家父長的な企業福祉の状態を取り戻すことはとてもできないだろう。しかし、そうした動きはビジネス社会全体に強いメッセージを送ることになる。なぜなら、ビジネス界ではすでに、アップルなどの莫大な成功を収めた企業の戦略を真似しようとしているのだから。

こうした取り組みは、さらに、「現在の社会経済モデルは持続不可能だ」という認識を広めることにもなるはずだ。労働力を単なる「コスト」と見なすことは、三〇年前にはとても論理的に思われたかもしれない。しかし、それは従業員のなかに憎しみの感情を育て、企業は彼らを管理しにくくなった。持続不可能な戦略から一歩退き、労働者を効率的市場の規範や価値観から切り離すことにより、企業は集団としての大志を取り戻せるかもしれない。かつて、アメリカの労働者にはそうした大志があり、それが彼らを世界で最も生産性の高い集団にしていた。しかし、効率的市場は、それを単なる非効率の一つとして消し去ってしまったのだ。

しかし、インパルス・ソサエティの経済的不均衡は、企業が従業員を維持し短期主義に立ち向かおうと、自主的に動くだけでは修正されないだろう。金融化は経済にしっかりと根を下ろしているので、いずれは外部からの介入が必要になる。その目的は、単に労働と市場の間に公平なバランスを回復することだけではない。迅速なリターンと勝者独占のビジネスモデルの下では避けられない、破壊的な事態から私たち全員を守るためだ。

このようなトップダウンによる厳しい対応は、金融セクター自身においてこそ必要だ。金融セクターはその最悪の慣行を、自主的に改めようという様子をほとんど見せない。それどころか、大手投資銀行は二〇〇八年に経済を破壊したのと同じリスクの高い行動をいまでも行っている。加えて、いまでは非常に規模が大きくなっているため、さらなる崩壊を防ぐための規制当局による一般的な修正は、事実上及ばないだろう。

考えてみてほしい。ＪＰモルガンやシティコープ、ゴールドマン・サックスほか、わずか一二の銀行がアメリカ銀行業界の六九％をコントロールしているのだ[15]。その割合があまりに大きいので、銀行の行動がどんなにひどくても、あるいは向こう見ずでも、政府は銀行を破綻させることができない。一緒に経済全体が破綻してしまうといけないからだ。

また、メガバンクは大きすぎて潰せない、あるいは規制できないだけではない。政府は彼らの露骨な犯罪行為を告訴することすらできないのである。アメリカ司法長官のエリック・ホルダーが二〇一三年に議会証言で認めたように、アメリカのメガバンクはあまりに巨大化し過ぎており、「刑事告訴を行ったら、国全体の経済にマイナスの影響があり、世界経済にも影響が及ぶかもしれない[16]」。よく言われるように、メガバンクは「大き過ぎて潰せない」だけでなく、「大き過ぎて投獄もできない」のである。

こうした理由から、金融政策の専門家が長い間主張してきたのは、「大き過ぎて潰せない」銀行をもっと小さな、規制できる組織に分割しなければ、金融化された経済のリスクは本当の意味で減らせないということだ。そのような過激な手法は、極端に自分の党に偏った考え方をする現在の環境下ではとても不可能に思われるかもしれない。しかし、こうも考えられる。それは政治的に実現可能であるだけでなく、そうした行動こそが、インパルス・ポリティクスの政治的停滞を打開するのだと。

ブランド政治の終焉

インパルス・ソサエティの最強の協力者は、技術開発でも、絶え間ない効率化の推進でもない。それは、政治文化や文化全般における行き詰まりである。社会の病気を治すうえで政府はどのような役割を果たすかについて、議論が行き詰まっているのである。

これは決して新しい議論ではない。二〇世紀には、コンセンサスは大きく揺れた。リベラル派や進歩主義者が主張する「政府は社会の問題をすべて解決できるし、解決すべきだ」という極端な発想から、最近の保守派による「政府は社会問題を解決できないし、解決すべきではない」という、リベラル派と同様に不合理で極端な発想まで、幅が大きかった。たしかに、保守派は裏付けとなる証拠を示すことができる。政府は資源の配分や結果の予測、個々人の野望の抑制などが特別に上手くできるわけではない。そうしたことは市場のほうが得意である。また、政府はコミュニティや家族の代わりにはなれないし、個人の自立を代替することはできない。

しかし、政府はこうした経済や社会の機能と、ある重要な関係を持ってきた。それは、社会や経済と個人の間で互いに悪影響が及ばないように、両者の間に「空間をつくる」ことだ。政府は、プロの投資家やゲーム感覚で取引する人たちによる不健全な影響を遮ることで、市場の分配や動機付けの力を高めることができる。加えて、アメリカ人がコミュニティや家族、自立した個人として生活しやすくなるように、現実的なリスクから守るための手段を提供できる。

たとえば、事故や自然災害からの保護、地域の多数派から非道で抑圧的な扱いを受けないようにすること、あるいは、市場による略奪から守り、家族やコミュニティ、伝統や文化を市場に潰されないようにすることなどだ。なかには、市場の破壊的な力を止められるのは連邦政府だけである場合がある。一九八〇年代に政府が市場から手を引き始めたのと同時に、インパルス・ソサエティの基となり、社会の崩壊を招きかねない経済パターンが現れたのは、決して偶然ではない。

こうした政府の役割の必要性は、もともとはリベラル派が考えたものではなく、共和党の初期世代の中心的な知見だったのである。特に、進歩主義時代（訳註：一八九〇年代－一九二〇年代。社会と政治の改革が進んだ時期）に改革を推進した共和党員がこうした考えを持っていた。

彼らは、効率化と技術と独占的な戦略で巨大化した企業と戦える力があるのは、連邦政府だけだと認識していた。連邦政府がやらなければ、巨大企業は止められない。もし介入すべきときがあるならば、このようなときなのだと考えていた。ただし、政治文化の足元がふらついていなければの話である。

金融化によって、政治文化は堕落してきた。金融化は政治プロセスを「セクター」に変えたのだ。政治セクターは金融セクターとほとんど区別がつかず、そこではおカネが票と同じくらい重要とされる。しかし、同様に深刻なのは、政治プロセスが保守主義「ブランド」によってほとんど無力化したことだ。このブランドは、社会・経済機能のバックネットとしての政府の役割を反射的に却下する。そして、このバックネットとしての役割から手を引いたことが金融の腐敗を招き、それがコミュニティや家族や個人を傷つけたのだが、保守派は、それを認めることも拒むのである。ここでも、現代の保守派ブランドは、保守派がかつて守ろうと戦ってきた、まさにその価値に反対しているのだ。

しかし、この矛盾は前進への道でもある。ここで指摘しておくべきは、金融改革を最も声高に求めている人々の一部は保守派だということだ。同様に、オバマ政権が「大き過ぎて潰せない」銀行の分解や、彼らがリスクの高いギャンブルができないよう制限するのに失敗したとき、それに激怒したのはリベラル派だけではなかった。保守派の多くも怒ったのである。真の保守派にとっては、政府による銀行の救済は、市場を歪める政府の援助を密かに保障することに他ならなかった。この援助は、小さな銀行であれば避けなければならないリスクを「大き過ぎて潰せない」銀行には取ることを認めるものだった。

保守派の経済学者で、ダラス地区連銀総裁のリチャード・フィッシャーは言う。「そのような銀行は、自らの行動によって得られた利益はつかみ取る。しかし、悪い方向に進んだ場合、大体においてコストは払わない。経営破たんや閉鎖は行われないのである。それが、市場資本主義の基本的な（少なくともアメリカでは実践されるべき）教義を破った結果だったとしても」[17]。

保守派による「大き過ぎて潰せない」銀行への反感は非常に強く、ルイジアナ州選出のきわめて保守的な共和党上院議員デービッド・ビターは、オハイオ州選出の非常にリベラルな民主党のシャーロッド・ブラウンと組んで、メガバンクが借り入れる負債額の大幅削減を求める法案を提出した。この法案は銀行のロビー活動により行き詰まったが、幅広く超党派的な支持を得た。なかでも、ウォール・ストリート・ジャーナルのペギー・ヌーナン、ワシントン・ポスト紙のジョージ・ウィルら、保守派のコメンテーターの支持を得たことは注目すべきだろう。ウィルによると、「大き過ぎて潰せない」銀行は、利益を自分のものとし、損失は社会のものとする悪質な慣行を体現しているという[18]。

このような「大き過ぎて潰せない」銀行を再規制する戦いにおいて、私たちは金融化と戦うチャンスを得る。だがそれだけではなく、右派と左派が超党派的な姿勢に戻れる、ずっと必要とされていた場を設けることができるのである。政治が勝者独占のブランド戦争になる前は、そのような姿勢は当たり前のものだった。

こうした超党派的な動きはどのように始まるのか想像してみよう。それはダラス地区連銀のフィッシャーがフォックスに出演し、二〇一三年初めに彼が同僚たちとまとめた計画を説明するところから始まる。その計画とは「大き過ぎて潰せない」銀行を、小さな管理しやすい規模の組織に分割させるものだ。この計画のポイントは、従来型の融資を除いて、連邦のセーフティネットをすべて取り除くこと、また、自主的な再編成を拒む銀行を、規制当局が分解する権限を持つことにある。(19)

フィッシャーの計画は保守派のブログなどで反響を呼ぶが、それだけでなく左寄りのメディアもこれに共鳴した。一般からの支持が大きくなったところで、上院議員のビターとブラウンがフィッシャーの計画を法案にまとめ、それは幅広く超党派的な支持を得る。「大き過ぎて潰せない」銀行が激しくロビー活動を行って法案を潰そうとするが、世論は確実に銀行に反対しており、銀行の交渉力は弱い。仮に分解は免れたとしても、銀行は融資業務と投資銀行業務の間に、グラス・スティーガル法のような、大恐慌時代的なファイアーウォールを設けさせられることになるだろう。そうなれば、金融セクターにはシステミック・リスク（訳注：ある銀行が経営破たんするなどして債務不履行になった場合、その支払いをあとにしていた他行にも影響が及んで決済システム全体が麻痺すること）の根源となる部分がなくなる。

同様に重要な点は、ワシントン内外の党派が、国家的に重要な問題について合意に達することができると示せることだ。このような政治面での成功は、不和と機能不全を栄養としているインパルス・ポリティクスに、大きな打撃を与えることになる。合意を形成する政治プロセスの明確な実例を示せれば、リベラル派と保守派の両方がここ数十年で築いた敵対的な政治ブランドも、弱まっていくはずである。

過去には、実際にこのような状況が起こったことがある。ジョージア大学の政治学者で政治の分極化に詳しいキース・プールは、アメリカは一世紀ほど前に「脱分極」したことがあると言う。産業界の改革のために、両党の中道派が団結したのだ。プールは、この歴史を繰り返すには両党から中道派の候補者が多数選ばれる必要があると言う。これは分極化のひどい時代には中道派は敬遠される傾向にあったため不可能だった。しかし、プールは「議会において両党の間でもっと合意が行われるようになって、候補者にとって中道のポジションが魅力的になれば[20]」、これは変えることができるだろうと言う。巨大銀行分解のキャンペーンは、まさにそのような合意となるかもしれない。

また、一時的にブランド政治が弱まることだけでも、インパルス・ポリティクスに対する本当の攻撃の足がかりになり得る。中道派があと数人増えれば、議会はついにある問題を攻撃する力を獲得できるかもしれない。すなわち、金融化の最終的かつ最も極端な形であり、インパルス・ソサエティの究極的な表れである選挙資金調達を攻撃するのである。

二〇一〇年にシチズンズ・ユナイテッドの判決が行われてから、いわゆるスーパーPACからの何億ドルもの寄付金が、政治の金融化をほぼ完成させた。もはや政治は単に市場を反映するだけではなく、市場と一体化している。伝統的に、これはリベラル派が得意としてきた争点だ。実際に、エリザベス・ウォーレンやニューヨーク州知事のアンドリュー・クオモら、リベラルな民主党員は、明らかにこの争点のポテンシャルを認識している。キャピタル・ニューヨーク誌の表現を借りると「同性婚や銃規制を超えはしなくとも、それらと同程度の大物[21]」として、選挙資金の問題を捉えているのである。

一方で、選挙資金改革は保守派を結集させる争点にもなり得る。経済と政治の分離は、実のところ保守派の原則である。少なくとも、選挙資金が大量に流れ込み、右派と左派の両方を腐敗させるまでは、保守派の原則であった。現代の保守主義運動の象徴的存在であるバリー・ゴールドウォーターは、一九六〇年代にこう指摘した。「政治権力を可能な限り幅広く分布させるには、選挙運動への金銭的な支援は個人によってのみ行われるべきである。労働組合や企業が政治に参加すべき理由は何も見出せない。両者とも経済的目的のために創造されたのであり、その活動もそれに従って制限されるべきである」。

そして実際に、上下院の共和党議員は全般的に選挙資金改革にそれほど関心を示さないものの、ワシントン以外の保守派ではこの問題が関心を集め始めた。世論調査では、相当な割合の保守派の有権者や州議会議員が、「巨額の選挙資金提供に関しては、企業や労働組合やその他の組織を言論の自由の保護から除外する」という憲法修正案を支持すると表明した。ある調査では、一〇人に七人の共和党員がそうした修正を支持した[22]。

保守派のブログサイト「レッドステート」に寄稿する、ブロガーのクリス・マイヤーズはこう指摘する。「多くの人々が、自分たちの意見は聞き入れられていないと感じており、また、大企業や大規模な労働組合の利益が優先されるため、自分たちの利害は見過ごされると感じている。しかしここには、本当に大切に思うもののために、保守派の私たちが立ち上がるとはっきり示せるチャンスがある。いずれにしろ、私たちはずっとそうしようとし続けてきたのではないだろうか[23]」。

興味深いのは、茶会党が崩壊し始めるとともに、保守派の思想的指導者たちが中道寄りにシフトし、インパルス・ポリティクスのブランド的保守主義から離れ始めていることだ。ニューヨーク・タイムズ紙の保守派コラムニスト、ロス・ダウザットが指摘するように、現実主義で解決策志向の「改革保守主義（reform conservatism）」が、中道右派のシンクタンクや、茶会党の自滅的な展開を心配する現実的な保守派政治家のなかから現れている。

改革保守主義が掲げるアイデアには、幼児教育の促進や、州が独自の燃料税を課して、独自の交通プロジェクトを実施するといったものがある。彼らのこうしたアイデアは、伝統的な保守主義の特徴である鉄壁の現実主義に重点を置いたもので、それは中間層のアメリカ人にアピールしてきた。ここで重要な点は、こうした現実主義はかつて、超党派的な妥協と立法の基盤となったということだ。租税改革などの大きな問題で協働する方法を見出したのは、常に右派と左派の現実主義者たちだった。

こうした現実主義は、インパルス・ソサエティのブランド政治で最初に犠牲にされるものだが、それを取り戻したモデルケースがある。ニューヨーク・タイムズ紙のまた別の保守派論者であるデービッド・ブルックスによると、エイブラハム・リンカーンや、ヘンリー・クレイ、ダニエル・ウエブスターらのホイッグ党（訳註：アメリカ建国初期の政党。民主党に反対する勢力が集まって形成された）など、一九世紀の保守派政治家は、超党派的で基本的な問題に焦点を絞ることで、強力な多数派となることができた。たとえば、社会階層間における人々の流動性や、経済的な機会などの問題だ。

また、「政府の力を使って、社会的に主流ではないアメリカ人に資本主義経済で競うためのツールを提供する」ことにより多数の支持を得たのも重要な点である。これは効果的な中道派政治の初期の例である。そして、ブルックスによると、ホイッグ党はこの現実的な中道主義を前進させて、

「対立的なジャクソニアン（訳註：アンドリュー・ジャクソン大統領の支持者）」が持つ強い党への忠誠心に代わるものとした。現実的なホイッグ党にすれば、「人々を階級どうしで戦わせるよりも、階級間を移動できるようにしたほうがよい[24]」のであった。ブルックスは、今日では「現在のさまざまな分野の政治問題を集めて」社会的流動性を改善する方法に焦点を絞ることにより、同様に幅広い支持を得られると論じる。たとえば、幼児教育の再構築や、恵まれない家庭がよりよく子どもを育てられるよう手を貸すなどだ。

リベラル派はこれを、「内輪もめによる崩壊の淵にある共和党が、自己防衛のために必死にあがいているのだ」として却下したくなるかもしれない。しかし、改革保守主義は新たな中道政治への第一歩であるかもしれない。つまり、多くの人々にとって、どちらの党のブランド政治も人々の本当の懸念や希望に沿うものではなかったと認めるのである。こうした認識により、あらゆる政治的グループの現実主義者が、共通の利害や潜在的解決策について議論を始めるかもしれない。そして、この現実主義が、皮肉なブランド政治からの分離と、現実と可能性の政治への回帰を引き起こす可能性がある。

そのような可能性の政治が再び実現できると仮定すると、インパルス・ソサエティをさらに持続可能な社会に変えるには、金融の再規制以上のものが必要であることは明らかだ。金融を政治システムから取り除くメリットの一つは、そうすることで政治が再び資金提供の仕事を行えるようになるということだ。つまり、必要な公共投資を行うという、アメリカの長期的な業務を立て直すのである。

簡単に言うと、政府は再び、政府に最も適した仕事をより自由に行えるようになる。すなわち、個人やコミュニティや企業の能力も意欲も及ばない、総体としての公共の利益に長期的に取り組むのである。これは、一世紀前に進歩主義を支えた論理であった。つまり、消費者市場の成熟により私的財への投資は全般的に向上したので、政府は公共財に十分な投資が行われるよう介入を行う、ということだ。

ここにも、左派と右派の妥協のための空間が見出せる。言うまでもなく、リベラル派は、たとえば、メディケアのための審査など受給資格の改革や規制改革、特に小規模企業向けの改革で、ある程度は譲歩しなければならない。しかし保守派も、時代遅れのブランドを乗り越えなければならない。そして、何十年もの減税や予算を巡る党派の争いで、アメリカはいまやどの先進諸国よりも公共投資の面で遅れていると認識する必要がある。

いくつか例を挙げてみよう。道路や橋や他のインフラに対する支出は、必要額を毎年約二五〇〇億ドル下回っている[25]。ウォール・ストリート・ジャーナル紙の報道によると、アメリカ全土で何千マイルもの道路が「壊れて土に戻る」のを州政府が放置しているという[26]。幼児保育や教育支出がＧＤＰに占める割合は、先進三七カ国中、アメリカは二八番目である。ブロードバンド・ネットワークの速さでは、二四位である。そして、アメリカのエネルギーは、いまだに九〇％近くが化石燃料を使っている。中国政府もいまやアメリカの二倍近い額を、クリーンエネルギーの研究に充てている。

この公共投資の不足分を増やしていくには、現在の政治のマインドセットを大きく変える必要がある。現在の政治は、超過支出やわずかな増税さえも嫌悪するブランド化された保守主義が支配しているが、台頭しつつある超党派的な支援を武器に、政界のリーダーは特定の案件、たとえばインフラやエネルギーなどに関して投資の拡大を主張できるのではないか。そのためには、過去の好景気で公共投資が担った役割を強調することだ。戦後時代の好景気だけでなく、インターネットブームもあったが、それは、何十年にも及ぶ大規模な公共投資がなければ実現し得なかったものだ。たとえば、次世代エネルギー技術などに関して同様の取り組みを今日行えば、それは経済再生を活発化させるかもしれない。

具体例を挙げよう。核融合（原子核を分裂させるのではなく、融合させることによって大量のエネルギーをつくり出す技術）の研究に大々的に取り組めば、第三次産業革命に必要な、大転換を起こす技術が生まれる可能性がある。

核融合はクリーンで、放射能はほとんど生じない。そして、燃料（ジュウテリウムとして知られる水素同位体）は、海水のなかにほぼ無限にかつ豊富に存在する。核融合に見られるのは、現在市場にあるどんなエネルギーよりも劇的に安い、低炭素エネルギーの可能性だ。グローバル化した経済でエネルギーが中心的な役割を果たすことを考えると、核融合は根本から経済を変え、何十もの関連産業を生み出す可能性がある。またその一方で、二酸化炭素排出量の多い燃料を段階的に削減することができる。

現在のところ、核融合に対するアメリカ政府の支援は減少傾向だ。しかし、核融合を少しでも推進すれば、その社会的リターンは莫大なものになる可能性がある。そして、推計によると、二〇三四年までに核融合の原子炉を一基開発するには、三〇〇億ドルが必要だというが、その規模の投資を進んで行おうという企業はないから、これこそがまさに政府が実施できる、また実施すべき種類の投資なのである。コラムニストのジョージ・ウィルはこう表現する。核融合は「公共財の完璧な例だ。民間は追求できず、政府は無視すべきでない」。

大型の公共投資を今日推進するには、持続的で主導的な政治的取り組みが必要だが、実のところ、主流の政治家はそれにはますます慎重になっている。金融化され、世論調査を重視するインパルス・ポリティクスの世界では、有権者の感情に従うかそれを操作するほうが、有権者をリードするよりもずっと効率的なのだ。また、有権者も公共投資を怖がるように仕向けられてきており、政府も全般的に、相変わらず非効率で不当で堕落している。

しかし、自ら進んでブランド政治を乗り越えようとする政治家には、勇気を与えてくれる先達が、歴史の中に大勢存在する。一九六〇年代初期には、ジョン・F・ケネディが一九六〇年代の終わりまでに人類を月に立たせると誓って、有権者の心をつかんだ。一九五〇年代には、アイゼンハワーが全国の高速道路建設について人々の支持を取り付けた。当時では、史上最も高価な公共工事のプロジェクトだった。大恐慌時代には、フランクリン・ルーズベルトが繰り返し大規模な公共工事プロジェクトについて語った。それ以前にも、セオドア・ルーズベルトが教育や公園、公衆衛生への公共支出を推奨した。

これらは決して簡単に売り込めるものではない。たとえば、フランクリン・ルーズベルトは公共工事への支出を主張するうえで、当時は斬新なコンセプトだったケインズ経済学を用いて慎重に説明した。すなわち、政府は需要を刺激することで、停滞した経済を再出発させることができると論じたのだ。

今日の政治家には、これほどの説得力はない。リベラル派の経済学者はオバマが真の金融改革を進めていないと批判する。また、金融危機を起こす一因となった、効率的市場のイデオロギーへの攻撃に前向きでないと不満を述べる。さらには、経済政策をまったく新たな方向に向ける必要があるのに、それに積極的に賛成しないと批判する。もっと皮肉な人は、オバマはウォール街と密接に結びついているため足を引っ張られていると言う。

しかし、同様に言えるのは、アメリカ国民の多くが「信じられる変化」を渇望していると口にしながら、実は本当に必要な変化に対しては心理的にまだ準備ができていないということだ。むしろ、私たちの多くが非常に経済状況を心配しており、また政府や企業をあまりにも信用していないため、自分たちの利益を超えた先へと一歩を踏み出し、もっと大きなものを追求する自信を持てずにいる。そして、ニューヨーク・タイムズ紙のブルックスが指摘するように、オバマが「気付かせたのは、外部からの組織的なサポートがなければ、大統領はほんのわずかなことしか実現できない[27]」ということだ。

理想論を言えば、アメリカ国民のこうした態度はその基となっている社会・経済の状況を変えることによって覆すことができる。政治を浄化して、市民を政治に関わりたいと思わせる。経済改革と公共投資を活用して、経済的なチャンスをよみがえらせる。昔の世代はそうしたチャンスに刺激されて、自分の狭い利益から外に踏み出し「もっと大きなもの」に取り組みたいと思うようになった。また、市民と市場のバランス、そして市場と政治組織のバランスを立て直して、個人がもっと寛容で長期的な展望を持てるようにする。

もちろん、このようなハイレベルでシステム的な変化は、市民がそれを求めなければ実現せず、それは正直なところ、ここ数十年では難しくなってしまった行動だ。私たちを皮肉屋で冷淡にした政治と経済の腐敗のおかげで、また、欲しいものは自分で手に入れられると主張する消費者市場のおかげで、私たちの文化は現状を受け入れるようになった。また、拡大する欠陥と不平等も含めて、市場が主導する社会を受け入れるようになった。

しかし、個人のレベルでは、このように大人しく従う状況は変わりつつあるようだ。それは、必要に迫られてのことだ。実際のところ、社会は単純に機能しなくなっている。もはや、中間層の空洞化が解消されるようにとか、企業幹部の近視眼や、インフラの不具合などが起こらないようにと「願う」だけでは不十分なのだ。また、史上最も豊かな国で、平均的な市民がどんどん不安定になり、取り残されるのではと不安になっているという不合理な状況を、もう無視することはできない。

さらには、市場や政治のシステムは自然に良くなるだろうと、自分に言い聞かせることももう無理である。この二つのシステムは非常に損傷が激しく、否定や無関心を装っている暇はない。また、ますます多くの人々が気づいているのは、インパルス・ソサエティという社会全体を改善しにくいものに見せている政治の機能不全や、どこまでも近視眼的な勝者独占の市場や、個人の慢性的な自己陶酔などは、それら自体がインパルス・ソサエティの一部であるということだ。つまり、インパルス・ソサエティはメタブランド（訳註：ブランドの集合体、高次のブランド）であり、真の改革が不可能であると見せかけているということだ。

しかし同時に、より多くの人々がこのブランドの正体を見抜くようになっており、改革は可能だと分かっている。実務官僚や学者、改革を志す少数の政治家やビジネス界の人々が、政治やビジネスの世界に存在する近視眼的な行動と戦っている間にも、一般人の私たちは改革が可能だという知識を行動に移し、騒ぎの中に足を踏み入れる必要がある。いまやほぼ全世界的になっている不安や切迫感に応える形で、私たちは自分自身に、また広範なコミュニティに、変化は可能だと示す必要がある。そして、インパルス・ソサエティを動かしている仕組みは、インパルス・ソサエティに対する防御壁にもなり得るのだということも示さなければならない。

インパルス・ソサエティと距離を取る

数年前、私の友人のマーシーはある気がかりが生まれたことをきっかけにして行動を起こした。全国的な建設会社でめきめき頭角を現していた彼女だったが、自分が社会にどれだけ価値を提供しているのだろうかと、真剣に悩んでいたのだ。マーシーはビルの設計が好きだったが、建築の仕事はコスト削減と大量生産の精神に大きく支配されるようになっており、創造性が占める部分はごくわずかになっていた。

マーシーは私に言った。「どうすればこのプロジェクトからおカネが稼げるか、そればかり考えているんです。私が何かを設計して、誰もがそれを気に入ったとします。でもここで、みんなが言うんです。『よし、ここから利益をひねり出そう』って。だから、考えてしまいます。『このビルはこれから五〇年間も存在し続けて、私の名前もそこに記される。それなのに、私はこの仕事の進め方に本当は賛成していない』」。

この頃、マーシーは地元の学区でボランティアとして、町の建築物を生徒に見せて回るツアーを実施していた。彼女は生徒たちの熱心さと好奇心をいとおしく思い、ほんの数時間で彼らの世界の見方を変えられることを喜んだ。そして、このわずかな時間が、職場でのどんな仕事にも勝るとも劣らぬくらい、クリエイティブで重要であると感じられた。

ある晩、仕事が終わって車で家に向かっている途中、マーシーはラジオで政治家のインタビューを聞いた。彼は、なぜ稼ぎのいい仕事を辞めて公職に立候補したのかを話しており、古代のユダヤ教指導者、ヒレルの言葉を引用した。それはこんな言葉だった。「私が私自身のためだけに存在するのなら、私とは何者であろうか。いまそれをしなかったら、いつできる日があるか」。その言葉がマーシーの胸を打った。「これこそ、私が感じていることだと思いました。私はもっと重要なこと、もっと価値のあることをやりたかったのです」。

彼女は仕事を辞めた。建設会社を離れ、教育学の修士号を取るため学校に戻って、いまでは教室での効果的な授業を「設計」している。「その影響力といったら」と、彼女は言う。「教師が子どもと一言だけ話したとしても、その一言が彼の人生を大きく変えてしまうこともあるのです」。

マーシーは、建築の仕事を辞めるのは簡単なことではなかったと認める。高い収入が得られただけでなく、注目される仕事で自尊心が満たされた。それが今では「自分は教師だと言うと、みんな話題を変えるんです」。しかし、以前の仕事から離れるにつれ、市場が定義する仕事上の「成功」と、彼女個人の価値観を反映した「成功」とが違うものであったことが見えてきた。彼女の価値観は、他人の人生に関わり、影響を与えたいというニーズと深く結びついていた。「それは私にとってある意味の成長で、こう気づいたのです。『子どもを教えることは、自分がビルを設計する姿を想像することより、本当にずっと大事なことだ』って。それは本当でした。私はこの仕事が好きで、後悔したことなどありません」。

マーシーの物語は「空間をつくる」という考え方の例として胸を打つものだ。「空間をつくる」

とは、つまり、物事がどれだけバランスを崩しているかを見るために、インパルス・ソサエティのパターンや価値観から離れることだ。また、マーシーの事例は、そのバランスの悪さにどれほど建設的に対応できるかを示してもいる。

これまでに私たちは、金融市場と経済の間、また市場と政治の世界の間に距離を置く必要があることについて検討してきた。しかし、真にインパルス・ソサエティを乗り越えて先に進むためには、私たちは個人と市場の間の隙間を広げ、個人と市場が深く結びつき合い、融合した状態を破棄する必要がある。そうして初めて、自己は市場の短期的な価値観からいく分解放され、もっと本質的で永続的、かつ人間的な価値と再び結びつくことができる。

また、市場から一歩下がって初めて分かるのは、私たちが消費者市場で必死になって求めているものは、多くが実際は別の場所にあるということだ。今日、私たちの多くが渇望しているのは「つながり」だ。他者との深い、本物の、意味のある人間関係である。

社会学者のロバート・ニスベットが半世紀前に言ったように、私たちはいまだに「コミュニティの探求」に動かされている。この探求は、当然のことながら、いますぐの自己中心的な満足を優先する消費者文化では全うできない。事実、私たちが真に求めてきたつながりは、まったく反対のものだ。永遠で、自分たちよりも大きな何かとのつながりである。私たちは市場のなかでこのつながりを探していたため、この基本的なニーズが満たされないままであっただけでなく、私たちを満たしてくれるはずのコミュニティ自体を傷つけ、弱めることにもなった。

だから、私たちは反抗する。すでに反抗している。国中で、個々人の優先事項や恐れや選択を反映した、一億もの小さな挑戦が行われている。しかし最終的には、私たちは大きな統一的な目的を受け入れなければならない。つながりやコミュニティへの個々人の探求を、社会的・政治的な活動に高めて、そこでコミュニティの価値を守って復興させ、大きな長期的目標に重点を置くのである。これが実現できるのは、集団で取り組んだ場合のみだ。自己とコミュニティがインパルス・ソサエティの下でともに崩壊したのであるならば、両者はともに立ち上がらなければならない。

広い意味では、私たちはすでに何をすべきか分かっている。インパルス・ソサエティ誕生のカギも、それを制御したいという希望へのカギも、ともに自己とコミュニティの関係にある。両者の関係が健全なものであれば、それは相互に力を与え合うものとなる。そこでは、まずコミュニティ自体が健全である。また、個々人はコミュニティの基本的な価値観、すなわち、共通目的、協力、自己犠牲、忍耐、長期的な関わりに支えられて、コミュニティに還元を行う力を持つ。すると両者の関係は好循環となり、双方が互いに支えられ成長する。

しかし、私たちはこの好循環を破綻させてしまった。私たち個人に必要な強さや回復力はすべて市場で手に入れられると思い込み、コミュニティのことなど構うものかと考えた。しかし、自分にぴったり合った満足感を手に入れていくうちに、好循環は悪循環に変わった。個人はコミュニティによる支えを失い、コミュニティはその構成員を失って、両者の関係は互いに相手を弱め合うものとなった。これがインパルス・ソサエティの中核にある有毒な現実である。

市場が私たちをコミュニティの義務や影響力から解放すればするほど、個人としての実際の力や自由は減少していく。そして、市場が個々人をバラバラにして支配しようとする「分割統治」のパターンに、どんどん抵抗できなくなり、その結果を覆そうとすることすらできなくなる。だから、市場がコミュニティを弱体化させていくのを、私たちは止められなかった。また、拡大していく不平等を既成事実として受け入れてきた。非常に多くの点で、また非常に多くのレベルで、インパルス・ソサエティは望むがままに私たちを動かしてきたのだ。

しかし、私たちの黙従も限界に達した。市場に反抗する行動自体が政治行動であり、本当に必要なものを手にしていないと認識することである。また、本当に必要なものはすぐ近くにあると認識することでもある。市場の価値観から離れると、コミュニティの価値観が私たちの生活に戻ってくる。再びつながったことから得られる喜びと安心感により、もっと深く、長くつながれるよう、市場との隙間を広げようとする。ゆっくりと、だが確実に、好循環が回り始める。

それは決して簡単なことではないし、確約もできない。何十年も放置されたため、健全なコミュニティに必要な社会構造は退化し、衰弱している。また、多くの人々がマズローの欲求五段階で一、二段階滑り落ちてしまったため、必要な隙間をつくるための時間や手段を持っていないかもしれない。しかし、このような状況でも、社会的つながりと大きな目的の探求は揺るがない。ほんの少しでもチャンスと励ましがあり、ほんのわずかでも隙間がつくれれば、自己とコミュニティを再び統合したいという気持ちが芽生え、歩道の割れ目に育つ雑草のように花開く。そして太陽に向かって伸びていくと同時に、インパルス・ソサエティの地盤にも深く根を張るのだ。

こうした自己とコミュニティを統合しようとする気持ちの開花は、私たちが自己を回復しようと集団やコミュニティに目を向けるなかで、あらゆる教会やシナゴーグやモスクで毎週のように見られる。また、金曜夜の高校のフットボールの試合におけるエネルギーや、高校の卒業式の全体としての楽観主義にも見られる。さらには、ロータリークラブの資金集めイベントにおける目的意識や、公地の使用に関する公聴会の激しさ、ファーマーズ・マーケットの楽しさなどにも表れている。

しかし、おそらくそのなかでも、コミュニティの最も基本的な単位である「家族」への全世界的な敬愛のなかに、自己とコミュニティを統合する気持ちの開花を見ることができる。コミュニティと「つながり」に対する渇望は存在する。欠けているのは、政治と経済の残がい、たとえば構造的な偏見や腐敗、ブランド的な皮肉っぽさなどを一掃するための、社会のあらゆるレベルでの統一的な行動だ。そして、このコミュニティの探求が、私たちをもっとバランスの取れたまっとうなポジションへと導くのである。

たとえ大規模な改革が存在しなくても、コミュニティへの回帰は周辺部ですでに生じている。「地元」へのこだわりが強くなっていることは、ニスベットの言う「中間的な仕組み」、つまり、家族や教会、近隣、学校など、個人を支え、自然や人工の大きな力から守ってくれる地域の社会構造を、改めて評価しようという気持ちの表れである。こうした気持ちが地域という場所で起こっているのは最適だった。なぜなら、ローカルな場所は、社会的な人間関係に強さと頻度と純粋な親密さがあり、自己とコミュニティの相互関係のメリットが最もはっきりと感じられるからである。

「共通の利益を理解する力、そのために行動する意欲、また、過去から継承したものに恩義と義務を感じ、未来に感謝し義務感を持つこと。これらに必要なのは他人と親密になれるような規模である」。こう述べるのはパトリック・デニーン、憲法学が専門で古典的な思想に詳しい、ノートルダム大学の准教授だ。また、「他者に対する自分の行動と、自分に対する他者の行動の関係」を感じ取れるのもローカルな規模だ。同様に、やはりローカルな規模でこそ、市場と非市場を最も容易に区別できる。そして、非市場の価値、たとえば、本物であること、道徳性、質、コミュニティそのものなどを明確に示せるのである。

しかし、ジェファソン主義（訳註：アメリカ第三代大統領トマス・ジェファソンの思想に基づく民主主義）的な小規模でまとまった、家族的なコミュニティは、非常に重要ではあるものの、再生の流れのごく一部でしかない。私たちが暮らしている世界は、もはや「ローカル」という言葉では表せない。また、私たちの「コミュニティ」の概念は国家や世界の問題も取り込める規模でなければならないし、あらゆる経験や創造力を備えた多様なものでなければならない。したがって、たとえば、「仕事は真の社会的つながりであり、正当かつ重要なコミュニティの中心である」という考え方を復活させる必要がある。威厳のある労働組合と職場の団結の時代は、復活できるかもしれないし、できないかもしれない。いずれにせよ、もしも中間層を救い出せるチャンスがあるならば、「労働者」はコミュニティの積極的な一員として再浮上する必要がある。集団的で人と人とがつながった、自覚のあるコミュニティの一員としてである。

また、新たなカテゴリーのコミュニティが持つ潜在力も受け入れなければならない。たとえ、それがデジタル・コミュニティなど、本書では攻撃の的になっているコミュニティであっても、それを受け入れる必要がある。

ただし、オンライン環境は、自己を回復するタイプのコミュニティとしては、大きな限界がある。フェイスブックやツイッターは、決して地域のミーティングや、ＰＴＡの資金集めイベント、家族での夕食を代替するものではない。また、政治家や関心事を「フォロー」しても、州や国家の政治に関わる市民としての義務がなくなることはない。さらに、もっと根本的な点として認識しておくべきなのは、デジタルのソーシャル・ネットワークは、効率的市場を全面的に具現化するものだということである。市場の足踏み水車的なパターンをすべて併せ持ち、いますぐの報酬と自己宣伝、不完全で使い捨ての交流に重点が置かれている。これらは私たちがまさに、そこから遠ざかりたいと思っているものだ。

しかし、仮にこのデジタル世界の市場的側面を、どうにかして封じ込められると考えてみよう。たとえば、デジタル世界にはあちこちに問題が存在していると、ユーザーにもっと意識してもらうなどの方法を取るのである。そのためには小学校六年生が「テクノロジー教育」を受けることを義務化するなどの必要があるかもしれないが、そうなれば、私たちが想像すらできないような社会的つながりの土台として、この技術はおそらく無限の潜在力を発揮する。

インターネットがどのようにして立ち上がったかを振り返ってみよう。それは、主流の文化から外れて光が当たらない情報を共有したい、という願いからできたコミュニティだった。この精神で、新たな市民との対話の場を盛り上げるのはどうだろうか。すでに現れつつある、オンラインでのタウンホール・ミーティング（政治家と市民の対話集会）をより大きくし、定期的なものとするのである。

さらに、非デジタル世界で、まだ開拓されていない潜在力も認識しておく必要がある。デジタル世界など想像すらされないような戦後時代には、驚くほどのコミュニティ構築や市民活動が行われていた。そうした未開拓の潜在力が「オフライン」のコミュニティを回復するのをデジタル世界に遮られないようにしなければならない。また、オンラインのプロデューサーの絶え間ない呼びかけに気をそらされないよう、注意する必要がある。

文字通り何千もの場所が、意味のある重要な社会的つながりのために存在する。アマチュアのスポーツ大会のボランティアから、パソコンやテレビをつけずに家族だけで過ごす夜まで、それらは、個人とより大きなコミュニティとの間での好循環を再開させる道筋となるはずだ。

実際のところ、再建のための努力が究極的に求められるのは、最大規模のコミュニティだ。小規模なコミュニティのための努力も同様に重要ではあるが、広範な全国的コミュニティは緊急に立て直す必要がある。それは、大規模で無秩序で問題を抱えた民主主義における、市民の義務について熟考するためだ。

この全国的なコミュニティは、ローカルなものと比べて、親密さや親しみやすさや真実味にはまったく欠けるかもしれない。しかし、私たちが直面する課題の多くに対処するには、全国的な規模と影響力が必要であり、したがって、全国的なコミュニティの復興は必ず行わなければならない。気候変動や新エネルギーシステムなどの問題に取り組む資源を持てるのは、全国的なコミュニティだけである。さらには、社会全体のために大きな目標を設定できるのも、全国的なコミュニティだけだ。そこで決定した大きな目標が、今度は地域や個人のレベルでのコミュニティ構築に影響する。また、全国的で大規模なコミュニティだけが、地域や州での取り組みに対して政治的・経済的な「支援」を提供できるのであり、なおかつ、物的・人的資産への長期投資を行うことができる。そして、そうした投資が長期的で理にかなった目標に確実に向けられ、国と地域、州、個人の間に、永続的で相互に力を与えあう関係が確実に創造されるようになるのである。

全国的なコミュニティの復興というアイデアは、政府の関与を反射的に拒否するブランド保守主義の今日の右派にとっては難題となるだろう。しかし、少しでも政治文化が変われば、たとえば、政治的な対立を誘うメディアの声を抑えれば、保守派にもブランド化されていない政治、すなわち、建設的な関与と変革を可能にする政治のメリットが見えてくるだろう。こうした政治文化の変化と保守派の変化も永続的なパターンになり得る。

現実的な保守派の人々は認識するはずだが、戦後経済の奇跡が起こったのは、何よりも全国と地方の間で好循環が回った結果だった。大量のトップダウンのプログラム、たとえば、社会保険や職場環境での規制、公的インフラへの大規模な投資まであらゆるものが、個人の安心感や未来への楽観を醸成し、またあらゆるレベルのコミュニティの繁栄につながった。

こうした社会投資の「リターン」は驚異的だ。ロバート・パットナムらが記すように、戦後の繁栄したコミュニティは、過去にないレベルで社会や政治に関わった。ボランティア、愛国主義、チームワーク、そして、自己犠牲が見られた。それらがあったから、国全体が大きな課題を乗り越えられたのだ。たしかに、いまでも選挙のときには相互援助的な人間関係が見られる。両党のトップから下層部に至るまでが、全力で関わり、そして多くの場合、感情を高ぶらせている。しかし、私たちがいま目指すべきなのは、より持続的な関わり方だ。リーダーと選挙民が落ち着いて、建設的かつ継続的に、政策や議論に関わるのだ。そこでは、メディアの極論が議論をたきつけることは許されず、彼らは本来留まるべき端のほうに押しやられる。

おそらく、最も希望の持てる兆候となっているのが、不平等に関する怒りと議論が高まっていることだ。金持ちと貧しい人の間に開いた大きなギャップを前に、私たちはコミュニティと民主主義が脅かされていると感じている。

しかし、この所得の不平等という課題でこそ、全国的なコミュニティが力を発揮できる。本書で議論してきたような改革を通じて市場にバランスと公平さを取り戻すため、継続的な取り組みを開始するのである。そうすることで、悪循環を再び好循環に戻すことができるだろう。そして人々をより安定させ、また、社会の中核には私たちの利益と幸福があるという考え方を示すことにより、人々は進んで自分の殻から抜け出し、より多くの時間を家族や近隣社会や、学校に使うようになるだろう。

さらには、不平等を改善し、また経済は裕福な人やコネのある人のためにだけ存在するのではないと示すことも必要だ。そうすることで、私たちがかつてアメリカらしい試みに対して抱いていた信頼や、民主主義全体に対する信頼を回復することができる。すでに両党の政治家がそうし始めているように、単純に不平等について話すことだけでも、無視されて冷淡になった人々に「もう国民らしく行動しても安全なのだ」という合図を送ることになるはずだ。

たしかに、もう何十年もの間、全国的なコミュニティはイメージしにくかった。それは、経済面での失敗のためであり、また政治の党派主義や金融化、そして政治を消費やアイデンティティ創造の場として扱う有権者も原因となっていた。しかし最近では、雪解けの可能性も見える。右派と左派の間で前述したような妥協が行われており、それがより大きな和解へと向かうかもしれないと感じられるのだ。それはわずかなものではある。しかし、インパルス・ポリティクスが持続できないと認識し、何も実現できない政治システムの不合理さを認識する人々にとっては、一つのチャンスであると感じられるはずだ。

現在の政治組織の実績がどれほどひどいか、それを見られる場所をつくることは、そうした組織を立て直すよう要求する一歩となる。たとえ不完全でも、持つべき機能を回復させるのだ。つまり、個々人の関心を長期的な公益に向けさせるという機能である。

ここにも好循環の例が考えられる。真の問題について議論し始める全国的な政治文化だ。それは、「死の審議会」（訳註：オバマ大統領による医療制度改革への批判のなかで使われた言葉）や、マリファナの合法性、大統領の出生証明書への疑念などではなく、経済や社会を運命づける問題について議論するのである。たとえば、現在の家族が直面する問題、産業の衰退や職業倫理、方向を誤ったイノベーション、規制されていない金融市場が抱える時限爆弾、チェックされていない選挙資金など、こうした問題に対処できる政治文化こそ、国民が賛同し、関心を持つものである。

また、これらの問題は党の境界線に関わらないものである。したがって国民は、自分たちが共和党支持と民主党支持の間でバラバラに分散しているのを不便に感じ、そこで、互いの共通基盤を見出す、あるいは創造しようとするだろう。それは互いの違いを乗り越えて、公正で自由な社会という基本原則へのこだわりを再確認することである。そうするなかで、また、メディアを黙らせ、妥協できないと思い込むのをやめていくうちに、私たちは共通の利害のある分野や中道の政治を再発見する。そして私たちは認識するのである。アメリカ人はそれほど「赤（共和党寄り）」でも「青（民主党寄り）」でもないと。

この好循環のパターンが、他の分野や他の国家的問題でどのように展開し得るか、同様にトップダウン－ボトムアップの方法で進め得るかも考えてみることができる。たとえば、気候変動の問題は、全国レベルでは行き詰まっている。炭素税の立法化は金融化した政治システムに阻止され、エネルギー業界は変化を求められなかった。これは典型的なインパルス・ソサエティのパターンだ。しかし同時に、州や地域のレベルで、適切に展開されれば全国的なものに変えられそうな動きが出てきた。たとえば、カリフォルニア州では、干ばつ、山火事、砂塵嵐といった気候変動による被害と隣り合わせの住民たちが、地域の不安を州の政策に変換するのに貢献した。この政策は他の州でもモデルとなり得るし、やがては連邦政府のモデルにもなり得る。ちょうど、マサチューセッツ州の医療制度が全国的なプログラムに発展していったようにだ。

こうした発展を加速するために、地域の活動家による全国的なコミュニティのうち、主に新世紀世代で構成されているコミュニティは、新たな「占拠」戦術を使っている。これは、地位の確立された環境団体はもう行わない方法だが、彼らはそれを用いることで全国的に政治的なプレッシャーを高めようとしているのである。

たとえば、カナダから二酸化炭素排出量の多いオイルサンドを輸送するため、キーストーンＸＬパイプラインの開発が計画されているが、これを阻止するために七万五〇〇〇人以上の活動家が待機しているのである。オバマ政権がこのパイプラインのプロジェクトを承認していないのは、彼らの脅しが影響している可能性もある。

このトップダウン－ボトムアップの力が最も生かせるのは、教育分野かもしれない。教育はインパルス・ソサエティのもとで痛手を受けてきた。アメリカの生徒たちの学業成績は、工業化がアメリカほど進んでいない国と比べても惨憺たる状態であり、経済回復のための能力や、長期的な繁栄について考える力が失われている。しかし、教育に関わり、改善し、コミュニティを築くチャンスは豊富にあり、それらは発見されるのを待っている。

全国レベルでは、全州に共通の学習基準「コモン・コア」を導入する連邦政府の試みがまずまずの成功を収めている。地域レベルでは「国が決めた基準」であることに反感はあるものの、導入の勢いは増している。そして地域のレベルでは、改革を進める人々が、チャーター・スクールから新しい「反転授業」モデルまで、あらゆるものを試している。反転授業とは、生徒たちがオンラインの授業を家庭で視聴し、学校の教室で「宿題」をするというものだ。

こうした試みの多くは議論を呼ぶものだ。しかし、そうした試みが存在すること自体が、かつてアメリカの文化全体を特徴づけていた、社会に積極的に関わろうとする「ドゥ・イット・ユアセルフ（自分でやる）」のエネルギーを反映している。そして、こうした動きが適切に推進されれば、それがまたアメリカの文化となる可能性もある。

実際のところ、現代社会のすべての分野のなかで教育分野こそが、人々が積極的に関わり行動を起こす気持ちを持つ可能性が最も高い分野である。教育は、家族や近隣社会を除いて、大人が最初に公式に参加するコミュニティである場合が多い。また、最初に政治に関わるチャンスともなる。自分の子どもが通う学校の教育に満足がいかない場合、当然、それを何とかしようと考えるだろう。それは、教室の設備を購入するための資金集めかもしれないし、地域の税金を使うよう求める運動かもしれない。あるいは、学校の理事会への立候補かもしれない。

また、私の友人のマーシーが気づいたように、教育は志のある人が広範なコミュニティに確実に恩返しできる方法だ。この恩返しをしたいという衝動、リアルなものや永続的な価値の創造に関わりたいという衝動は、爬虫類脳的な衝動に比べると人間的で自然なものだ。こうした衝動には、時間と場所と励ましが与えられる必要がある。私たちの側からすると、時間と場所と励ましを強く求める必要がある。その求める気持ちは自分の内側から生じなければならない。

マーシーが教師になるという決断について私に話したとき、彼女はその転換点についても語ってくれた。それは、彼女が彼女自身に次の重要な問いかけを許した瞬間だという。「私がこの仕事をやらなかったら、一体誰がやるのだろうか」。

こうした種類の問いかけは、インパルス・ソサエティでは奨励されることはない。利回り狩りや足踏み水車や、「自分化」された完璧な満足の追求に動かされる社会では、むしろ、自分に関わる短期的なもの以外の現実については、考えることさえ推奨されない。

その現実に足を踏み出すかどうか問うこと、つまり、他人が存在しないのなら私とは何者であろうかと問い、いまそれをしなかったらいつできる日があるかと問うことは、市場の論理への反抗である。また、過去に存在した価値を求めることでもある。さらには、「個人の自由と力は、それがより大きなもののために使われるときに真に実現される」と認識することである。

最も重要なのは、こうした種類の問いかけをすることは、インパルス・ソサエティの向こうに第一歩を踏み出すことになるという点である。インパルス・ソサエティを支えている考え方を否定することによって、つまり、近視眼的で、自己陶酔的で破壊的な現状こそが、社会が実現できる最善のものなのだという考え方を否定することによって、第一歩を踏み出すのだ。

ただ一つの問いかけをし、それに答える勇気を持てばよい。そうすれば、インパルス・ソサエティの中心にある「真実」が、ウソであることに気づくはずだ。

解説 「経済栄えて社会滅びる」とならないために

——資本主義が機能するための前提条件を再考する

欲しいものがすぐ手に入るのが当たり前の社会。必要かどうかではなく、もっぱら「欲しい」という衝動に突き動かされて、消費行動が支配される、そんな社会。

この言葉にはっとする思いを持つ人は、多いのではないか。

必要かどうかを問う間もなく、ただただ「欲しい！」という思いから物を買ってしまい、後で後悔した覚えは誰もがあるだろう。本書は、ネットショッピングで何でも欲しい物がすぐに手に入るのが当たり前になったことの対価が、どれだけ大きなものなのかを、痛いほど厳しくつきつけている。

『石油の終焉（The End of Oil）』（２００４年）と『食の終焉（The End of Food）』（２００８年）の二つの著作を通じて、現代社会の病理を鋭く炙り出してきたアメリカ人ジャーナリスト、ポール・ロバーツが、終焉シリーズ第三弾に選んだテーマが「衝動社会（インパルス・ソサイエティ）」だった。

これはタイトルこそ最近の二作品とは趣を異にしているが、いわば「資本主義の終焉」の題名をつけてもいいのではないかと思えるような内容の、これまた前二作と同様に、われわれの社会が

「終わっている」現実をつきつける、衝撃的な作品だ。

二〇世紀の物質文明を支えた石油の時代が終わり、市場のグローバル化で世界の食システムが崩壊し、そして遂には現在のわれわれの繁栄を築いた資本主義が、その根底から崩れ落ち始めている。そして、いずれの崩壊も、その根本に横たわるものは、われわれ人類の欲望と、あくまでそれを満たそうとする執着にあるとロバーツは繰り返し強調している。

今回のロバーツの主題は、消費者一人ひとりが自分の欲求を満たすことを何よりも最優先するようになり、社会全体でそれが当たり前になったアメリカ（そして多少の程度の差や時間差はあるにせよ、日本やヨーロッパの先進国）である。そこでは個人が完全に市場に取り込まれてしまった結果、自己の欲求を満たすためであれば、社会的な責任も他者への配慮も生態系への負荷も一切無視した、モラルの欠片も無い社会ができあがってしまった。そんな今日のアメリカの実態を、冷徹に解き明かしているのが本書だ。

そしてロバーツは、なぜそのようなことが起きたかについて、アダム・スミス以降の人類の歴史をたどりながら、その原因を追求していく。その検証作業は圧巻である。後知恵と言われるかもしれないが、そうして見ていくと、社会が今日のような「邪悪な状態」に陥ることは、歴史の必然であったかのようにさえ思えてくるほどだ。

大量生産の父として近代史に名を残したヘンリー・フォードが、生産の効率化をとことん追求したT型フォードによって個人の行動の自由を飛躍的に拡げたところから、個人の力の拡大の飽くことなき追求が始まったとロバーツは指摘する。T型フォードの登場によって、それまで自分の生産の範囲内でゆったりと暮らしてきた農民や職人などの生産者が軒並み消費者に変わり、市場が形成された。そのとき、人類史上初めて、個人と市場との関係が始まったとロバーツは説く。そしてその後、何度となく紆余曲折を経ながらも、個人と市場は一体化の過程を進んでいく。いや、それ以降の人類の歴史は、まさに個人が市場に取り込まれていく歴史なのだと、ロバーツは言う。

フォードの効率化が可能にした低価格によって販売量が増え、増えた販売量が更なる低価格を実現する「足踏み水車」型の経済は、その後、年ごとのモデルチェンジでカスタマイズされた新型モデルを次々投入してくるGM商法に取って代わられる。新型モデルが提供する心地よさやステータスは、生産者ばかりか消費者までもを「足踏み水車」に乗せてしまった。この時、市場による個人の取り込みが始まったとロバーツは分析する。

市場と個人の過度な一体化は市場の暴走を生み、一時は大恐慌まで引き起こしたが、その反動として登場したルーズベルトのニューディールによってさまざまな規制が導入され、また政府が積極的に公共投資を行ったことで、一時、アメリカは市場と個人のバランスを再び取り戻したかに見えた。

戦争を挟んだルーズベルトのニューディールからジョンソンの「偉大な社会（The Great Society）」あたりまでが、アメリカにとってはつかの間の黄金時代だった。その間、豊かさの果実が社会の隅々にまで行き渡ったため、アメリカでは格差が縮小し、分厚い中間層が形成された。その時代は、同時にT型フォード以来拡大の一途をたどってきた個人の力も拡大したが、並行して社会の力も強化されていたため、両者の間には心地よいバランスが保たれていた。

豊かさは多くの中間層が社会に関わる意欲を刺激し、政治活動やボランティア、NPO活動などが大きく花開いた。日本でもよく知られるアメリカ民主主義の底力の源だ。この頃のアメリカは消費活動を拡大しつつも、市場に飲み込まれることなく、社会の健全性を維持するための活動にも積極的に関与する余裕があった。一九六一年のケネディ大統領の就任演説での「あなたが国のために何ができるかを問え」は今も語り草になっている。

しかし、社会の健全性を維持するための力は、一皮めくればアメリカの経済的な成長や安定を前提とした、危うさを孕んだものだった。そして、一九六〇年代の終わり頃から一九七〇年代の初期にアメリカ経済が停滞し始めたとき、その危うさがたちどころに顕在化する。景気が後退し賃金は頭打ちになり、失業が拡大すると、必然的に人々は社会との関わりや社会の健全性を維持する作業から遠ざかっていった。経済摩擦に基づく日本叩きが盛んになったのも、ちょうどこの頃だ。

そこに颯爽と登場したのがレーガンの新自由主義だった。レーガンの下で、これまでアメリカ社会の健全性を守る要石の役割を果たしてきたさまざまな規制や重い税、公共投資や労働組合といった、いわゆる「大きな政府」を代表するさまざまな制限が一斉に取り払われ、アメリカは自由放任主義へと突入していった。

アメリカに見られる「市民の社会」の分厚さは、ニューディールというアメリカ史の中でも特異な時代の、偶然の産物だった可能性が否定できない。そのため、経済が貧した時、アメリカは、偶然の産物のそれほどの躊躇はなかった。レーガノミクス下の徹底した規制緩和で、アメリカ経済は表面上は、競争力を取り戻したかに見えたが、既にそのときアメリカは、社会の健全性を維持する機能を失っていた。

そして、企業がコストカットと効率化に躍起になる中、絶妙のタイミングで一九八〇年代以降のデジタル革命と、それに乗っかった金融革命が始まる。スティーブ・ジョブズのマッキントッシュに象徴されるデジタル革命は、T型フォードに劣らぬほどのスケールで個人の自由を拡大していった。商品でも情報でも何も、欲しいものが好きなときに手に入る自由だ。自宅に居ながらにして、世界中の金融商品さえ、個人が直接好きなときに好きなだけ売り買いできるようになった。しかも、既にそこには、アメリカの社会の健全性を維持するためのさまざまな安全装置は存在しない。もはや個々人が自由を享受する際に、社会の健全性や公共性を気にする必要はなくなっていた。その結果、丸裸の個人が剥き出しの市場原理と向かい合わなければならなくなった。

本書の巻頭でロバーツはテレビゲームの中毒患者たちのリハビリ施設を紹介している。そこに登場するブレット・ウォーカーという二九歳の男性は、ワールド・オブ・ウォークラフト（ＷｏＷ）という中世の戦士たちが戦う人気オンライン・ゲームに没頭するあまり、実社会からかけ離れた生活を送るようになり、すべての自己実現をゲームの中に求めるようになっていったという。そして、ゲームの中の自分が無敵になればなるほど、実社会のウォーカーは抜け殻のようになっていった。慢性的なゲーム中毒の状態が続いたことで、ウォーカーは遂に脳の内部構造まで犯され、廃人のような状態でそのリハビリ施設に運ばれてきたという。

巻頭でそのエピソードを読んだとき、それがこの本の主題とどのように関係してくるのかが、すぐにはわからなかった。しかし、本を読み進めるにつれ、実はウォーカーの姿は、今日のわれわれ姿の映し鏡であることが分かってくる。

ウォーカーにとってのゲーム空間は、われわれにとっての現代の消費空間と何ら変わりはないのだ。そして、われわれはその空間の中で、あくまで個人の欲望を追求し続けることによってゲームの上では無限の力を得ていくが、それと反比例するように、実社会では確実に疲弊していく。そして最後には自分の頭で考えることができないところまで、脳の内部構造が侵されてしまいかねないとロバーツは訴えかけるのだ。

社会が集団でそのような一種の消費ヒステリー状態に陥った結果、アメリカには返済できるはずもない住宅ローンを組み、後先のことを考えずにクレジットカードを使いまくる人たちが大勢現れた。そして、それが遂には国全体を金融危機に陥れた。

古き良きアメリカで人々の雇用を支えていた地域の企業文化は、キャピタルゲイン目当ての企業売買の標的となり、買収された企業では容赦なく人員整理が断行された。企業幹部は何億円、何十億円もの法外な報酬欲しさのあまり、短期的な益出しに精を出し、手段を選ばぬコストカットとリストラに訴えた。本来、それを制御しなければならないはずの政治は、損得勘定ばかりが最優先される企業活動の延長のようになってしまった。そして、そうした由々しき事態に警鐘を鳴らさなければならないはずのメディアは、社会の木鐸はおろか、読者や視聴者をマーケティングのツールとしか見なくなっていた。

確かに絶望的な状況ではある。しかし、希望もあるとロバーツは言う。

そのような絶望的な状況の下でも、「効率や即物的な報酬が他のどんな価値よりも優先される社会システムと自分を、必死になって切り離そうと努力している人たちがいる」とロバーツは指摘する。彼らは家族団らんの時間を大切にするために意図的にスマートフォンのスイッチを切り、誤った消費判断を誘発するクレジットカードの利用を止めたりしている。あるいは、子どもと一緒に過ごす時間を大切にするために、上司に敬遠され、リストラされるリスクが高まることを覚悟のうえで、あえて長期休暇を申請する人もいる。また、対立を煽ることで視聴者を増やしていく悪辣なテレビの政治番組に背を向け、政治関係のウェブサイトをブラウザのお気に入りから削除したりもしている。

このようなささやかな反乱が、今後、社会の方向性を変えるところまでの大きなうねりとなっていくかどうかは、まだ分からない。市場はこうした個人の不満や不安さえも上手く取り込み、また次の手に出てくることが目に見えているからだ。

しかし、ドイツやシンガポールのように、社会が必要としている機能を維持することに成功している国もある。保守派が市場原理の重要性を強調する際に決まって引き合いに出す「神の見えざる手」のアダム・スミスが、実は富裕層に対する累進課税にも、金融に対する厳しい規制にも賛成していたことをロバーツは強調する。世界は徐々にではあるが、経済がまわっても社会がまわらなければ意味がないことに、気づき始めているはずだと。

しかし、そもそもなぜこのような悲劇が起きるのか。ロバーツはスティグリッツらを引用しつつ、既存の経済学が、一般的な経済の枠外に存在する莫大な富を認識できていないことに問題があるのではないかと言う。「医療サービスがどれだけ利用しやすいか」や「教育の質」や「教育機会がどれだけ与えられているか」のような人間的価値が、GDPなどの経済指標には算入されていないため、そうした価値を犠牲にしてでも、目先の利益をあげることが評価されるような現行のシステムに問題があると言うのだ。

本書を読んで、今の時代に多くの人が感じている「生きにくさ」の原因の、少なくとも一端が見えてきたような思いを持った人は多いのではないだろうか。T型フォードにまで源流が遡る「個人と市場」の問題を、根本から解決することは容易ではなさそうだが、少なくともその原因がつかめなければ、対策も練りようがない。

幸か不幸か日本はまだアメリカほど、市場による個人の取り込みは進んでいないのではないだろうか。しかし、日本がそんなアメリカの後を猛追していることだけは間違いない。「経済まわって社会まわらず」のような事態を回避するために、本書が紹介している、意図的に市場と一線を画す時間や生き方を追求したり、われわれが大切だと考える人間的価値を経済指標の中に取り込む努力などを始めるのは、今しかないと考えるのは私だけだろうか。

＊＊＊

ポール・ロバーツ氏とは前作の『食の終焉』を翻訳・解説させていただいたご縁で、その後、対談などの機会をいただき、それ以来、今もメールで交流を続けている。以前にロバーツ氏に同業者のよしみで、なぜ『食の終焉』では問題の指摘にとどめ、その処方箋を提供するところまで踏み込まなかったのかを聞いてみたことがある。彼は私の質問に対し、「私なりに思うところはあるが、処方箋にまで踏み込めば、私の価値判断を押しつけることになる。そのことが、他の部分での私の問題提起を受け入れてもらうことの邪魔になるのはもったいないと思ったからだ」と答えてくれた。

ロバーツ氏は現状に対する批判的な眼差しを保ちながらも、あくまでジャーナリストとして冷徹な中立性を守るよう努めていたのだ。そして、その姿勢は本書でも貫かれている。彼はインパルス・ソサイエティの問題点やそこからの脱却の必要性を繰り返し説きながら、あえてそのための具体的な処方箋にまでは踏み込んでいない。その点は『食の終焉』の訳本を出版した際も、「物足りない点」として何度か指摘を受けたが、今回も、彼が指摘する問題の深刻さを痛感すればするほど、その処方箋を聞きたいとの思いを持った方は多かったかもしれない。

今回もまた、アメリカ社会がインパルス・ソサイエティと化していった過程やその実態、そしてその原因や背景を探ることに注力し、読者にそれを予断を持たずに消化してほしいと考えた結果だったのだろうと、私なりに理解しているが、それを聞かれれば、恐らくロバーツ氏は「それは皆さんがそれぞれ考えることです」と答えるに違いない。また対談などの機会があれば、あらためて直接聞いてみたいと思う。

ジャーナリスト　神保哲生

二〇一五年二月

http://www.washingtonpost.com/opinions/george-will-break-up-the-big-banks/2013/02/08/2379498a-714e-11e2-8b8d-e0b59a1b8e2a_story.html.
19.——Fisher, "Ending 'Too Big to Fail.' "
20.——著者とのコミュニケーションより。
21.——Liz Benjamin, "What Would Cuomo Do to Get Public Financing?" Capital New York, Jan. 20, 2014,
http://www.capitalnewyork.com/article/albany/2014/01/8539039/what-would-cuomo-do-get-public-financing.
22.——Liz Kennedy, "Citizens Actually United: The Bi-Partisan Opposition to Corporate Political Spending and Support for Common Sense Reform," Demos, Oct. 25, 2012,
http://www.demos.org/publication/citizens-actually-united-bi-partisan-opposition-corporate-political-spending-and-support.
23.——Chris Myers, "Conservatism and Campaign Finance Reform: The Two Aren't Mutually Exclusive," RedState, April 24, 2012,
http://www.redstate.com/clmyers/2013/04/24/conservatism-and-campaign-finance-reform/.
24.——David Brooks, "The Opportunity Coalition," The New York Times, Jan 30, 2014.
25.——"2013 Report Card for America's Infrastructure," American Society of Civil Engineers,
http://www.infrastructurereportcard.org/.
26.——In Robert Frank, The Darmn Economy: Liberty, Competition, and Common Good.
27.——Brooks, "The Opportunity Coalition."

Development Commission, April 24, 2008.
6.——Bill McKibben, "Breaking the Growth Habit," Scientific American, April 2010, http://www.scientificamerican.com/article.cfm?id=breaking-the-growth-habit&print=true.
7.——Coral Davenport, "Industry Awakens to Threat of Climate Change," New York Times, Jan. 23, 2014,
http://www.nytimes.com/2014/01/24/science/earth/threat-to-bottom-line-spurs-action-on-climate.html?hp.
8.——Goodman, "Emphasis on Growth Is Called Misguided."
9.——Gregg D. Polsky and Andrew C. W. Lund, "Can Executive Compensation Reform Cure Short-Termism."
10.——Susanne Craig, "Cuomo, Frank Seek to Link Executive Pay, Performance," Wall Street Journal, March 13, 2009,
http://online.wsj.com/news/articles/SB123690181841413405?mg=reno64-wsj&url=http%3A%2F%2Fonline.wsj.com%2Farticle%2FSB123690181841413405.html#mod=testMod.
11.——Gretchen Morgenson, "An Unstoppable Climb in C.E.O. Pay," New York Times, June 29, 2013,
http://www.nytimes.com/2013/06/30/business/an-unstoppable-climb-in-ceo-pay.html?pagewanted=all.
12.——Diane Stafford, "High CEO Pay Doesn't Mean High Performance, Report Says," Kansas City Star, Aug. 28, 2013,
http://www.kansascity.com/2013/08/28/4440246/high-ceo-pay-doesnt-mean-high.html.
13.——Brian Montopoli, "Ronald Reagan Myth Doesn't Square with Reality," CBSNews, Feb. 4, 2011,
http://www.cbsnews.com/news/ronald-reagan-myth-doesnt-square-with-reality/.
14.——Peter Beinart, "The Republicans' Reagan Amnesia," The Daily Beast, Feb. 1,2010,
http://www.thedailybeast.com/articles/2010/02/01/the-republicans-reagan-amnesia.html.
15.——Richard Fisher, "Ending 'Too Big to Fail."
16.——Evan Pérez, "First on CNN: Regulator Warned against JPMorgan Charges," CNN, Jan. 9, 2014,
http://www.cnn.com/2014/01/07/politics/jpmorgan-chase-regulators-prosecutors/.
17.——Fisher, "Ending 'Too Big to Fail.' "
18.——George F. Will, "Time to Break Up the Big Banks," Washington Post, Feb. 9, 2013,

33.――Eric Lipton, “For Freshman in the House, Seats of Plenty,” New York Times, Aug. 10, 2013,
http://www.nytimes.com/2013/08/11/us/politics/for-freshmen-in-the-house-seats-of-plenty.html.
34.――同上。
35.――Jeffrey Rosen, “Citizens United v. FEC Decision Proves Justice Is Blind—Politically,” The New York Times, Jan. 25, 2012,
http://www.politico.com/news/stories/0112/71961.html.
36.――同上。
37.――Peter Beinart, “The Rise of the New New Left,” The Daily Beast, Sept. 12, 2013,
http://www.thedailybeast.com/articles/2013/09/12/the-rise-of-the-new-new-left.html.
38.――“Man and Woman of the Year: The Middle Americans,” Time, Jan. 5, 1970,
http://www.time.com/time/subscriber/printout/0,8816,943113,00.html.
39.――Clifford Cobb, Ted Halstead, and Jonathan Rowe, “If the GDP Is Up, Why Is America Down?” The Atlantic, Oct. 1995,
http://www.theatlantic.com/past/politics/ecbig/gdp.htm.
40.――Beinart, “The Rise of the New Left.
41.――Kathleen Parker, “A Brave New Centrist World,” The Washington Post, Oct 15, 2103,
http://www.washingtonpost.com/opinions/kathleen-parker-a-brave-new-centrist-world/2013/10/15/ea5f5bc6-35c9-11e3-be86-6aeaa439845b_story.html.
42.――E. J. Dionne, Our Divided Political Heart: The Battle for the American Idea in an Age of Discontent: (New York: Bloomsbury, 2012), p. 270.

第9章

1.――Book 1, chapter 8, http://econlib.org/library/Smith/smWN3.html#I.8.35.
2.――Book 2, chapter 2, http://econlib.org/library/Smith/smWN7.html#II.2.94.
3.――“The Real Adam Smith Problem: How to Live Well in Commercial Society,” The Philosopher’s Beard (blog), Sept. 12, 2013,
http://www.philosophersbeard.org/2013/09/the-real-adam-smith-problem-how-to-live.html.
4.――Peter S. Goodman, “Emphasis on Growth Is Called Misguided,” New York Times, Sept. 22, 2009,
http://www.nytimes.com/2009/09/23/business/economy/23gdp.html?ref=business&_r=0.
5.――Herman E. Daly, “A Steady-State Economy,” text delivered to UK Sustainable

20.——“Data Points: Presidential Campaign Spending,” U.S. News & World Report, http://www.usnews.com/opinion/articles/2008/10/21/data-points-presidential-campaign-spending.
21.——David Knowles, “U.S. Senate Seat Now Costs $10.5 Million to Win, on Average, while U.S. House Seat Costs $1.7 Million New Analysis of FEC Data Shows,” (New York) Daily News,
http://www.nydailynews.com/news/politics/cost-u-s-senate-seat-10-5-million-article-1.1285491.
22.——“The Cost of Winning an Election, 1986–2012,” table,
http://www.c+ nst.org/pdf/vital/VitalStats_t1.pdf.
23.——“The Money behind the Elections,” OpenSecrets,
http://www.opensecrets.org/bigpicture/.
24.——Alan Abramowitz, Brad Alexander, and Matthew Gunning, “Incumbency, Redistricting, and the Decline of Competition in U.S. House Elections, Journal of Politics 68, no. 1 (Feb. 2006): 75–88,
http://www.stat.columbia.edu/~gelman/stuff_for_blog/JOParticle.pdf.
25.——Cited in A. Lioz, “Breaking the Vicious Cycle: How the Supreme Court Helped Create the Inequality Era and Why a New Jurisprudence Must Lead Us Out,” Seton Hall Law Review 43, no. 4, Symposium:The Changing Landscape of Election Law, Nov 1, 2013.
26.——Sabrina Siddiqui, “Call Time for Congress Shows How Fundraising Dominates Bleak Work Life,” Huf% ngton Post, Jan. 8, 2013,
http://www. huffingtonpost. com/2013/01/08/call-time-congressional-fundraising_n_2427291.html.
27.——“Tom Perriello: President & CEO of the Center for American Progress Action Fund, Counselor to the Center for American Progress,” staff bio,
http://www.americanprogress.org/about/staff/perriello-tom/bio/.
28.——著者によるインタビュー。
29.——“Finance/Insurance/Real Estate Long-Term Contribution Funds,” graph,
http://www.opensecrets.org/industries/totals.php?cycle=2014&ind=F.
30. “Ideology/Single-Issue: Long-Term Contribution Trends,” graph, OpenSecrets,
http://www.opensecrets.org/industries/totals.php?cycle=2014&ind=Q.
31.——Patrick Basham, “It’s the Spending, Stupid! Understanding Campaign Finance in the Big-Government Era,” Cato Institute Briefing Paper No. 64, July 18, 2001,
http://www.cato.org/sites/cato.org/files/pubs/pdf/bp64.pdf.
32.——“Ranked Sectors,” table, OpenSecrets,
http://www.opensecrets.org/lobby/top.php?showYear=2012&indexType=c.

Voters.pdf.
6.——David Schoetz, “David Frum on GOP: Now We Work for Fox,” ABCNews, March 23, 2010,
http://abcnews.go.com/blogs/headlines/2010/03/david-frum-on-gop-now-we-work-for-fox/.
7.——“Q3 2013 Cable News Ratings: Fox #1 Overall, MSNBC #2 in Primetime,CNN #2 in Total Day,” Mediate, Oct. 2, 2013,
http://www.mediaite.com/tv/q3-2013-cable-news-ratings-fox-1-overall-msnbc-2-in-primetime-cnn-2-in-total-day/.
8.——Abramowitz, “Don’t Blame Primary Voters for Polarization.”
9.——“Polarized or Sorted? Just What’s Wrong with Our Politics, Anyway?” American Interest, March 11, 2013,
http://www.the-american-interest.com/article.cfm?piece=1393.
10.——著者によるインタビュー。
11.——Kevin Drum, “You Hate Me, Now with a Colorful Chart!” Mother Jones, Sept 26, 2012,
http://www.motherjones.com/kevin-drum/2012/09/you-hate-me-now-colorful-chart.
12.——Steven Pearlstein, “Turned off from Politics? That’s Exactly What the Politicians Want,” The Washington Post, April 20, 2012,
http://www.washingtonpost.com/opinions/turned-off-from-politics-thats-exactly-what-the-politicians-want/2012/04/20/gIQAffxKWT_story.html.
13.——Alex C. Madrigal, “When the Nerds Go Marching In,” The Atlantic, Nov. 16, 2012.
http://www.theatlantic.com/technology/archive/2012/11/when-the-nerds-go-marching-in/265325/?single_page=true.
14.——Michael Scherer, “How Obama’s Data Crunchers Helped Him Win,” Time, Nov. 8, 2012,
http://www.cnn.com/2012/11/07/tech/web/obama-campaign-tech-team/index.html.
15.——Madrigal, “When Nerds Go Marching In.”
16.——Tom Agan, “Silent Marketing: Micro-Targeting,” a Penn, Schoen, and Berland Associates White Paper,
http://www.wpp.com/wpp/marketing/reportsstudies/silentmarketing/.
17.——著者によるインタビュー。
18.——Schoetz, “David Frum on GOP.”
19.——Nicholas Confessore, “Groups Mobilize to Aid Democrats in ’14 Data ArmsRace,” New York Times,
http://www.nytimes.com/2013/11/15/us/politics/groups-mobilize-to-aid-democrats.html?hp=&adxnnl=1&adxnnlx=1384974279-yMZXrvK1b5WLU7mXxrJ6yg.

http://fareedzakaria.com/2012/03/19/health-insurance-is-for-everyone/.
12.――著者によるインタビュー。
13.――Courtney Hutchison, "Provenge Cancer Vaccine: Can You Put a Price on Delaying Death?" ABCNews, July 29, 2010,
http://abcnews.go.com/Health/ProstateCancerNews/provenge-cancer-vaccine-months-life-worth-100k/story?id=11269159.
14.――Zakaria, "Health Insurance Is for Everyone."
15.――Jonathan Rowe, "Our Phony Economy," Harper's, June 2008,
http://harpers.org/print/?pid=85583.
16.――著者によるインタビュー。
17.――Jeffrey M. Jones, "Majority in U.S. Favors Healthcare Reform This Year," Gallup, July 14, 2009,
http://www.gallup.com/poll/121664/majority-favors-healthcare-reform-this-year.aspx.
18. Benjamin Zycher, "Obamacare Inhibits Medical Technology," Washington Times, Jan. 9, 2012,
http://www.washingtontimes.com/news/2012/jan/9/obamacare-inhibits-medical-technology/.
19.――Thomas B. Edsall, "The Obamacare Crisis," New York Times, Nov. 19, 2013,
http://www.nytimes.com/2013/11/20/opinion/edsall-the-obamacare-crisis.html?pagewanted=1&_r=2&smid=tw-share&&pagewanted=all.
20.――著者によるインタビュー。
21.――著者によるインタビュー。

第8章

1.――Sam Stein, "Robert Draper Book: GOP Anti-Obama Campaign Started Night of Inauguration," Huffington Post, April 25, 2012,
http://www.huffingtonpost.com/2012/04/25/robert-draper-anti-obama-campaign_n_1452899.html.
2.――同上。
3.――同上。
4.――"Vote Tallies for Passage of Medicare in 1965," Official Social Security Website,
http://www.ssa.gov/history/tally65.html.
5.――Alan Abramowitz, "Don't Blame Primary Voters for Polarization," The Forum: Politics of Presidential Selection 5, no. 4 (2008),
http://www.themonkeycage.org/wp-content/uploads/2008/01/Abramowitz.Primary.

(blog), July 25, 2013,
http://lesswrong.com/lw/hh4/the_robots_ai_and_unem ployment_antifaq/.
48.——King, Ian and Beth Jinks, "Icahn seeks $150 million Apple stock buyback," San Francisco Chronicle, October 1, 2013.
http://www.sfgate.com/business/article/Icahn-seeks-150-million-Apple-stock-buyback-4860812.php.

第7章

1.——"Benefits, Costs, and Policy Considerations of Proton Therapy," Asco Daily News, June 1, 2013,
http://am.asco.org/benefits-cost-and-policy-considerations-proton-therapy.
2.——Dani Fankhauser, "Google Wants You to Live 170 Years," Oct. 24, 2013, Mashable.com,
http://mashable.com/2013/10/24/google-calico/; and HarryMcCracken and Lev Grossman,
"Google vs. Death," Time, Sept. 30, 2013,
http://content.time.com/time/subscriber/printout/0,8816,2152422,00.html.
3.——Amy Goldstein and Juliet Eilperin, "Healthcare.gov: How Political Fear Was Pitted against Technical Needs," Washington Post, Nov. 3, 2013,
http://www.washingtonpost.com/politics/challenges-have-dogged-obamas-health-plan-since-2010/2013/11/02/453fba42-426b-11e3-a624-41d661b0bb78_print.html.
4.——Lee Wohlfert, "Dr. John Knowles Diagnoses U.S. Medicine," People, May 6, 1974,
http://www.people.com/people/archive/article/0,,20064026,00.html.
5.——John Knowles, "The Responsibility of the Individual," Daedalus 106, No. 1, The MIT Press (Winter 1977): p. 59.
6.——同上 p. 75.
7.——同上 p. 59.
8.——David Brown, "A Case of Getting What You Pay For: With Heart Attack Treatments, as Quality Rises, So Does Cost," The Washington Post, July 26, 2009,
http://www.washingtonpost.com/wp-dyn/content/article/2009/07/25/AR2009072502381_pf.html.
9.——David M. Cutler and Mark McClellan, "Is Technological Change in Medicine Worth It?" Health Affairs 20, no. 5 (September/October 2001): 11–29.
10.——著者によるインタビュー。
11.——Fareed Zakaria, "Health Insurance Is for Everyone," Fareed Zakaria (blog), March 19, 2012,

32.——“Coming Home: Reshoring Manufacturing.”
33.——“Robots Are Coming, Part 2,” SoundCloud discussion on InnovationHub, https://soundcloud.com/innovationhub/robots-are-coming-part-2.
34.——著者によるインタビュー。
35.——NPR Staff, “Tired of Inequality? One Economist Said It'll Only Get Worse,” NPR.org, Sept. 12, 2013,
http://www.npr.org/2013/09/12/221425582/tired-of-inequality-one-economist-says-itll-only-get-worse.
36.——同上。
37.——Hannah Kuchler, “Data Pioneers Watching Us Work,” Financial Times, February 17, 2014.
38.——NPR, “Tired of Inequality.”
39.——Paul Sullivan, “Twitter Tantalizes, but Beware the I.P.O.” The New York Times, Oct. 25, 2013,
http://www.nytimes.com/2013/10/26/your-money/asset-allocation/twitter-tantalizes-but-beware-the-ipo.html?hpw.
40. “IPO Performance,” graph, Renaissance Capital IPO Center,
http://www.renaissancecapital.com/ipohome/press/mediaroom.aspx?market=us.
41.——Susan Fleck, John Glasser, and Shawn Sprague, “The Compensation-Productivity Gap: A Visual Essay,” Monthly Labor Review (Jan. 2011).
42.——Jacob S. Hacker and Paul Pierson, Winner-Take-All Politics: How Washington Made the Rich Richer—and Turned Its Back on the Middle Class (New York: Simon & Schuster, 2011), pp. 3-4.
43.——“Graph: Corporate Profits after Tax (without IVA and CCAdj) (CP)/Gross Domestic Product (GDP),” Federal Reserve Bank of St. Louis: Economic Research, http://research.stlouisfed.org/fred2/graph/?g=cSh.
44.——Krueger, “Fairness as an Economic Force.” 2013年4月26日に行われた演説。
45.——Mina Kimes, “Caterpillar's Doug Oberhelman: Manufacturing's Mouthpiece,” BloombergBusinessWeek, May 16, 2013,
http://www.businessweek.com/articles/2013-05-16/caterpillars-doug-oberhelman-manufacturings-mouthpiece#p4.
46.——Lydia Depillis, “Britain's Chamber of Commerce Says Corporations Should Share Their New Prosperity with Line Workers. Wait, What?” Washington Post, Dec. 30, 2013,
http://www.washingtonpost.com/blogs/wonkblog/wp/2013/12/30/britains-chamber-of-commerce-says-corporations-should-share-their-new-prosperity-with-line-workers-wait-what/.
47.——Eliezer Yudkowsky, “The Robots, AI, Unemployment Anti-FAQ,” LessWrong

http://www.businessinsider.com/robot-density-for-select-countries-2012-11. Accessed February 1, 2014.
16.――著者によるインタビュー。
17.――Bruce Stokes, “Europe Faces Globalization-Part II: Denmark Invests in an Adaptable Workforce, Thus Reducing Fear of Change.” YaleGlobal, May 18, 2006, http://yaleglobal.yale.edu/content/europe-faces-globalization-%E2%80%93-part-ii.
18.――個人的な会話から。
19.――John Hagel et al., “The 2011 Shift Index: Measuring the Forces of Long-Term Change,” Deloitte Center for the Edge, pp. 10-11.
20.――Diana Farrell et al., “Offshoring: Is It a Win-Win Game?” McKinsey and Company: Insights and Publications, Aug. 2003,
http://www.mckinsey.com/insights/employment_and_growth/offshoring_is_it_a_win-win_game.
21.――Hedrick Smith, “When Capitalists Cared,” The New York Times, Sept. 2, 2012,
http://www.nytimes.com/2012/09/03/opinion/henry-ford-when-capitalists-cared.html?_r=0.
22.――William McGaughey Jr., “Henry Ford's Productivity Lesson,” Christian Science Monitor, Dec. 22, 1982,
http://www.csmonitor.com/1982/1222/122232.html.
23.――Nathan Heller, “Laptop U,” May 20, 2013
24.――著者によるインタビュー。
25.――著者によるインタビュー。
26.――Lazonick and O'Sullivan, “Maximizing Shareholder Value,” p. 31.
27.――個人的な会話から。2014年1月10日。
28.――“Coming Home: Reshoring Manufacturing,” The Economist, Jan. 19, 2013, http://www.economist.com/news/special-report/21569570-growing-number-american-companies-are-moving-their-manufacturing-back-united.
29.――Alan B. Kruegerによる講演 “Fairness as an Economic Force” 。2013年4月26日にオーバリン大学で開かれたカンファレンス“Learning and Labor Economics”より。
http://www.whitehouse.gov/sites/default/files/docs/oberlin_finalrevised.pdf.
30.――Richard Sennett, The Culture of the New Capitalism, pp. 4–5. 邦訳：リチャード・セネット著、森田典正訳『不安な経済／漂流する個人』(大月書店、2008年)。
31.――Christopher Null and Brian Caulfield, “Fade to Black: The 1980s Vision of ‘Lights-Out’ Manufacturing, Where Robots Do All the Work, Is a Dream No More,” CNNMoney,
http://money.cnn.com/magazines/business2/business2_archive/2003/06/01/343371/index.htm.

html?src=recg;
"Median Household Income, by Year," table, DaveManuel.com,
http://www.davemanuel.com/median-household-income.php; Robert Pear,
"Median Income Rises, but Is Still 6% below Level at Start of Recession in '07," The New York Times, Aug. 21, 2013,
http://www.nytimes.com/2013/08/22/us/politics/us-median-income-rises-but-is-still-6.――below-its-2007-peak.html; past years' data was adjusted usingthe CPI Inflation Calculator at the U.S. Bureau of Labor Statistics—
http://www.bls.gov/data/inflation_calculator.htm.
9.――John Kenneth Galbraith, "The Winner Takes All . . . Sometimes," review of Robert H. Frank and Philip J. Cook, The Winner-Take-All Society (Free Press, 1995), 邦訳なし。
Harvard Business Review (Nov. 1995),
http://hbr.org/1995/11/the-winner-takes-allsometimes/ar/1.
10.――"The New Normal? Slower R&D Spending," Federal Reserve Bank of Atlanta Macroblog, Sept. 26, 2013,
http://macroblog.typepad.com/macroblog/2013/09/the-new-normal-slower-r-and-d-spending.html.
11.――Adam Davidson, "Making It in America," The Atlantic, Dec. 20, 2011,
http://www.theatlantic.com/magazine/archive/2012/01/making-it-in-america/308844/.
12.――Patrice Hill, "The Mean Economy: IBM workers suffer culture change as jobs go global Technological advances demand new skill sets, lower labor costs," The Washington Times, August 26, 2012,
http://www.washingtontimes.com/news/2012/aug/26/innovators-working-their-way-out-of-a-job/?page=all.
13.――Vinay Couto, Mahadeva Mani, Arie Y. Lewin, and Dr. Carine Peeters, "The Globalization of White-Collar Work: The Facts and Fallout of Next-Generation Offshoring," Booz Allen Hamilton,
https://offshoring.fuqua.duke.edu/pdfs/gowc_v4.pdf.
14.――Fareed Zakaria, "How Long Will America Lead the World?" Newsweek, June 11, 2006,
http://www.thedailybeast.com/newsweek/2006/06/11/how-long-will-america-lead-the-world.html; and
"Graphic: Going Abroad," BloombergBusinessWeek, Feb. 2, 2003,
http://www.businessweek.com/stories/2003-02-02/graphic-going-abroad.
15.――Sam Ro, "The Case for the Robot Workforce," Business Insider, December 4, 2012,

ァー・ラッシュ著、石川弘義訳『ナルシシズムの時代』(ナツメ社、1981年)。
20.――個人的な会話から。
21.――James A. Good and Jim Garrison, "Traces of Hegelian Bildung in Dewey's Philosophy," in Paul Fairfield, ed., John Dewey and Continental Philosophy (Carbondale, IL: Board of Trustees, Southern Illinois University, 2010).
22.――Allen W. Wood, "Hegel on Education," in Amélie O. Rorty, ed., Philosophy as Education (London: Routledge, 1998),
www.stanford.edu/~allenw/webpapers/HegelEd.doc.
23.――Quoted by Ken Auletta in "Outside the Box," The New Yorker, Feb. 3, 2014.

第6章

1.――Alex Aldridge, "Law Graduates Face a Bleak Future at the Bar," The Guardian, Nov. 25, 2011,
http://www.guardian.co.uk/law/2011/nov/25/law-graduates-bleak-future-bar.
2.――Daniel Katz, "Quantitative Legal Prediction—Or—How I Learned to Stop Worrying and Start Preparing for the Data-Driven Future of the Legal Services Industry," Emory Law Journal, 62, no. 909 (2013): 965.
3.――Laura Manning, "65 Students Chasing Each Training Contract Vacancy," Lawyer 2B, June 28, 2011,
http://l2b.thelawyer.com/65-students-chasing-each-training-contract-vacancy/1008370.article.
4.――John Markoff, "Armies of Expensive Lawyers, Replaced by Cheaper Software," The New York Times, March 4, 2011,
http://www.nytimes.com/2011/03/05/science/05legal.html?pagewanted=1&_r=1&hp.
5.――Thor Olavsrud, "Big Data Analytics Lets Businesses Play Moneyball," ComputerworldUK, Aug. 24, 2012,
http://www.computerworlduk.com/in-depth/it-business/3377796/big-data-analytics-lets-businesses-play-money ball/.
6.――Daniel Martin, Katz "Quantitative Legal Prediction—Or—How I Learned to Stop Worrying and Start Preparing for the Data-Driven Future of the Legal Services Industry," Emory Law Journal, 62, no. 909 (2013): 938.
7.――Gary Burtless, "How Far Are We From Full Employment?" Brookings, Aug. 27, 2013.
8.――Paul Krugman, "Defining Prosperity Down," The New York Times, July 7, 2013,
http://www.nytimes.com/2013/07/08/opinion/krugman-defining-prosperity-down.

5.――Cited in Tom Murphy, "An Angel and a Brute: Self-Interest and Individualism in Tocqueville's America," essay for preceptorial on Democracy in America, St. John's College, Santa Fe, NM,
http://www.brtom.org/sjc/sjc4.html.
6.――Michio Kaku, "The Next 20 Years: Interacting with Computers, Telecom, and AI in the Future," keynote address, RSA Conference 2011,
https://www.youtube.com/watch?v=Y6kmb16zSOY.
7.――Nicholas Carr, The Shallows: What the Internet Is Doing to Our Brains (New York: W. W. Norton, 2011), p. 117. 邦訳：ニコラス・カー著、篠儀直子訳『ネット・バカ－インターネットがわたしたちの脳にしていること』(青土社、2010年)。
8.――Kent Gibbons, "Advanced Advertising: Obama Campaign Showed Value of Targeting Viewers," MultichannelNews, Nov. 13, 2012,
http://www.multichannel.com/mcnbc-events/advanced-advertising-obama-campaign-showed-value-targeting-viewers/140262.
9.――C. Duhigg, "How Companies Learn Your Secrets," New York Times Magazine, Feb. 16, 2012.
10.――Cass R. Sunstein, Republic.com 2.0: Revenge of the Blogs (Princeton, NJ: Princeton University Press, 2007), p. 5. 邦訳なし。
11.――Cass R. Sunstein, Infotopia: How Many Minds Produce Knowledge (New York: Oxford University Press, 2006), p. 95. 邦訳なし。
12.――Cass R. Sunstein, Why Societies Need Dissent (Oliver Wendell Holmes Lectures) (Cambridge, MA: Harvard University Press, 2003), cited in Bishopp. 67.
13.――著者によるインタビュー。
14.――Putnam, Bowling Alone, p. 332.
15.――"Community connectedness linked to happiness and vibrant communities" Social Capital Community Benchmark Survey John F. Kennedy School of Government of Harvard University.
http://www.hks.harvard.edu/saguaro/communitysurvey/results4.html;
This Emotional Life, Public Broadcasting System, January 2010.
http://www.pbs.org/thisemotionallife/topic/connecting/connection-happiness.
16.――In Putnam, Bowling Alone, p. 333.
17.――Ibid.
18.――Belinda Goldsmith, "Friendships Cut Short on Social Media as People Get Ruder: Survey," Reuters, Apr 10, 2013,
http://www.reuters.com/article/2013/04/10/us-socialmedia-behaviour-survey-idUSBRE9390TO20130410.
19.――Christopher Lasch, The Culture of Narcissism: American Life in an Age of Diminishing Expectations (New York: W. W. Norton, 1979), p. 47. 邦訳：クリストフ

43.——Yexin Jessica Li, Douglas Kenrick, Vladas Griskevicius, and Stephen L. Neuberg, "Economic Decision Biases in Evolutionary Perspectives: How Mating and Self-Protection Motives Alter Loss Aversion," Journal of Personality and Social Psychology 102, no. 3 (2012),
http://www.csom.umn.edu/marketinginstitute/research/documents/HowMatingandSelf-ProtectionMotivesAlterLossAversion.pdf.
44.——著者によるインタビュー。
45.——William Lazonick, "The Innovative Enterprise and the Developmental State: Toward an Economics of 'Organizational Success.'" Discussion paper presented at Finance, Innovation & Growth 2011.
46.——William Lazonick, "Everyone Is Paying Price for Share Buybacks," FT.com, Sept. 25, 2008,
http://www.ft.com/intl/cms/s/0/e75440f6-8b0e-11dd-b634-0000779fd18c.html#axzz2r21JdHWo.
47.——Kevin Phillips, American Theocracy: The Peril and Politics of Radical Religion, Oil, and Borrowed Money in the 21st Century (New York: Penguin, 2006), p. 312. 邦訳なし。
48. Richard Fisher, "Ending 'Too Big to Fail': A Proposal for Reform Before It's Too Late (With Reference to Patrick Henry, Complexity and Reality)
49.——"Get Shorty," lecture given by Andrew Haldane for the Sir John Gresham annual lecture, 2011. Cited at Financial Services Club Blog
http://thefinanser.co.uk/fsclub/2011/11/get-shorty-andrew-haldane-speech.html.
50.——Eric Reguly, "Buyback Boondoggle: Are Share Buybacks Killing Companies?" The Globe and Mail, Oct. 24, 2013,
http://www.theglobeandmail.com/report-on-business/rob-magazine/the-buyback-boondoggle/article15004212/.

第5章

1.——"Bike + Walk Maps," Portland Bureau of Transportation, City of Portland,OR, http://www.portlandoregon.gov/transportation/39402.
2.——著者によるインタビュー。
3.——Bill Bishop, The Big Sort: Why the Clustering of Like-Minded America Is Tearing Us Apart. (Boston: Houghton Mifflin, 2008), p. 5–6.
および、著者との個人的な会話より。
4.——"2012 General Presidential Election Results," table, Dave Leip's Atlas of U.S. Presidential Elections,
http://uselectionatlas.org/RESULTS/.

website,
http://manufacturing.gov/mfg_in_context.html.
31.——Justin Latiart, "Number of the Week," The Wall Street Journal, Dec. 10, 2011.
32.——Adam Mellows-Facer, "Manufacturing a Recovery," Publications andRecords, Parliament.uk,
http://www.parliament.uk/business/publications/research/key-issues-for-the-new-parliament/economic-recovery/modern-manufacturing-and-an-export-led-recovery/.
33.——Stephen Burgess, "Measuring Financial Sector Output and Its Contribution to UK GDP," Bank of England Quarterly Bulletin 2011 (Sept. 19, 2011),
http://www.bankofengland.co.uk/publications/Documents/quarterlybulletin/qb110304.pdf.
34.——Cecchetti et al.
35.——All finance shares at L. Maer, et al., "Financial Services: Contribution to the UK Economy" House of Commons, England, August 2012, p4
http://www.parliament.uk/briefing-papers/sn06193.pdf; all manufacturing shares at "Manufacturing, value added (% of GDP)," The World Bank at data.world bank.org/indicator/NV.IND.MANF.ZS.
36. Lydia Depillis, "Congrats, CEOs! You're Making 273 Times the Pay of the Average Worker," Wonkblog, Washington Post, June 26, 2013, http://www.washingtonpost.com/blogs/wonkblog/wp/2013/06/26/congrats-ceos-youre-making-273-times-the-pay-of-the-average-worker/.
37.——Ahmed Abuiliazeed and Al-Motaz Bellah Al-Agamawi, "AOL Time Warner Merger: Case Analysis, Strategic Management of Technology," SlideShare,
http://www.slideshare.net/magamawi/aol-time-warnercase-analysis.
38.——A. Rappaport, et al., "Stock or Cash: The Trade-offs for Buyers and Sellers in Mergers and Acquisitions," Harvard Business Review, Nov.-Dec. 1999, p. 147.
http://www2.warwick.ac.uk/fac/soc/law/pg/offer/llm/iel/mas_sample__lecture.pdf
39.——According to research by Dean Baker at Center for Economic and Policy Research.
40.——William Lazonick, "The Innovative Enterprise and the Developmental State: Toward an Economics of 'Organizational Success.'" Discussion paper presented at Finance, Innovation & Growth 2011.
41.——H. Minsky, in E. Tymoigne and R. Wray, The Rise and Fall of Money Manager Capitalism (Oxford: Routledge, 2013).
42.——"IBG YBG," review of Jonathan Knee, The Accidental Investment Banker (Oxford University Press, 2006), in Words, Words, Words,
http://wordsthrice.blogspot.com/2006/12/ibg-ybg.html.

http://blogs.denverpost.com/lewis/2006/01/02/record-number-of-companies-restate-earnings-in-2005/75/.
20.——著者によるインタビュー。
21.——Bethany McLean and Andrew Serwer, "Goldman Sachs: After the Fall," Fortune Nov. 9, 1998,
http://features.blogs.fortune.cnn.com/2011/10/23/goldman-sachs-after-the-fall-fortune-1998/.
22.——Bethany McLean and Joe Nocera, "The Blundering Herd," Vanity Fair, Nov. 2010.
23.——"Home Equity Extraction: The Real Cost of 'Free Cash,' " Seeking Alpha, April 25, 2007,
http://seekingalpha.com/article/33336-home-equity-extraction-the-real-cost-of-free-cash.
24.——著者によるインタビュー。
25.——Sameer Khatiwada, "Did the Financial Sector Profit at the Expense of the Rest of the Economy? Evidence from the United States," discussion paper, Digital Commons@ILR, Jan. 1, 2010,
http://digitalcommons.ilr.cornell.edu/cgi/viewcontent.cgi?article=1101&context=intl;
"Wages and Human Capital in the U.S. Finance Industry: 1909–2006," Quarterly Journal of Economics (Oct. 9, 2012),
http://qje.oxfordjournals.org/content/early/2012/11/22/qje.qjs030.full; and Thomas Philippon,
"Are Bankers Over-Paid?" EconoMonitor, Jan. 21, 2009, http://www.economonitor.com/blog/2009/01/are-bankers-over-paid/.
26.——Lorenzo Bini Smaghiによる講演"A Paradigm Shift after the Financial Crisis"。
27.——Stephen G. Cecchetti and Enisse Kharroubi, "Reassessing the Impact of Finance on Growth."
28.——Gregory N. Mankiw, "Defending the One Percent," Journal of Economic Perspectives 27, no. 3 (Summer 2013).
29.——Kevin J. Murphy, "Pay, Politics, and the Financial Crisis," in Rethinking the Financial Crisis, edited by Alan S. Blinder, Andrew W. Lo, and Robert M. Solow. (New York: Russell Sage Foundation, 2012).
30.——U.S. Chamber of Commerce Foundation, "Manufacturing's Declining Share of GDP Is a Global Phenomenon, and It's Something to Celebrate" March 22, 2012,
http://emerging.uschamber.com/blog/2012/03/manufacturing%E2%80%99s-declining-share-gdp;
"U.S Manufacturing In Context" Advanced Manufacturing Portal, U.S. government

http://www.bloomberg.com/apps/news?pid=newsarchive&sid=ayrMJ4R.bmLY&refer=home.
6.――Bob Woodward, The Agenda: Inside the Clinton White House (New York: Simon & Schuster), 1994. 邦訳：ボブ・ウッドワード著、山岡洋一、仁平和夫訳『大統領執務室――裸のクリントン政権』文芸春秋、1994年。
7.――Brian J. Hall, "Six Challenges in Designing Equity-Based Pay," NBER Working Paper 9887, July 2003,
http://www.nber.org/papers/w9887.pdf?new_window=1.
8.――Ben Heineman, Jr. and Stephan Davis. "Are Institutional Investors Part of the Problem or Part of the Solution?" Yale School of Management, 2011.
http://www.ced.org/pdf/Are-Institutional-Investors-Part-of-the-Problem-or-Part-of-the-Solution.pdf.
9.――同上。
なお、Sennett, The Culture of the New Capitalism, p. 40, では、1960年代は4年間で、現在では4カ月だと論じている。
10.――Andrew G. HaldaneとRichardDaviesによる講演"The Short Long"。
11.――"Shooting the Messenger: Quarterly Earnings and Short-Term Pressure to Perform," Wharton–University of Pennsylvania, July 21, 2010,
http://knowledge.wharton.upenn.edu/article.cfm?articleid=2550.
12.――G. Polsky and A. Lund, "Can Executive Compensation Reform Cure Short-Termism?" Issues in Governance Studies 58, Brookings, March 2013.
13.――"Shooting the Messenger."
14.――Google Inc. (Nasdaq-Goog), graph, Google Finance,
https://www.google.com/finance?cid=694653.
15.――著者によるインタビュー。
16.――"A National Conversation on American Competitiveness," panel discussion, Wilson Center, March 28, 2012,
http://www.wilsoncenter.org/event/regaining-americas-competitive-edge.
17.――Gustavo Grullon and David Eikenberry, "What Do We Know about Stock Repurchases?" Bank of America and Journal of Applied Corporate Finance 15, no. 1 (Spring 2000),
http://www.uic.edu/classes/idsc/ids472/research/PORTFOLI/JACFSU~1.PDF.
18.――Patrick Bolton, Wei Xiong, and Jose A. Schienkman, "Pay for Short-Term Performance: Executive Compensation in Speculative Markets," ECGI Finance Working Paper No. 79/2005, April 2005,
http://papers.ssrn.com/sol3/papers.cfm?abstract_id=691142.
19.――Al Lewis, "Record Number of Companies Restate Earnings in 2005," Denver Post, Jan. 2, 2006,

lehrer?currentPage=all.
15.——Cited in Thomas Frank, Commodify Your Dissent, p.32.
16.——Leonard N. Fleming, “David Kipnis, 74, Psychology Professor,” obituary, Philly.com,
http://articles.philly.com/1999-08-29/news/25482558_1_psychology-professor-social-psychology-absolute-power; Kipnis quoted in David M. Messick and Roger M. Kramer, eds., The Psychology of Leadership: New Perspectives and Research (Mahwah, NJ: Lawrence Erlbaum Associates, 2005).
17.——Fleming, “David Kipnis, 74.”
18.——著者によるインタビュー。
19.——著者によるインタビュー。
20.——Jeremy Laurance, “4x4 Debate: Enemy of the People,” The Independent, June 23, 2006,
http://www.independent.co.uk/life-style/health-and-families/health-news/4x4-debate-enemy-of-the-people-405113.html.
21.——Jon Bowermaster, “When Wal-Mart Comes to Town,” April 2, 1989,
http://www.nytimes.com/1989/04/02/magazine/when-wal-mart-comes-to-town.html?pagewanted=all&src=pm.
22.——“The Sovereignty of the Consumers,” Ludwig von Mises Institute,
http://mises.org/humanaction/chap15sec4.asp.
23.——“Robert Nisbet and the Conservative Intellectual Tradition,” Ludwig von Mises Institute,
http://mises.org/media/4211.
24.——Bell, The Cultural Contradictions of Capitalism, pp. xxiv.
25.——R. Putnam, Bowling Alone: The Collapse and Revival of American Community (New York: J. Simon & Schuster, 2000) p. 335.

第４章

1.——著者によるインタビュー。
2.——著者によるインタビュー。
3.——著者によるインタビュー。
4.——Leith van Onselen, “Ireland, the Greatest Property Bust of All,” Macro Business, April 8, 2013,
http://www.macrobusiness.com.au/2013/04/ireland-the-greatest-property-bust-of-all/.
5.——Matthew Benjamin, “Bond Traders Who Gave Bush a Pass May Ambush Obama or McCain,” Bloomberg, Aug. 10, 2008,

第３章

1.——著者によるインタビュー。

2.——Michelle J. White, "Bankruptcy Reform and Credit Cards," Journal of Economic Perspectives 21, no. 4 (Fall 2007): 175–99,
http://www.econ.ucsd.edu/~miwhite/JEPIII.pdf.

3.——Reuven Glick and Kevin J. Lansing, U.S. Household Deleveraging and Future Consumption Growth, Federal Reserve Bank of San FranciscoEconomic Letter, May 15, 20096,
http://www.frbsf.org/publications/economics/letter/2009/el2009-16.html;
and "U.S., World's Growing HouseholdDebt," research paper, June/July 2004,
http://www.marubeni.com/dbps_data/material_/maruco_en/data/research/pdf/0407.pdf.

4.——White, "Bankruptcy Reform and Credit Cards."

5.——Richard H. Thaler, Quasi Rational Economics, p. 78.

6.——Smith, "The Theory of Moral Sentiments." In "Adam Smith, Behavioral Economist", Carnegie Mellon University,
www.cmu.edu/dietrich/sds/docs/loewenstein/AdamSmith.pdf.

7.——個人的な会話から。

8.——同上。

9.——Michael E. Lara, "The New Science of Emotion: From Neurotransmitters to Neural Networks," SlideShare,
http://www.slideshare.net/mlaramd/science-of-emotion-from-neurotransmitters-to-social-networks.

10.——George Loewenstein, "Insufficient Emotion: Soul-Searching by a Former Indicter of Strong Emotions," Emotion Review 2, no. 3 (July 2010): 234–39.

11. Richard Sennett, The Culture of the New Capitalism (New Haven, CT: Yale University Press, 2006), p. 23.

12.——Vivian Yee, "In Age of Anywhere Delivery, the Food Meets You for Lunch," New York Times, Oct. 5, 2013,
http://www.nytimes.com/2013/10/06/nyregion/in-age-of-anywhere-delivery-the-food-meets-you-for-lunch.html?hp.

13.——Hilary Stout, "For Shoppers, Next Level of Instant Gratification," New York Times, Oct. 8, 2013,
http://www.nytimes.com/2013/10/08/technology/for-shoppers-next-level-of-instant-gratification.html?hpw.

14.——Jonah Lehrer, "DON'T! The Secret of Self-Control," The New Yorker, May 18, 2009,
http://www.newyorker.com/reporting/2009/05/18/090518fa_fact_

2014.
20.——Robert Peters, “Chronology of Video Pornography: Near Demise and Subsequent Growth,” Morality in Media,
http://66.210.33.157/mim/full_article.php?article_no=175; and Tony Schwartz, “The TV Pornography
Boom,” Sept. 13, 1981, http://www.nytimes.com/1981/09/13/magazine/the-tv-pornography-boom.html?pagewanted=all.
21.——“‘Father of Aerobics,’ Kenneth Cooper, MD, MPH to Receive Healthy Cup Award from Harvard School of Public Health,” press release, April 16, 2008,
http://www.hsph.harvard.edu/news/press-releases/2008-releases/aerobics-kenneth-cooper-to-receive-harvard-healthy-cup-award.html.
22.——J. D. Reed, “America Wakes Up,” Time, Nov. 16, 1981,
http://www.time.com/time/subscriber/printout/0,8816,950613,00.html.
23.——2012年10月5日に個人的に聞いたコメント。
24. Kurt Eichenwald with John Markoff, “Wall Street’s Souped-up Computers,”New York Times, Oct. 16, 1988,
http://www.nytimes.com/1988/10/16/business/wall-street-s-souped-up-computers.html.
25.——Dean Baker, “The Run-up in Home Prices: Is It Real or Is It Another Bubble?” briefing paper, Center for Economic and Policy Research, August 2002,
http://www.cepr.net/documents/publications/housing_2002_08.pdf;
and Dean Baker, “The Productivity to Paycheck Gap: What the Data Show,” briefing paper, April 2007,
http://www.cepr.net/documents/publications/growth_failure_2007_04.pdf.
26.——Peter Marin, “The New Narcissism,” Harper’s, October 1975.
27.——スコット・ロンドンによる書評に引用されていた文章。
http://www.scottlondon.com/reviews/lasch.html.
28.——Glendon, “Lost in the Fifties.”
29.——All in Putnam, R. Bowling Alone: The Collapse and Revival of American Community (New York: Simon & Schuster, 2000), except visiting and close confidants, which is from McKibben, Bill. “Money ≠ Happiness. QED.” Mother Jones, March/April 2007,
http://www.motherjones.com/politics/2007/03/reversal-fortune?page=3Issue.
30.——同上。
31.——Charles Fishman, “The Revolution Will Be Televised (on CNBC), ”FastCompany,
http://www.fastcompany.com/39859/revolution-will-be-televised-cnbc.

htm.
5.——“GM Speeds Time to Market through Blistering Fast Processors,” FreeLibrary, http://www.thefreelibrary.com/GM+speeds+time+to+market+through+blistering+fast+processors3a+General..-a0122319616.
6.——“S&P 500: Total and Inflation-Adjusted Historical Returns,” Simple Stock Investing,
http://www.simplestockinvesting.com/SP500-historical-real-total-returns.htm.
7.——William Lazonick and Mary O’Sullivan, “Maximizing Shareholder Value: A New Ideology for Corporate Governance,” Economy and Society 29, no. 1 (Feb. 2000): 19.
8.——同上。
9.——Ted Nordhaus and Michael Shellenberger, Break Through: From the Death of Environmentalism to the Politics of Possibility, p. 156.
10.——“Work Stoppages Falling,” graph, U.S. Bureau of Labor Statistics,
http://old.post-gazette.com/pg/images/201302/20130212work_stoppage600.png.
11.——Loukas Karabarbounis and Brent Neiman, “Declining Labor Shares and the Global Rise of Corporate Savings,” research paper, October 2012,
http://econ.sciences-po.fr/sites/default/files/file/cbenard/brent_neiman_LabShare.pdf.
12.——William Lazonick, “Reforming the Financialized Corporation,”
http://www.employmentpolicy.org/sites/www.employmentpolicy.org/files/Lazonick%20Reforming%20the%20Financialized%20Corporation%2020110130%20(2).pdf.
13.——著者が2013年4月15日に行った、ウィリアム・ラゾニックへのインタビューから。
14.——Gerald Davis, Managed by the Markets: How Finance Re-Shaped America(New York: Oxford University Press, 2009), p. 90–91.
15.——著者によるインタビューでのコメント。
16.——“The Rise of Freakonomics,” Wired, Nov. 26, 2006,
http://www.longtail.com/the_long_tail/2006/11/the_rise_of_fre.html.
17.——The Oxford Companion to American Food and Drink, edited by Andrew F. Smith (New York: Oxford University Press, 2006), p. 266.
18.——“Supply Chain News: Will Large Retailers Help Manufacturers Drive Out Supply Chain Complexity?” Supply Chain Digest, June 30, 2009,
http://www.scdigest.com/assets/On_Target/09-06-30-2.php
19.——Press release, “Industry History: A History of Home Video and Video Game Retailing,” Entertainment Merchants Association 2013,
http://www.entmerch.org/press-room/industry-history.html. Accessed February 3,

22.——Ernest Haveman, “The Task Ahead: How to Take Life Easy,” Life, Feb. 21, 1964.
23.——Pierre Martineau, “Motivation in Advertising: A Summary,” in The Role of Advertising (New York: McGraw-Hill, 1957), cited in Fullerton. 24. Bellah et al., Habits of the Heart: Individualism and Commitment in American Life (Berkeley: University of California Press, 1985), p. 108.
25.——William Shannon, quoted by Richard Rovere in The American Scholar (Spring 1962).
26.——“U.S. Federal Spending,” graph, in U.S. Government Spending,
http://www.usgovernmentspending.com/spending_chart_1900_2018USp_XXs1li111mcn_F0f_US_Federal_Spending.
27.——Cited in Mary Ann Glendon, “Lost in the Fifties,” First Things 57 (Nov. 1995): 46–49,
http://www.leaderu.com/ftissues/ft9511/articles/glendon.html.
28.——A. H. Maslow, “A Theory of Human Motivation,” Classics in the History of Psychology: An Internet Resource,
http://psychclassics.yorku.ca/Maslow/motivation.htm.
29.——Cited in Ellen Herman, “The Humanistic Tide,” in The Romance of American Psychology: Political Culture in the Age of Experts (Berkeley: University of California Press, 1995),
http://publishing.cdlib.org/ucpressebooks/view?docId=ft696nb3n8&chunk.id=d0e5683&toc.depth=1&toc.id=d0e5683&brand=ucpress.
30.——Ronald Inglehart and Christian Welzel, Modernization, Cultural Change, and Democracy: The Human Development Sequence (Cambridge, UK: Cambridge University Press, 2005), p. 149.
31.——同上。p. 144.

第２章

1.——“Survey of Consumers,” University of Michigan, Survey Research Center,
http://www.sca.isr.umich.edu/fetchdoc.php?docid=24776.
2.——Michael C. Jensen and William H. Meckling, “Theory of the Firm: Managerial Behavior, Agency Costs and Ownership Structure,” research paper,
http://www.sfu.ca/~wainwrig/Econ400/jensen-meckling.pdf.
3.——著者によるインタビュー。
4.——Gary Hector and Carrie Gottlieb, “The U.S. Chipmakers’ Shaky Comeback,” CNNMoney,
http://money.cnn.com/magazines/fortune/fortune_archive/1988/06/20/70690/index.

the Golden Age," Cleometrica 1, no. 1 (April 2007): 19, 20.
12.――Alexander J. Field, "The Impact of the Second World War on U.S. Productivity Growth," Economic History Review 61, no. 3 (2008): 677.
13.――Gary Nash, "A Resilient People, 1945–2005," in Voices of the American People, Volume 1 (New York: Pearson, 2005), p. 865.　（邦訳なし）
14.―― "US Real GDP by Year,"
http://www.multpl.com/us-gdp-inflation-adjusted/table.
15.――"US Real GDP per Capita,"
http://www.multpl.com/us-real-gdp-per-capita.
16.――G. Katona et al., Aspirations and Affluence (New York: McGraw-Hill, 1971), p. 18.
邦訳：石川弘義、原田勝弘訳『欲望の心理経済学：その国際比較研究』（ダイヤモンド社、1977年）
17.――For 1945 median income, see "Current Population Reports: Consumer Income," Series P-60, No. 2, Washington, DC, March 2, 1948,
http://www2.census.gov/prod2/popscan/p60-002.pdf;
for 1962 median income, see "Current Population Reports: Consumer Income," Series P-60, No. 49, Washington, DC, Aug. 10, 1966,
http://www2.census.gov/prod2/popscan/p60-049.pdf.
18.――Nash, "A Resilient People, 1945–2005," p. 864.
19.――Gregg Easterbrook, "Voting for Unemployment: Why Union Workers Sometimes Choose to Lose Their Jobs Rather Than Accept Cuts in Wages," The Atlantic, May 1983,
http://www.theatlantic.com/past/docs/issues/83may/eastrbrk.htm; and Timothy Noah, "The United States of Inequality," Salon, Sept. 12, 2010, http://www.slate.com/articles/news_and_politics/the_great_divergence/features/2010/the_united_states_of_inequality/the_great_divergence_and_the_death_of_organized_labor.html.
20.――Standard Schaefer, "Who Benefited from the Tech Bubble: An Interview with Michael Hudson," CounterPunch, Aug. 29–31, 2003,
http://www.counterpunch.org/2003/08/29/who-benefited-from-the-tech-bubble-an-interview with-michael-hudson/; "Kaysen Sees Corporation Stress on Responsibilities to Society," The Harvard Crimson, March 29, 1957,
http://www.thecrimson.com/article/1957/3/29/kaysen-sees-corporation-stress-on-responsibilities/; and
Gerald Davis, "Managed by the Markets" (New York: Oxford UniversityPress, 2009), p. 11.
21.――"Life Expectancy by Age," Information Please, Pearson Education, 2007
http://www.infoplease.com/ipa/A0005140.html.

原註

第1章

1.——Andrew Nusca, "Say Command: How Speech Recognition Will Changethe World," SmartPlanet, Issue 7.
http://www.smartplanet.com/blog/smart-takes/say-command-how-speech-recognition-will-change-the-world/19895?tag=content;siu-container.
2.——アップルのSiri紹介映像
http://www.youtube.com/watch?v=8ciagGASro0.
3.——The Independent, 86–87 (1916).
http://books.google.com/books?id=IZAeAQAAMAAJ&lpg=PA108&ots=L5W1-w9EDW&dq=Edward%20Earle%20Purinton&pg=PA246#v=onepage&q=Edward%20Earle%20Purinton&f=false.
4.——Daniel Bell, The Cultural Contradictions of Capitalism (New York: HarperCollins, 1976), p. 66.
邦訳：林雄二郎訳『資本主義の文化的矛盾』(講談社、1976年)。
5.——James H. Wolter, "Lessons from Automotive History," research paper, presented at the Conference on Historical Analysis and Research in Marketing, Quinnipiac University, New York, 1983, p. 82.
6.——Quoted in David Gartman, "Tough Guys and Pretty Boys: The Cultural Antagonisms of Engineering and Aesthetics in Automotive History," Automobile in American Life and Society, at
http://www.autolife.umd.umich.edu/Design/Gartman/D_Casestudy/D_Casestudy5.htm.
7.——V. G. Vartan, "'Trust Busters' Aim Legal Cannon at GM," Christian Science Monitor, Feb. 10, 1959, p. 12.
8.——G. H. Smith, 1954, in Ronald A. Fullerton, "The Birth of Consumer Behavior: Motivation Research in the 1950s," paper presented at the 2011 Biennial Conference on Historical Analysis and Research in Marketing, May 19–22, 2011.
9.——Recent Social Trends in the United States: Report on the President's Research Committee on Social Trends, with a Foreword by Herbert Hoover (New York: McGraw-Hill, 1933), pp. 866–67, at
http://archive.org/stream/recentsocialtren02presrich#page/867/mode/1up.
10.——Franklin D. Roosevelt Inaugural Address, March 4, 1933, available at History Matters: The U.S. Survey Course on the Web,
http://historymatters.gmu.edu/d/5057/.
11.——Alexander J. Field, "The Origins of U.S. Total Factor Productivity Growth in

［著者］

ポール・ロバーツ (Paul Roberts)

ジャーナリスト。ビジネスおよび環境に関する問題を長年取材。経済、技術、環境の複雑な相互関係を追求している。ロサンゼルス・タイムズ紙、ワシントン・ポスト紙、ニューリパブリック誌、ニューズウィーク誌、ローリングストーン誌などで執筆するほか、テレビやラジオにも多数出演している。ワシントン州在住。

著書に『石油の終焉』（光文社）、『食の終焉』（ダイヤモンド社）がある。

［訳者］

東方雅美（とうほう・まさみ）

慶應義塾大学法学部卒業。米バブソン大学経営大学院修士課程修了（MBA）。出版社や経営大学院出版部門での勤務を経て、翻訳者・ライターとして独立。訳書に『Thinkers50リーダーシップ』『シリアル・イノベーター』（以上、プレジデント社）、『IMF—世界経済最高司令部20カ月の苦闘』（楽工社）、『祈りよ力となれ』（英治出版）などがある。

［解説］

神保哲生（じんぼう・てつお）

ジャーナリスト／『ビデオニュース・ドットコム』代表。

1961年東京生まれ。国際基督教大学（ICU）卒。コロンビア大学ジャーナリズム大学院修士課程修了。AP通信などアメリカ報道機関の記者を経て1994年独立。以来、フリーのビデオジャーナリストとして日米を中心とする世界各国の放送局向けに映像リポートやドキュメンタリーを多数提供。2000年、日本初のニュース専門インターネット放送局『ビデオニュース・ドットコム』(http://www.videonews.com) を設立し代表に就任、現在に至る。

著書に『ツバル—地球温暖化に沈む国』（春秋社）、『地雷リポート』（築地書館）など。訳書に『粉飾戦争—ブッシュ政権と幻の大量破壊兵器』（インフォバーン）、『食の終焉』（ダイヤモンド社）などがある。

「衝動」に支配される世界
——我慢しない消費者が社会を食いつくす

2015年3月19日　第1刷発行

著　者——ポール・ロバーツ
訳　者——東方雅美
解　説——神保哲生
発行所——ダイヤモンド社
〒150-8409　東京都渋谷区神宮前6-12-17
http://www.diamond.co.jp/
電話／03･5778･7232（編集）　03･5778･7240（販売）
装丁————岩瀬 聡
製作進行——ダイヤモンド・グラフィック社
印刷————堀内印刷所（本文）・慶昌堂印刷（カバー）
製本————ブックアート
編集担当——笠井一暁

ISBN 978-4-478-02930-5

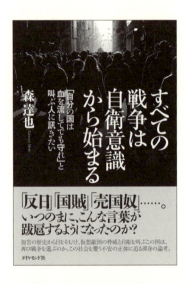